ANDREAS HARTISCH

Verfassungsrechtliches Leistungsprinzip und Partizipationsverbot im Verwaltungsverfahren

Schriften zum Öffentlichen Recht

Band 283

Verfassungsrechtliches Leistungsprinzip und Partizipationsverbot im Verwaltungsverfahren

Von

Dr. Andreas Hartisch

DUNCKER & HUMBLOT / BERLIN

Gedruckt 1975 bei Buchdruckerei A. Sayffaerth - E. L. Krohn, Berlin 61
Printed in Germany
ISBN 3 428 03543 7

Für Inge

Vorwort

Die vorliegende Schrift wurde im Wintersemester 1974/75 vom Fachbereich Rechtswissenschaften der Philipps-Universität in Marburg/Lahn als Dissertation angenommen. Rechtsprechung und Literatur sind bis zum 31. Juli 1975 ausgewertet worden.

Mein besonderer Dank gilt meinem verehrten Lehrer, Herrn Prof. Dr. W. Schmitt Glaeser, der mich als Schüler und Assistenten umfassend förderte, mir die Anregung zu diesem Thema gab und die Fertigstellung der Arbeit durch Rat und Kritik stets wohlwollend unterstützte. Dem Zweitberichterstatter, Herrn Prof. Dr. P. Häberle, verdanke ich ebenfalls wertvolle Anregungen.

Weiterhin danke ich Herrn Ministerialrat a. D. Dr. J. Broermann für die freundliche Aufnahme der Studie in die Reihe „Schriften zum Öffentlichen Recht“.

Marburg/Lahn, im August 1975

Andreas Hartisch

Inhaltsverzeichnis

Abkürzungsverzeichnis

a. A.	= andere Ansicht
AfK	= Archiv für Kommunalwissenschaften
AfP	= Archiv für Presserecht
AO	= Abgabenordnung i. d. F. vom 22. 5. 1931 (RGBl. I 161)
AöR	= Archiv für öffentliches Recht
ArbGG	= Arbeitsgerichtsgesetz
BadWürtt.	= Baden-Württemberg
BadWürttVBl.	= Baden-Württembergisches Verwaltungsblatt
BAföG	= Bundesausbildungsförderungsgesetz v. 26. 8. 1971 (SaBl. 1436)
BAG	= Bundesarbeitsgericht
Bay	= Bayern, bayerisch
BayBZ	= Bayerische Beamtenzeitung
BayVBl.	= Bayerische Verwaltungsblätter
BayVerfGH	= Bayerischer Verfassungsgerichtshof
BayVGH	= Bayerischer Verwaltungsgerichtshof
BB	= Betriebsberater
BBauG	= Bundesbaugesetz v. 23. 6. 1960 (SaBl. 865)
BBG	= Bundesbeamtengesetz i. d. F. v. 17. 7. 1971 (SaBl. 1283)
Berl.	= Berlin, Berliner
BGBl.	= Bundesgesetzblatt
BGH	= Bundesgerichtshof
BRAO	= Bundesrechtsanwaltsordnung v. 1. 8. 1959 (SaBl. 905)
BRD	= Bundesrepublik Deutschland
BR-Drucks.	= Bundesrats-Drucksache
BRRG	= Beamtenrechtsrahmengesetz i. d. F. v. 17. 7. 1971 (SaBl. 1174)
BT-Drucks.	= Bundestags-Drucksache
BVerfG	= Bundesverfassungsgericht
BVerwG	= Bundesverwaltungsgericht
BVFG	= Bundesgesetz über die Angelegenheiten der Vertriebenen und Flüchtlinge i. d. F. v. 3. 9. 1971 (SaBl. 1607)
DDB	= Der deutsche Beamte
Diss.	= Dissertation
DJT	= Deutscher Juristentag
DÖD	= Der öffentliche Dienst
DÖV	= Die öffentliche Verwaltung
DRZ	= Deutsche Rechtszeitschrift

DUZ	= Deutsche Universitätszeitung
DVBl.	= Deutsches Verwaltungsblatt
E	= Entscheidung zit. in der amtlichen Sammlung
EG	= Europäische Gemeinschaft
Erl.	= Erläuterung
EVerwVerfG	= Entwurf eines Verwaltungsverfahrensgesetzes
FAZ	= Frankfurter Allgemeine Zeitung
FGO	= Finanzgerichtsordnung v. 6. 10. 1965 (SaBl. 1821)
FStrG	= Bundesfernstraßengesetz i. d. F. v. 6. 8. 1961 (SaBl. 1933) mit Änderungen v. 4. 7. 1974 (SaBl. 1387)
G	= Gesetz
GeschO	= Geschäftsordnung
GewArch.	= Gewerbearchiv
GewO	= Gewerbeordnung i. d. F. v. 26. 7. 1900 mit Änderungen
GG	= Grundgesetz für die Bundesrepublik Deutschland vom 23. 5. 1949
GS	= Gemeinsamer Senat
GVBl.	= Gesetz- und Verordnungsblatt
GVG	= Gerichtsverfassungsgesetz i. d. F. v. 12. 9. 1950 (SaBl. 889)
Hess.	= Hessen, hessisch
HGO	= Hessische Gemeindeordnung i. d. F. v. 1. 7. 1960 (SaBl. 1372)
h. M.	= herrschende Meinung
Hrsg.	= Herausgeber
i. d. F.	= in der Fassung
Jg.	= Jahrgang
JöR	= Jahrbuch des öffentlichen Rechts
JR	= Juristische Rundschau
JuS	= Juristische Schulung
JZ	= Juristenzeitung
KGSt.	= Kommunale Gemeinschaftsstelle für Verwaltungsvereinfachung
KJ	= Kritische Justiz
LAG	= Lastenausgleichsgesetz i. d. F. v. 1. 10. 1969 (SaBl. 2145)
LBG	= Landesbeamtengesetz
LS	= Leitsatz
MDH	= Maunz/Dürig/Herzog. Kommentar zum Grundgesetz
MDR	= Monatsschrift für Deutsches Recht
m. w. N.	= mit weiteren Nachweisen
m. z. N.	= mit zahlreichen Nachweisen
NDBZ	= Neue Deutsche Beamtenzeitung
NF	= Neue Folge
NJW	= Neue Juristische Wochenschrift
OVG	= Oberverwaltungsgericht
PVS	= Politische Vierteljahresschrift

RaumOG	=	Raumordnungsgesetz v. 5. 4. 1965 (SaBl. 518)
Rdn.	=	Randnummer
Saarl.	=	Saarland, saarländisch
SaBl.	=	Sammelblatt für Rechtsvorschriften des Bundes und der Länder
SGG	=	Sozialgerichtsgesetz i. d. F. v. 23. 8. 1958 (SaBl. 1129)
Sp.	=	Spalte
StBauFG	=	Städtebauförderungsgesetz v. 27. 7. 1971 (SaBl. 1231)
StGH	=	Staatsgerichtshof
SZ	=	Süddeutsche Zeitung
Tz	=	Teilziffer
UniG	=	Universitätsgesetz
u. v. a.	=	und viele andere
u. w.	=	und weitere
VerfGH	=	Verfassungsgerichtshof
VerwArch.	=	Verwaltungsarchiv
VG	=	Verwaltungsgericht
VGH	=	Verwaltungsgerichtshof
VVDStRL	=	Veröffentlichungen der Vereinigung der Deutschen Staatsrechtslehrer
VwGO	=	Verwaltungsgerichtsordnung v. 21. 1. 1960 (SaBl. 173)
VwRspr.	=	Verwaltungsrechtsprechung
WissR	=	Wissenschaftsrecht, Wissenschaftsverwaltung, Wissenschaftsförderung
WiSt.	=	Wirtschaftswissenschaftliches Studium
ZBR	=	Zeitschrift für Beamtenrecht
ZfP	=	Zeitschrift für Politik
ZRP	=	Zeitschrift für Rechtspolitik
ZZP	=	Zeitschrift für Zivilprozeßrecht

0. Einleitung

0.1 Partizipation, verstanden als Teilhabe des Bürgers, bestimmter Gruppen oder (öffentlich-rechtlicher) Organisationen an staatlicher Herrschaftsausübung, gewinnt in der neueren Literatur und Diskussion immer mehr Beachtung und Gewicht[1]. Die allgemeine Partizipationsbegeisterung, die sich von den Gesellschaftswissenschaften über die Jurisprudenz bis in die praktische Politik zieht[2], erscheint nicht allein als Antwort auf eine „mangelnde Anreicherung demokratischen Potentials bei den Gestaltungsaufgaben des Gemeinwesens"[3], auch andere Funktionen der Partizipation werden erkennbar[4]. Nicht nur der Wunsch nach zusätzlicher Legitimation, Durchschaubarkeit des komplexen staatlichen Machtapparats und damit Einsicht in die Entscheidungszusammenhänge, sondern auch ein effektiverer Rechtsschutz, die Wiedergewinnung der verlorengegangenen Bürgernähe staatlicher Verwaltung, die Verbesserung der Entscheidungsqualität und individualgerechtere soziale Leistungen sind die Motivationen für verstärkte Rufe nach Partizipation[5]. Der Eindruck entsteht, daß die stürmischen Forderungen nach

---

[1] Vgl. *W. Schmitt Glaeser*, VVDStRL 31 (1973), 180 ff.

[2] Für die Gesellschaftswissenschaften vgl.: *Zimpel*, Politische Teilnahme und Demokratietheorie, S. 21 ff.; *Milbrath*, S. 93 ff.; *Pranger*, S. 233 ff.; *Steffani*, Parlamentarische Demokratie, S. 17 ff.; *Dienel*, Techniken bürgerschaftlicher Beteiligung, S. 155 ff.; *ders.*, Die Verwaltung 1971, 151 ff.; *ders.*, Partizipation an Planungsprozessen, S. 103 ff.; *ders.*, Bürgerinitiative und Selbstverwaltung, S. 16 ff.; *Eckert*, S. 30 ff.; *v. Pufendorf*, S. 5 ff.; *Mayntz*, Funktionen der Beteiligung, S. 341 ff.; *Naschold*, Organisation und Demokratie, S. 70 f. u. v. a.

Für die Rechtswissenschaften vgl.: *W. Schmitt Glaeser*, VVDStRL 31 (1973), 179 ff.; *Dagtoglou*, DVBl. 1972, 712 ff.; *Rupp*, NJW 1972, 1537 ff.; *Kisker*, DÖV 1972, 520 ff.; *Oberndorfer*, DÖV 1972, 529 ff.; *Thieme*, Recht und Politik 1972, 68 ff.; *E. H. Ritter*, JZ 1972, 107 ff.; *Leisner*, Mitbestimmung im öffentlichen Dienst, passim; *Herzog*, Möglichkeit und Grenzen des Demokratieprinzips, S. 485 ff.; *Stich*, S. 355 ff. jeweils m. w. N.; vgl. auch die Beiträge der verwaltungswissenschaftlichen Tagung „Demokratisierung" und Funktionsfähigkeit der Verwaltung, Hrsg. *H. J. v. Oertzen*.

Aus der praktischen Politik: *W. Brandt*, Regierungserklärung, S. 47; *v. Weizsäcker*, Die Zeit Nr. 43 17. 10. 1972, S. 3.

[3] *v. Pufendorf*, S. 5.

[4] Außer acht gelassen werden dabei die nebulösen Vorstellungen moralischer, ethischer oder pädagogischer Art, die ebenfalls mit Partizipation in Verbindung gebracht werden.

[5] Vgl. etwa die Zielvorstellungen bei *Dagtoglou*, DVBl. 1972, 712; *Mayntz*, Funktionen der Beteiligung, S. 341; *dies.*, Demokratisierungspotential der Beteiligung Betroffener, S. 50 ff.; *Ossenbühl*, Gutachten, B 121 f.

Teilhabe an staatlicher Herrschaftsausübung die Kompensation einer jahre- — wenn nicht jahrzehnte- — langen Vernachlässigung dieses Kernpunktes schon antiker politischer Theorie[6] darstellen.

0.2 So gilt, zum Teil euphorisch und unreflektiert, Partizipation als Erleuchtung, auf Grund derer es ohne weiteres möglich sei, den gordischen Knoten so mancher praktisch-politischer aber auch juristischer Probleme zu zerschlagen. Bei allen berechtigten Forderungen nach Einbau von Beteiligungsformen in staatliche Entscheidungsabläufe wird häufig übersehen, daß auch die Partizipation nur begrenzbares Hilfsmittel der Aufgabenerfüllung sein kann, das sich nicht über verfassungsmäßig verbriefte Wertentscheidungen hinwegsetzen darf[7]. Diese gleichsam negative Perspektive kommt heute entschieden zu kurz. Denn auch die Partizipation ist kein unantastbarer Höchstwert. Auch sie muß sich vor allem verfassungsrechtlich „hinterfragen" lassen, und es muß akzeptiert werden, daß auch die Partizipation verfassungsrechtlichen Beschränkungen unterliegen kann.

So führt zum Beispiel das Wesen der Grundrechte — auch im Sinne des status activus processualis[8] — als in individueller Beliebigkeit des einzelnen stehend, dort zu Beteiligungsverboten, wo Partizipation als funktioneller Teil staatlichen Verfahrens das Grundrecht unterlaufen und zur Wirkungslosigkeit verurteilen würde[9]. Die Verweigerung der Mitbestimmung der Arbeitnehmer in sogenannten Tendenzbetrieben gem. § 118 Betriebsverfassungsgesetz[10] zur Aufrechterhaltung der Freiheiten des Art. 5 Abs. 1 und Art. 4 GG ist hierfür ein zentrales Beispiel[11].

Auch aus demokratischen Erwägungen sind Partizipationsverbote denkbar. Betrachtet man die Staatsträgerschaft durch das Volk (Art. 20 Abs. 1 GG) als Wesen der Demokratie[12], so verbietet sich eine Mitentscheidungsbefugnis einzelner, nicht durch das Gesamtvolk Legitimierter, oder entsprechender Gruppen bei der Festlegung und Erfüllung von Aufgaben, die zur Verwirklichung des Allgemeininteresses führen. Eine Beteiligung der öffentlichen Bediensteten in ihrer Eigenschaft als Angehörige des öffentlichen Dienstes an der Zielsetzung der Verwaltung würde daher eine Loslösung der Verwaltung vom Gesamtwillensbildungsprozeß bedeuten und somit verfassungswidrig sein[13].

---

[6] Dazu: *Rammstedt*, ZfP 1970, 344 f.

[7] Besonders dezidiert dazu: *W. Schmitt Glaeser*, VVDStRL 31 (1973), 231 ff., 248 f., 256.

[8] Dazu: *P. Häberle*, VVStRL 30 (1972), 69 ff.

[9] *Rupp*, Demokratie und Wissenschaftsverwaltung, S. 611.

[10] Betriebsverfassungsgesetz vom 15. 1. 1972, BGBl. I, S. 13 ff.

[11] *Arras*, BB 1953, 62 f.; *BAG* AP Nr. 13 zu § 81 a. F. BetrVerfG; neuerdings dazu: *Birk*, JZ 1973, 754 ff. m. w. N.; *Rüthers*, AfP 1974, 544 ff.

[12] Vgl. etwa: *Maunz* in MDH, Art. 20, Rdn. 30 m. w. N.

Als einer der Grundsätze rechtsstaatlicher Ordnung gilt nicht nur die Unparteilichkeit des Rechts, sondern auch die Unparteilichkeit staatlicher Machtausübung[14]. Partizipation findet auch hier Grenzen, die in konkrete Partizipationsverbote umschlagen. Eine Mitwirkung in Form der Mitentscheidung ist nicht zulässig, sofern der Betroffene oder die betroffene Gruppe in eigener Angelegenheit als Sachwalter der Allgemeinheit partizipieren soll (Besorgnis der Befangenheit)[15].

0.3 Beteiligungsverbote könnten sich schließlich aus der Perspektive eines verfassungsrechtlichen Leistungsprinzips ergeben. Noch undifferenziert ausgedrückt handelt es sich bei dem verfassungsrechtlichen Leistungsprinzip um funktionsgerechte Aufgabenerfüllung und die Möglichkeit, daß diese Aufgabenerfüllung durch Partizipation verzögert, erschwert oder gar völlig in Frage gestellt wird. Die Teilhabe kann sich in verschiedener Art und Weise der effektiven Aufgabenbewältigung im Verwaltungsverfahren widersetzen und damit die Wirksamkeit staatlicher Entscheidungen insgesamt gefährden.

So zum Beispiel könnten erhebliche Schwierigkeiten und nachteilige Auswirkungen bei der Durchführung der Aufgaben nach dem Städtebauförderungsgesetz[16] entstehen, wenn etwa 10 000 betroffene Bewohner im Rahmen der Aufstellung eines Sozialplans anzuhören sind. Abgesehen von der Erhöhung des Verwaltungsaufwandes um ein Vielfaches, kann hier die Entscheidung durch übermäßige Teilhabe sogenannter Betroffener in unvertretbarer Weise verzögert werden. Im Bereich der organschaftlichen Partizipation, unter der im Gegensatz zur bürgerschaftlichen Partizipation die Teilhabe von staatlichen Organen am Entscheidungsprozeß anderer staatlicher Entscheidungsträger verstanden wird[17], könnte etwa die Durchführung eines effektiven Umweltschutzes durch zuviel Beteiligung gefährdet sein, wenn im Bund — wie es bis September 1972 der Fall war — allein acht Ministerien mit insgesamt 31 (!) mehr oder minder selbständigen Anstalten und Institutionen bei der Erfüllung dieser Aufgabe mitwirkten[18].

Negative Auswirkungen der Partizipation auf die Qualität der Entscheidung könnten sich ferner bei der Beteiligung von Personen er-

---

[13] *Leisner*, Mitbestimmung im öffentlichen Dienst, passim, insbes. S. 45, 48; *E. H. Ritter*, JZ 1972, 110 ff.; *Zeidler*, DVBl. 1973, 723 ff.; *W. Schmitt Glaeser*, DÖV 1974, 152 ff.

[14] *Hesse*, Grundzüge, § 6 II 1, S. 80 f.

[15] Vgl. dazu *Hanisch*, S. 161 f.; *Dolde*, NJW 1975, 23 m. w. N.

[16] Städtebauförderungsgesetz vom 27. 7. 1971, BGBl. I, S. 1125 ff. Vgl. auch die anschaulichen Beispiele bei *Blümel*, Masseneinwendungen im Verwaltungsverfahren, S. 544 ff.

[17] Vgl. *W. Schmitt Glaeser*, VVDStRL 31 (1973), 190.

[18] Vgl. *Kloepfer*, S. 85 ff.; zur weitverzweigten Organisation der Umweltschutzbehörden: *Karehnke*, DÖV 1973, 83 ff.

geben, die mit der die Entscheidung betreffenden Materie nicht vertraut sind, sei es aus Mangel an Sachverstand oder Erfahrung.

In all diesen Fällen liegt es nahe, Beschränkungen und Verbote der Beteiligung zu fordern, um einem verfassungsrechtlichen Leistungsprinzip zur Geltung zu verhelfen[19]. Doch im Rahmen der Partizipationsdiskussion kommt man — wenn überhaupt — nur sporadisch auf das Leistungsprinzip zu sprechen und dann auch nur, um die Leistungssteigerung durch Teilhabe des Bürgers an staatlichen Entscheidungen aufzuzeigen[20]. Argumente, die auf eine Minderung der Leistung durch Partizipation deuten, werden als „nicht überzeugend und unzutreffend" pauschal zurückgewiesen[21], um darüber hinaus noch für eine zeitliche und personelle Ausdehnung der Beteiligung zu plädieren[22]. Angesichts derartiger Nichtbeachtung der potentiell negativen Einwirkungen von Partizipation auf das Leistungsprinzip erscheint es geboten, dieses wichtige, nicht nur strukturelle Problem des modernen Leistungsstaates zu erörtern. Kernpunkt der Untersuchung ist dabei die Frage, ob ein Partizipationsverbot auf Grund eines verfassungsrechtlichen Leistungsprinzip besteht.

---

[19] In diesem Sinn: *W. Schmitt Glaeser*, VVDStRL 31 (1973), 258 Fn. 334.

[20] *Naschold*, Organisation und Demokratie, S. 70 f.; *Jungk*, S. 62 ff.; *Dienel*, Die Verwaltung 1971, 153. Eine Ausnahme bildet *R. Mayntz*, Funktionen der Beteiligung, S. 348 f., die zumindest auf die erhöhten Konflikte durch Partizipation aufmerksam macht.

[21] So der *Städtebaubericht* der Bundesregierung, BT-Drucks. VI/1497, S. 54.

[22] Vgl. die Novelle zum BBauG, BT-Drucks. VII/2496, S. 36.

1. Leistung und verfassungsrechtliches Leistungsprinzip

1.1 Mögliche Aspekte eines Leistungsprinzips

Es ist zu prüfen, ob sich ein Leistungsprinzip aus der Verfassung ableiten läßt und wieweit dieses gegebenenfalls Geltung beanspruchen kann. Dazu ist es zunächst erforderlich, die vielfältigen Bedeutungsinhalte und möglichen Grundlagen des Leistungsbegriffes in einer Bestandsaufnahme offenzulegen, um dann anhand der Verfassung einen Leistungsbegriff zu entwickeln, der den Bedingungen des Grundgesetzes entspricht.

1.1.1 Bestandsaufnahme

Da ein allgemeingültiger Begriff der Leistung fehlt, soll versucht werden, sich über eine Bestandsaufnahme an den verfassungsrechtlichen Begriff der Leistung heranzutasten.

1.1.1.1 Bestandsaufnahme in der Literatur

Läßt man die privatrechtliche Leistung — Gegenstand einer Schuldverpflichtung — als für das Thema irrelevant außer acht, so ergeben sich schon in der sonstigen Rechtssprache des öffentlichen Rechts[1] verschiedene — und zwar konträre — Deutungen des Begriffs der Leistung. Einerseits wird Leistung als Pflicht des Bürgers zu Sach- oder Dienstleistungen zur Sicherung des Bestandes und Durchführung der Aufgaben des Staates verstanden[2]. Andererseits bezeichnet man Leistung eo ipso als staatliche Gewährung besonderer Vorteile zugunsten einzelner oder bestimmter Gruppen[3]. Diese Leistungen im Sinne sozialer Dienste[4] liegen den Begriffen Leistungsstaat, Leistungsverwaltung und

[1] Je nach Anwendungsbereich und wissenschaftlicher Disziplin ergeben sich zudem noch weitere Definitionen der Leistung. Der Pädagoge wird unter Leistung etwas anderes verstehen als der Betriebswirt, der Physiker etwas anderes als der Theologe oder der Sportwissenschaftler.

[2] Vgl. z. B. Art. 12 Abs. 2, Art. 12 a Abs. 3, 4 GG, Bundesleistungsgesetz v. 27. 9. 1961, BGBl. I, 1759 ff.; Arbeitssicherstellungsgesetz v. 9. 7. 1968, BGBl. I, 787 ff.; Wirtschaftssicherstellungsgesetz v. 3. 10. 1968, BGBl. I, 1069 ff.; Verkehrssicherstellungsgesetz v. 8. 10. 1968, BGBl. I, 1082 ff.

[3] *Forsthoff*, Lehrbuch, Vorbem. vor § 20, S. 368 ff., m. w. N.

[4] *v. Weizsäcker*, S. 4; wohl auch *v. Krockow*, Revision des Staatsverständnisses, S. 55 ff.

Leistungsrecht[5] zu Grunde. Es werden aber auch Stimmen laut, die eine grundlegende Klärung und Neubestimmung eines demokratischen Leistungsbegriffes speziell für komplexe Organisationskonzepte fordern[6]. Und schließlich wird in der Leistung eine „Ausformulierung des Kontingenzprinzips in der intentionalen Verkettung zweier selektiver Ereignisse" gesehen[7].

Die Verwirrung wird fast perfekt, wenn man sich dem *Leistungsprinzip* zuwendet. Als das grundlegende Prinzip der Leistungsgesellschaft[8] im Grunde soziologischen Ursprungs, hat es Eingang in die Staats- und Rechtswissenschaften insbesondere bei der Organisationslehre gefunden, wobei Leistungsprinzip ausdrücklich oder stillschweigend in seinen vielfältigen Varianten sowohl mit persönlichem Vorankommen, wirtschaftlichem Erfolg sowie sozialen Status, als auch mit leistungsfähiger, reibungsloser Organisation in Verbindung gebracht wird[9]. In diesem Sinne wird der Leistungsstaat ohne Leistungsprinzip für nicht denkbar gehalten[10]. Das Leistungsprinzip gilt als Voraussetzung zur Selbstbehauptung des Staates[11] und wird sogar als Grundlage einer Legitimation genannt[12]. Dem wird entgegengehalten, daß auch Effizienz als Ausdruck der Leistungsfähigkeit des modernen Staates nur durch die Demokratie und die weiteren Verfassungsprinzipien Inhalt und Bedeutung gewinne und sich nur in diesem Rahmen konstituieren könne[13]. Auch über den wahren Stellenwert des Leistungsprinzips herrscht keine Einigkeit. Wird einerseits jegliche Nor-

---

[5] Zu diesen Begriffen insbes.: *P. Häberle*, Leistungsrecht, S. 453 ff.

[6] So z. B. *Naschold*, Organisation und Demokratie, S. 80.

[7] *Luhmann*, Rechtssoziologie 2, S. 308. Zur Vielschichtigkeit des Leistungsbegriffes: *Zeidler*, DÖV 1972, 444 f.; *Wagner*, S. 138 ff.

[8] Grundlegend: *Mc Clelland*, Die Leistungsgesellschaft; *de Jouvenel*, Jenseits der Leistungsgesellschaft; *Offe*, Leistungsprinzip und industrielle Arbeit; *v. Kielmannsegg*, S. 9 ff.; *Hondrich*, Demokratisierung und Leistungsgesellschaft; *Barley*, S. 2 ff.; *Börsch*, S. 14 ff.; *Schlaffke*, ZfP 1973, 179 ff. Eine Bibliographie zum Leistungsprinzip aufgrund soziologischer, politologischer und philosophischer Betrachtungen findet sich in dem von *Max Müller* herausgegebenen Sammelband: Vom Sinn und Unsinn des Leistungsprinzips, S. 229 ff. Zum schulischen Leistungsprinzip: *Klafki*, S. 73 ff.; *Laurien*, S. 43 ff.

[9] *Wörner*, Die politische Meinung 1970, Nr. 130, S. 92 f.; *Börsch*, S. 14 ff.; *Heckhausen*, S. 182 ff.; *Lohmar*, S. 35 f. Zum Leistungsprinzip als ökonomischem Verteilungsmodus vgl.: *R. Möller*, WiSt. 1975, 200.

[10] *P. Häberle*, VVDStRL 30 (1972), 66; *Reumann*, FAZ Nr. 255, 2. 11. 1972, S. 8; *Schmölders*, Leistungsprinzip und „Qualität des Lebens", S. 28 f.; *Vonessen*, S. 54 f.; *Zeidler*, DÖV 1973, 727.

[11] *Herbert Krüger*, Allgemeine Staatslehre, S. 273; *v. Weizsäcker*, SZ Nr. 20, 25. 1. 1973, S. 6.

[12] *v. Simson*, VVDStRL 29 (1971), 25.

[13] *Eichenberger*, S. 11 ff.; *P. Häberle*, AöR 98 (1973), 625 ff.; *Forsthoff*, Die Daseinsvorsorge und die Kommunen, S. 124; *Geiger*, S. 229 ff.; *Mayntz*, Funktionen der Beteiligung, S. 352 f.; *Ellwein*, Formierte Verwaltung, S. 51; *ders.*, Gesetzgebung und politische Kontrolle, S. 78 f.; *Zeidler*, DÖV 1972, 441.

mativität eines verfassungsrechtlichen Leistungsprinzips verneint[14], so gilt andererseits das Leistungsprinzip als Verfassungsgrundsatz[15], zumindest als ungeschriebener Satz der Verfassung[16].

Unklar bleibt ebenfalls die Zuordnung zur Verfassung. Das klare Bekenntnis zur Leistung, das jedem politischen Programm beigefügt wird[17], weist hier Bezüge zur Demokratie[18], dort Verbindungen zum Sozialstaat[19] auf. An anderer Stelle wird das Leistungsprinzip dem Gleichheitssatz zugeordnet und soll bei formaler und materieller Gleichheit grundlegend der Statuszuweisung dienen und dadurch irrationale Auswahlkriterien wie Geschlecht, Geburt und Alter verdrängen[20].

Eindeutig erscheint allein das beamtenrechtliche Leistungsprinzip, das durch die Normierung in Art. 33 Abs. 2 GG gewisse Subsumtionsmaßstäbe aufweist[21]. Weniger festen Boden findet man dagegen wieder vor, wenn man sich dem allgemeinen Leistungsprinzip als Ordnungsstruktur der Verwaltung zuwendet[22]. Hier differieren insbesondere die Wege zu seiner Verwirklichung erheblich. Betrachtet man auf der einen Seite neben der Betroffenenpartizipation die Integration gesellschaftlichen Sachverstandes durch Einbeziehung Privater in die Verwaltung als notwendig und ausreichend für die Hebung der Verwaltungsleistung[23], so gilt andererseits die Vergrößerung des Sachverständigenpotentials als Lösung des Problems[24]. Auch weitere Wege zur Steigerung der Leistungsfähigkeit der Verwaltung werden aufgezeigt. Von der Forderung nach besserer Koordination und Einführung kooperativer Verfahren in der Verwaltungsspitze[25] über administrative

[14] So *Leisner*, Effizienz als Rechtsprinzip, S. 24 ff.

[15] *Herbert Krüger*, Das Leistungsprinzip als Verfassungsgrundsatz, S. 5 ff.

[16] *Kopp*, Verfassungsrecht und Verwaltungsverfahrensrecht, S. 200 f.

[17] *W. Brandt*, Regierungserklärung, S. 52 ff.; *v. Weizsäcker*, Gleichheit — das Ende der Freiheit und Solidarität, S. 5; *G. Heinemann*, DBB 1971, 219.

[18] *Kriele*, VVDStRL 30 (1972), 160; *Steffani*, Parlamentarische Demokratie, S. 27 ff.; auch radikaldemokratische Modelle kommen nicht ohne Leistung aus: Vgl. *Schwendter*, Modelle zur Radikaldemokratie, S. 135 f.

[19] *P. Häberle*, allerdings differenzierter, VVDStRL 30 (1972), 60 ff.; ihm folgend *Achterberg*, VVDStRL 30 (1972), 174.

[20] *v. Krockow*, Leistungsprinzip und Herrschaft, S. 4 ff.; *v. Kielmannsegg*, S. 24 ff.; *Dreitzel*, S. 33 ff. Vgl. insbes. Art. 33 Abs. 2 GG als speziellen Gleichheitssatz. Dazu: *Wiese*, Der Staatsdienst, S. 215 ff.

[21] Grundlegend: *Herbert Krüger*, Das Leistungsprinzip als Verfassungsgrundsatz. Vgl. ferner unten: 1.2.1.

[22] *Guilleaume*, Die Verwaltung 1971, 180; *Morstein Marx*, Bürokratisierung und Leistungsordnung, S. 69; *Derlien*, Die Verwaltung 1974, 1 ff.

[23] *v. Pufendorf*, S. 7 f., 12; *Dupprė*, Sachverstand und Verantwortung, S. 14 ff.; *Dagtoglou*, Der Private in der Verwaltung, S. 59 ff.; *Ossenbühl*, VVDStRL 29 (1971), 148; *Minssen*, S. 168; *Nagel*, Das ständige Gespräch, S. 176 f.; *Müller-Heidelberg*, S. 107.

[24] *Köttgen*, Strukturen, S. 183; *Laubinger*, S. 440 f.; *Michalski*, S. 119 ff. Zum Einsatz der EDV in der öffentlichen Verwaltung vgl.: *Lutz* u. a., S. 77 ff.

Informationssysteme[26] bis zur Übertragung volks- und betriebswirtschaftlicher Managementkonzepte[27] reichen die Vorschläge.

Als Reaktion auf die zu strenge Verfolgung eines Leistungsprinzips, das die wirtschaftlichen Erfolge im Verhältnis zu den gesellschaftlich notwendigen und wichtigen Leistungen, die nicht im Bruttosozialprodukt ihren Niederschlag finden, höher bewertet, ist eine Bewegung der Leistungsverweigerung entstanden, die auch in äußeren Erscheinungen, wie zum Beispiel den Hippies, ihren Niederschlag gefunden hat. Ebenso eindeutig wie das oben aufgezeigte Votum für die Leistung, besteht hier eine bewußte Negierung des Leistungsprinzips; eine Entwicklung, die wegen der starken Verflechtung von Erb- und Leistungsprinzip bei der Verfügungsgewalt über die Produktionsmittel und der Höherbewertung des Erbprinzips schon mit der aufkommenden Industrialisierung begann[28]. Heute hat dies zum Teil zu einer Infragestellung der Leistung überhaupt geführt, sei es aus humanitär-ethischen[29] oder politisch-ideologischen Gründen[30]. Der Zwang zur Leistung — so wird argumentiert — zerstöre die freie Entwicklung der menschlichen Bedürfnisse und Anlagen, ein sozialer Wandel werde durch die Produktivität gerade verhindert[31] und führe zur Beibehaltung des status quo[32]. Eine systematische Beschränkung der Selbstbestimmung sei die Folge, die sich dann in Aggression und Destruktion niederschlagen müsse und so die Tendenz zum ohnehin autoritären Sozialstaat verstärken würde[33].

---

[25] *Laux*, DVBl. 1972, 167; generell zur Koordination: *Forsthoff*, Über Mittel und Methoden moderner Planung, S. 27 ff.; *Hüttl*, DÖV 1965, 504 ff.; zur Kooperation als allgemeinem Prinzip: *Mäding*, AfK 1969, 3 ff.; zum Modell „Team" s.: *Lepper*, Die Verwaltung 1972, 141 ff.

[26] *Heitz*, S. 217; *Böhret*, Entscheidungshilfen für die Regierung, S. 65 ff.; *Wittmann*, WiSt. 1975, 169 ff. m. w. N.; *Laux*, Der Landkreis 1975, 188 ff.

[27] Vgl. insbes. *Höhn*, Die Verwaltung — heute; bejahend: *Koglin*, Staats- u. Kommunalverwaltung 1973, 11 ff.; kritisch dazu: *Laux*, DVBl. 1972, 167 ff.; auch *Kube/Kübler*, BadWürttVBl. 1972, 129 ff.; *Thiele*, DVBl. 1973, 876 ff. Generell ferner *Reigl*, BayVBl. 1972, 397 ff., 430 ff. Eine Bestandsaufnahme der Verwaltungsprobleme bei zunehmender Leistungsanforderung liefert ebenso *Göb*, Staats- u. Kommunalverwaltung 1973, 3 ff.

[28] Vgl. etwa *Karl Marx / Friedrich Engels*, Kommunstisches Manifest, S. 67 f.; *Karl Marx*, S. 227 ff. Bemerkenswert ist, daß heute gerade die kommunistischen Staaten das Leistungsprinzip als Garant eines hohen Produktionsniveaus für das Kollektiv in Strenge praktizieren (z. B. Art. 2 Verf. DDR; Art. 12 Verf. UdSSR). Vgl. dazu *W. Hofmann*, S. 317 ff.; *Förster*, S. 210 f.; *Heyen*, Jugend in der DDR.

[29] *Börsch*, S. 15 ff.; wohl auch *Heinrich Böll*, The Success Ethic is murderous, in: Newsweek v. 22. 1. 1973.

[30] So *Marcuse*, Der eindimensionale Mensch, S. 69 f., 97 f.

[31] *Marcuse*, Das Individuum in der „Great Society", S. 176 f.; *ders.*, Der eindimensionale Mensch, S. 14 ff.; auch *Negt*, S. 415 f.

[32] *Hartwich*, S. 259 ff.; *Reinhard Hoffmann*, KJ 1971, 56 ff.

[33] *Marcuse*, Der eindimensionale Mensch, S. 96 ff.; *Luhmann*, Politikbegriffe und „Politisierung der Verwaltung", S. 227, sieht ähnliche Gefahren bei der Partizipation.

Diesen dem Leistungsprinzip immanenten Gefahren soll dort Rechnung getragen werden, wo gegen die strikte Einhaltung des Leistungsprinzips und für ein humanisiertes Leistungsprinzip plädiert wird[34]. Um der realen Freiheit willen[35] und zum Schutze der vom Sozialstaat gerade zu begünstigenden schwachen Schichten[36], sei die Beibehaltung der Leistungsfähigkeit des Staates zwar unentbehrlich, jedoch soll eine Steigerung der sozialen Wirksamkeit auf Kosten verfassungsrechtlicher Güter, wie z. B. die Achtung der menschlichen Individualität, vermieden werden[37].

1.1.1.2 Bestandsaufnahme in der Verfassungs- und Verwaltungspraxis

Ebenso sind bei der Bestimmung der Leistung des Staates in der Verfassungs- und Verwaltungspraxis verschiedene Erwartungen zu beobachten, je nach dem, welches mit der Leistung verfolgte Ziel im Vordergrund steht. Will man den Begriff Leistung materiell auffüllen, zeichnet sich auch hier ein buntes Bild unterschiedlicher Inhalte und Maßstäbe[38] ab.

Als Leistung des Staates wird in erster Linie die fürsorgende und vorsorgende Tätigkeit unter dem Sammelbegriff Daseinsvorsorge (*Forsthoff*) verstanden. Inhalt dieser Leistung ist die Sicherstellung und Befriedigung der elementarsten Lebensbedürfnisse der Bürger, wobei bereits eine Ausdehnung auf die Versorgung mit nicht lebensnotwendigen Gütern erfolgt[39]. Zwar ist auch für die Verteilung dieser Verwaltungsleistungen ein Wirtschaftlichkeitsprinzip in dem Sinne notwendig, daß der kollektive Bedarf optimal gedeckt werden muß[40]. Jedoch wird das Prinzip der Kostendeckung als Minimum einer Wirtschaftlichkeitsberechnung[41] selbst dann zurücktreten müssen, wenn es

---

[34] Insbes. *P. Häberle*, VVDStRL 30 (1972), 66; *v. Weizsäcker*, Gleichheit — das Ende der Freiheit und Solidarität, S. 5; *Wörner*, Die politische Meinung 1970, Nr. 130, S. 92 ff. Vgl. auch *Zeidler*, DÖV 1972, 444 f., der davor warnt, von eventuellen Mißbräuchen des Leistungsprinzips sofort auf dessen Ablehnung zu schließen.

[35] *W. Schmitt Glaeser*, VVDStRL 30 (1972), 171.

[36] *P. Häberle*, VVDStRL 30 (1972), 66.

[37] *Zacher*, Freiheit und Gleichheit, S. 130; *P. Häberle*, VVDStRL 30 (1972), 66.

[38] Die Maßstäbe staatlichen Handelns werden in erster Linie von der Aufgabe des Staates bestimmt. Fraglich ist, ob man insoweit von allgemeingültigen Maßstäben ausgehen kann, die je nach konkreter Aufgabe mehr in den Vordergrund rücken oder zurückstehen müssen; vgl. *Morstein Marx*, Maßstäbe, S. 227 f., der dieses wohl bejaht. Ähnl.: *Laux*, Der Landkreis 1975, 188. Vgl. aber *Derlien*, Die Verwaltung 1974, 15 ff., der auf den jeweils konkreten Untersuchungsgegenstand abstellt.

[39] *Forsthoff*, Lehrbuch, Vorbem. vor § 20, S. 370.

[40] *Hüttl*, Wirtschaftlichkeit, S. 289.

[41] *Thieme*, Verwaltungslehre, Rdn. 997; *BayVGH* E n.F. 12, 13.

sich um lebensnotwendige Leistungen handelt und anderweitig die Versorgung nicht sichergestellt ist[42]. Nur in diesem Falle kann noch von einer Leistung des Sozialstaates gesprochen werden.

Anders wird die Leistung des Staates im Rahmen des obrigkeitlichen Handelns zu beurteilen sein. Als Beispiel mag hier die innere Sicherheit dienen. Inhalt dieser Leistung ist die Durchsetzung der Staatsgewalt im öffentlichen Interesse zur Gewährleistung von Sicherheit und Ordnung[43]. Im Idealfall präsentiert sich die Leistung — äußerlich kaum wahrnehmbar — in der Verhütung von Straftaten (präventiv), normalerweise in der Wiederherstellung der öffentlichen Sicherheit durch Aufklärung erfolgter Verbrechen, Vergehen oder Ordnungswidrigkeiten (repressiv)[44]. Effizienz staatlichen Handelns bedeutet in diesem Zusammenhang maximale Verwirklichung der öffentlichen Sicherheit und Ordnung. Auch hier muß ein Wirtschaftlichkeitsprinzip gefordert werden, das ein günstiges Verhältnis zwischen Erfolg und Aufwendungen garantiert. Zur Aufrechterhaltung der öffentlichen Sicherheit kann jedoch ebenfalls der Einsatz sämtlicher Mittel vorgesehen sein, um den Erfolg zu gewährleisten, bzw. die Rechtsverletzung zu vereiteln[45]. Diese Leistungen der öffentlichen Hand sind in meßbare Kategorien schlecht zu fassen, weil insbesondere die sozialen Nutzen eine große Rolle spielen[46].

Die Leistung des Staates bei seiner planenden Tätigkeit hat wiederum einen anderen Inhalt, und andere Maßstäbe stehen im Vordergrund. Planung als normative Vorstufe zu ordnender oder leistender Hoheitsgewalt ist in erster Linie auf systematische Einsetzung der vorhandenen Mittel und deren optimale Ausnutzung unter Konsensbildung der Beteiligten gerichtet[47]. Sei es Finanz-, Wirtschafts-, Bildungs- oder Gebietsplanung: die Leistung besteht hier in der Entwicklung von lang-,

---

[42] Vgl. *Leisner*, Mitbestimmung im öffentlichen Dienst, S. 66 ff., der sehr plastisch von einer „Sozialtarifverpflichtung" (S. 72) der Leistungsverwaltung spricht. Auch *Konow*, DÖV 1973, 81 ff. lehnt eine Begrenzung der öffentlichen Aufgabe durch das Kostendeckungsprinzip ab.

[43] *Drews/Wacke/Vogel*, § 5, S. 101 ff.

[44] Vgl. dazu *Wolff* III, § 125 III 1, S. 48 f.; *BVerfG* E 17, 319, 322; *BGH*, VwRspr. 5, 832, 833.

[45] Die Pflicht der Polizei zum Einschreiten ergibt sich, wenn das Entschließungsermessen auf Null reduziert ist, m. a. W., wenn die Toleranzgrenze überschritten ist; vgl. *BGH*, VwRspr. 14, 831.

[46] *Reigl*, BayVBl. 1972, 397 ff.; 430 ff.; *Gröbner*, Die Verwaltung 1970, 297 ff. weist aber auch auf die großen Unsicherheitsfaktoren bei der Bemessung hin. Generell zur Schwierigkeit der Meßbarkeit von Verwaltungsleistung: *Luhmann*, VerwArch. 51 (1960), 97 ff.; *Dreitzel*, S. 38 ff.; *Vonessen*, S. 61 f.; *Wagner*, S. 149 ff.; *Karehnke*, DVBl. 1970, 949 ff.; *Derlien*, Die Verwaltung 1974, 14 ff.

[47] *Forsthoff*, Über Mittel und Methoden moderner Planung, S. 23 f., 36 f.; ähnl. *Wolff/Bachof* I, § 18 I 4, S. 78; auch *Görlitz* in: Handlexikon zur Politikwissenschaft, S. 296 ff.; *Damkowski*, DÖV 1972, 82 ff.

mittel- oder kurzfristigen Strategien unter optimalem, sachgemäß organisierten Einsatz von Mitteln zur Erreichung des angestrebten Zweckes. Auch hier ist die Meßbarkeit wegen der Schwierigkeit der Bewertung von Belastungen und Erfolgen beschränkt[48]. Allenfalls bei Alternativplanungen lassen sich Vergleichsmöglichkeiten aufstellen[49].

Wiederum anders stellt sich die Leistung im Rahmen der erwerbswirtschaftlichen Tätigkeit des Staates dar. Hier nimmt die öffentliche Hand am Wirtschaftsleben teil, um Wirtschaftsgüter zu erlangen, zu produzieren oder zu verteilen. Die effiziente Leistung ist hier mehr als das bloße Funktionieren. Wie im privaten betriebswirtschaftlichen Leistungserstellungsprozeß ist die Gewinnmaximierung ein wichtiges Ziel staatlichen Handelns[50]. Die Leistung wird zu einer meßbaren Größe. Im Rahmen der Nutzen-Kosten-Analyse ist ein Vergleich zu privaten Unternehmen möglich[51].

1.1.2 Möglichkeiten der Grundlegung eines Leistungsprinzips

Neben den zahlreichen Bedeutungsgehalten liegt es auch nahe, verschiedene Möglichkeiten der Grundlegung des Leistungsprinzips zu untersuchen, um auf diese Weise eine Ausgangsbasis zur Bestimmung eines generellen verfassungsrechtlichen Leistungsprinzips zu schaffen.

So ist es zum Beispiel denkbar, aus der Idee der *Staatsraison* als einem Gesichtspunkt der allgemeinen Staatslehre einen Leistungsbegriff dergestalt zu entwickeln, daß der Staat die sich selbst gestellten Ziele der Selbsterhaltung und Selbstbehauptung sowie des wirtschaftlichen und sozialen Wachstums wirkungsvoll erreicht. Staatsraison stellt sich dabei als Maxime aller Arbeit am Staate[52], als Summe aller staatlichen Interessen dar. Um den Staatszweck zu erreichen, müßten effiziente Mittel eingesetzt und auch Leistungen des einzelnen erbracht werden[53]. Rationalität als Gebot technischer Leistungsfähigkeit ver-

---

[48] Zwar sind auch hier Nutzen — Kosten — Untersuchungen möglich. Vgl. dazu etwa *Karehnke*, DÖV 1974, 737 ff. Doch stellt sich z. B. die Frage nach Bewertung der verschiedenen gesellschaftlichen Nutzen.

[49] Zur Alternativplanung oder Gegenplanung: *Dienel*, Die Verwaltung 1970, 151 ff.; *ders.*, Techniken bürgerschaftlicher Beteiligung an Planungsprozessen, S. 147.

[50] *Schnettler/Ahrens*, S. 28 f.; *Thieme*, Verwaltungslehre, Rdn. 256 ff., S. 64 f.; *Oettle*, S. 1 ff.

[51] *Gröbner*, DÖV 1971, 81 ff.; *ders.*, in: Die Verwaltung 1970, 297 ff.; vgl. aber *Meister*, S. 18 f., der generell eine Bewertung der Leistung der öffentl. Hand ablehnt, da sich im Gegensatz zur privaten Wirtschaft keine Vergleichsmöglichkeiten ergeben würden.

[52] *Köttgen*, Das deutsche Berufsbeamtentum, S. 59 f.

[53] *Kopp*, Verfassungsrecht und Verwaltungsverfahrensrecht, S. 188; *Hennis*, PVS 1965, 429.

mischt sich mit Zweckmäßigkeit politischen Handelns[54]. Im Rahmen einer so konturierten Staatsraison könnte ein Leistungsprinzip angelegt sein, das Eingang in die konkrete Verfassung gefunden hat, ist es doch gerade Aufgabe der allgemeinen Staatslehre, allgemeingültige Aussagen über Gestaltungsformen und Aufbauelemente kollektiv menschlichen Zusammenlebens aus Vergangenheit und Gegenwart zu präzisieren und für den modernen Staat zu modifizieren[55].

Doch tauchen erhebliche Bedenken auf. Einerseits ist zu beachten, daß Staatsraison als Maxime staatlichen Handelns auch zugleich ein Bekenntnis der Notwendigkeit ist, gewisse Abweichungen von rechtlichen, moralischen oder ethischen Grundsätzen zugunsten des Staates zuzulassen und zu rechtfertigen[56]. In einem Staat, der nicht nur auf Selbstbestätigung ausgeht[57], können derartige Eingriffe zur Abwendung von Schaden am öffentlichen Gemeinwesen auch durch Staatsraison generell nicht sanktioniert werden[58]. Zwar bestehen für gewisse Ausnahmesituationen, insbesondere aus Gesichtspunkten des Staatsschutzes, Möglichkeiten des Staates, einer Gefährdung seines Bestandes entgegenzuwirken[59], doch läßt sich hieraus keine generelle Befugnis ableiten, auf Grund derer Maßnahmen durchgeführt werden können, die gemäß der Meinung der jeweils Regierenden zum Staatsnotwendigen gehören. Weiterhin ist zu bedenken, daß es keinen absoluten Staatszweck gibt[60], sondern daß dieser in Verbindung mit der jeweiligen Gesellschaft als „soziologischem Substrat des Staates" *(Hesse)* betrachtet werden muß. Gerade der durch die zunehmende Industrialisierung bedingte rasche wirtschaftliche und soziale Strukturwandel zwingt den Staat, seine Zielsetzung als auch deren Durchführung immer wieder neu zu überdenken. Dieses ist jedoch auf Grund und im Rahmen der *Raison der verfaßten Ordnung* allen Staatsorganen aufgegeben und kann nicht durch generelle vorverfassungsrechtliche Bestimmungen festgelegt werden[61]. Insoweit kann

---

[54] *Meinecke*, S. 7; vgl. auch *Hüttl*, Wirtschaftlichkeit, S. 293 f.; *Geib*, S. 155.

[55] *Herbert Krüger*, Allgemeine Staatslehre, S. V f.

[56] *Petraschek*, Sp. 1922 ff.

[57] So aber die vorabsolutistischen und absolutistischen Staaten, bei denen sich der Einfluß insbesondere *Macchiavelli's* mit „Il Principe" (1513) gerade wegen der Idee der Staatsraison, der Zweckdienlichkeit politischer Gewalt und der Verselbständigung des Zweckes auswirkte.

[58] *Meinecke*, S. 33 f.; *Friedrich*, S. 35 f.; *v. Merkatz*, S. 63 ff.; *P. Häberle*, AöR 98 (1973), 626.

[59] *H. H. Klein*, Bundesverfassungsgericht und Staatsraison, S. 37 f.; generell zum Staatsschutz: *W. Schmitt Glaeser*, Mißbrauch und Verwirkung von Grundrechten, S. 136 ff.

[60] *Georg Jellinek*, Allgemeine Staatslehre, S. 262; *Herbert Krüger*, Allgemeine Staatslehre, S. 256 f.

[61] *Friedrich*, S. 122 ff.; *Leisner*, Effizienz als Rechtsprinzip, S. 17 f.; *H. H. Klein*, Bundesverfassungsgericht und Staatsraison, S. 33, Anm. 108 a. Vgl. auch *Isensee*, Subsidiaritätsprinzip und Verfassungsrecht, S. 312, der darauf

die Perspektive der Staatsraison nicht der Grundlegung eines allgemeinen Leistungsprinzips dienen.

Denkbar ist weiterhin die Begründung eines Leistungsbegriffes und — als daran anknüpfendes Strukturelement — eines Leistungsprinzips im Rahmen der *Konstituierung von Organisationen*. Die Argumente für die Schaffung eines Leistungsprinzips im Hinblick auf den allgemeinen Organisationsgedanken erscheinen einleuchtend: Schon um ihres Bestandes willen müßten die Organisationen effizient aufgebaut und gegliedert sein[62]. Sollten die einzelnen Entscheidungsprozesse wirksam und funktionsgerecht gestaltet werden, um die angestrebten Ziele zu erreichen, sei nicht nur ein Minimum an Zusammenwirken und Ordnung erforderlich, sondern es werde die Einführung eines Leistungsprinzips notwendig[63]. Immer häufiger wird die Frage nach der Funktionsfähigkeit im Hinblick auf Leistung und Effizienz gestellt[64]. Gerade die Organisation des Staates, die als planmäßiges Zusammenwirken von Menschen und Einrichtungen zu einheitlichem Effekt gilt, um die Wirkungskraft menschlicher Anstrengungen zu steigern[65], bedürfte des Leistungsprinzips als Modus, um die gemeinsamen Interessen auch effizient zu erreichen.

Jedoch ist zu bedenken, daß sich je nach Ziel und Zweck sowohl modifizierte Aufbaustrukturen als auch Ablaufelemente der Organisationen ergeben. Schon für kleinere Organisationen ist es schwierig, die Aufgaben und Mittel zu ihrer Zielerfüllung festzuschreiben. Erst recht können nicht für den Staat als Großorganisation — unabhängig von seiner Form — die Aufgaben a priori ein für alle Mal bestimmt werden[66]. Auch besteht die Möglichkeit, daß in die Organisationsstruktur gerade Leistungshindernisse und Effizienzschranken eingebaut werden müssen, um die gestellten Aufgaben wie etwa Transparenz oder Partizipation zu erfüllen[67]. Somit wird auch klar, daß zwar Leistung in gewisser Weise den Organisationen immanent ist, sich aber aus dem Or-

---

hinweist, daß Effizienz keine „Erneuerung der Staatsraison im Gewande des modernen Verwaltungsstaates" bedeutet. Treffend konstatiert auch *A. Arndt*, NJW 1961, 899: „Der Verfassungsstaat hat keine andere Raison als seine Verfassung."

[62] *Frido Wagener*, Neubau der Verwaltung, S. 64 ff.

[63] *Thieme*, Verwaltungslehre, Rdn. 374 ff., S. 98; *Steffani*, Parlamentarische Demokratie, S. 18.

[64] *Guilleaume*, Die Verwaltung 1971, 185 f.; *Thieme*, Verwaltungslehre, Rdn. 314 ff., S. 80 ff.; *Frido Wagener*, Neubau der Verwaltung, S. 4 ff. Ein guter Überblick über die organisationstheoretischen Ansätze eines Effizienzbegriffs findet sich bei *Derlien*, Die Verwaltung 1974, 6 ff.

[65] *Heller*, Staatslehre, S. 231 f.

[66] *Herbert Krüger*, Allgemeine Staatslehre, S. 759 f.; *Thieme*, Verwaltungslehre, Rdn. 373 ff., S. 97 f.; ähnlich: *Leisner*, Effizienz als Rechtsprinzip, S. 20 f.

[67] *Steffani*, Parlamentarische Demokratie, S. 20 ff.

ganisationsgedanken kein absoluter Leistungsgrundsatz formulieren läßt[68].

Weiterhin wird vor allem im Bereich der Wirtschafts- und Sozialwissenschaften der Versuch unternommen, den Begriff der Leistung neu zu formulieren und Grundlagen — häufig mit Gedanken aus der Organisationslehre vermengt — für ein Leistungsprinzip zu schaffen. Stellvertretend für die umfangreiche Literatur[69] sollen hier einige typische Beiträge herausgegriffen werden. So ist es die Intention *Claus Offes* — wohl im Anschluß an *Habermas*[70] — nachzuweisen, daß das Leistungsprinzip als Mechanismus der Statusverteilung in der industriellen Gesellschaft seine ehemals rationale Legitimation von Status verloren habe[71]. Offe erkennt die Schwierigkeiten bei der Suche nach einem neuen Leistungsbegriff, wenn er auf die Unklarheit und Ambivalenz der Leistung hinweist[72]. Indem er dann aber Leistung als den individuellen, technischen, graduierbaren und vergleichbaren Arbeitserfolg definiert, wird der durchaus nicht bedeutungslos werdende Leistungsbegriff unzulässigerweise allein auf die industrielle Arbeit verkürzt[73] und so das allgemeine Leistungsprinzip überhaupt in Frage stellt. Gewiß sind im Leistungsprinzip Dualismen verschiedener Leistungskriterien angelegt, die eine eindeutige Bewertung erschweren[74]. Ebenso ist auch die starre Statuszuweisung auf Grund des bislang gehandhabten Leistungsprinzips, insbesondere durch die Nichtbeachtung nicht meßbarer, sozialer Leistungen, kritisch zu würdigen. Zu bedenken ist jedoch, daß das Leistungsprinzip nicht von vornherein und hauptsächlich auf Statuszuweisung angelegt ist. Die zeitweise fehlerhafte Handhabung eines Grundsatzes kann aber für sich allein nicht zu dessen Ablehnung, beziehungsweise Reduzierung auf einen Teilbereich — hier: die industrielle Arbeitswelt — führen.

Anders als bei *Offe* findet der Leistungsbegriff bei *Frieder Naschold*[75] und *Karl Otto Hondrich*[76] uneingeschränkte Beachtung. Beide Unter-

---

[68] Vgl. auch *Derlien*, Die Verwaltung 1974, 14 ff., der ebenfalls zu dem Ergebnis kommt, daß kein organisationssoziologischer, allgemeingültiger Effizienzbegriff gefunden werden kann.

[69] Vgl. dazu die Bibliographie in: Sinn und Unsinn des Leistungsprinzips. Hrsg. *Max Müller*, S. 229 ff.

[70] *Habermas*, Technik und Wissenschaft als Ideologie, S. 103.

[71] *Offe*, Leistungsprinzip und industrielle Arbeit, S. 19, 49, 60, 161 ff.; ähnlich auch *Kellner*, Das Leistungsprinzip in der industriellen Arbeitswelt. Mit der Statuszuweisung soll dann gleichzeitig ein allgemeines Verteilungsprinzip Hand in Hand gehen. Vgl. *R. Möller*, WiSt. 1975, 199 ff.

[72] *Offe*, Leistungsprinzip und industrielle Arbeit, S. 43, 27.

[73] Ebd., S. 166.

[74] Ebd., S. 47.

[75] Organisation und Demokratie, 2. Aufl. 1971.

[76] Demokratisierung und Leistungsgesellschaft, 1972.

suchungen ziehen eine enge Verbindungslinie zwischen Demokratie und Leistung. Die Frage soll beantwortet werden, inwieweit das Demokratisierungspotential einer Organisation bei Leistungserhaltung, wenn nicht gar Leistungserweiterung erhöht werden kann. Zwar betont Naschold immer wieder die Leistungssteigerung und stellt insbesondere Partizipationsstrategien als Überlebensvoraussetzung der Organisation auf[77], doch vermißt man eine Definition des Leistungsbegriffes, die er — wohl bewußt — nicht gibt[78]. Da Naschold von einer gegebenen System-Umweltkonstellation ausgeht[79], bleibt auch die Dynamik der sozialen Wirklichkeit unberücksichtigt, so daß die Aussagen schwerlich generelle Anwendung finden können.

Hondrich dagegen unternimmt den Versuch, organisationssoziologisch einen Leistungsbegriff zu entwickeln und diesen in Relation zur Demokratisierung verschiedener Organisationen zu setzen. Leistung, als „out put" gekennzeichnet, stellt sich für ihn als die Bereitstellung von Mitteln zur Befriedigung von Bedürfnissen dar[80]. Betriebliche Demokratisierung als Machtveränderung durch Verschiebung ökonomischer, politischer oder normativer Leistungen zugunsten des Arbeitnehmers gilt als Ursache für erhöhte Leistungserbringung und zunehmende Leistungssteigerung[81], um daraus den Schluß zu ziehen, durch „mehr Demokratie" könne generell eine Hebung der Leistung herbeigeführt werden. Auf Grund der erhöhten Leistungsanforderung an den Staat und die Gesamtgesellschaft sei deswegen eine Demokratisierung sowohl des politischen Systems als auch der sozialen und kulturellen Subsysteme notwendig[82]. Demokratisierung sei also der Garant für die erforderliche Leistungssteigerung. Abgesehen von der nicht ausreichend nachgewiesenen These einer Einheit von Demokratie und Leistung[83], ist es mehr als fraglich, ob die Bewältigung vermehrter Anforderungen schlicht durch erhöhte Demokratisierung erreicht werden kann. Weiterhin findet Hondrichs Modell der Demokratisierung wegen seiner Anlehnung an die identitäre Demokratie in der repräsentativen freiheitlichen Demokratie des Grundgesetzes, die weiterhin durch die Verfassungsentscheidungen für den Rechtsstaat und den sozialen Bundesstaat gekennzeichnet ist, keine Grundlage[84]. Offen bleibt auch die Frage nach

[77] Organisation und Demokratie, S. 63, 70, 76, 79 f.

[78] Ebd., S. 80.

[79] Ebd., S. 62 ff.

[80] Demokratisierung und Leistungsgesellschaft, S. 9, 20, 23 f.

[81] Ebd., S. 38 ff.

[82] Ebd., S. 92 ff., 117 ff.

[83] Es soll hier keineswegs von einer Unvereinbarkeit von Demokratie und Leistung gesprochen werden. Doch ist das Verhältnis beider zu differenziert und ambivalent, als daß man es auf die von *Hondrich* gewählte Formel bringen könnte. Vgl. dazu unten 1.3.2.

[84] Vgl. *Schelsky*, S. 13; *Oppermann*, VVDStRL 33 (1975), 35 ff.

der Zulässigkeit der Übertragung von Regeln und Verfahrensabläufen mikroökonomischer Einheiten auf das Staatsganze. Für einen Leistungsbegriff als Grundlage eines verfassungsrechtlichen Leistungsprinzips ist damit nichts gewonnen.

Im Gegensatz zur These von dem Zusammenwirken und ihrer gegenseitigen Abhängigkeit geht *von Kielmannsegg* von einer Antinomie von Demokratie und Leistungsprinzip aus[85]. Gleichwohl kommt er zu der Erkenntnis, daß das Leistungsprinzip ein konstitutives Bauelement der demokratischen Ordnung sei. Die primären Fragen der Ableitung und Definition der Leistung kann auch er nicht beantworten[86]. Sein Hinweis auf das Leistungsprinzip als Norm der Chancengleichheit kann weder konstitutiv wirken, noch die Schwierigkeiten der Begriffsbestimmung beheben[87].

Sonstige Aussagen über das Leistungsprinzip halten sich entweder auf hohem Abstraktionsniveau, ohne auf die konkreten verfassungsrechtlichen und sozialen Probleme einzugehen[88] oder betrachten das Leistungsprinzip verkürzt, zum Beispiel als Grundsatz relativer Ersparnis von Arbeit[89] oder als Konstitutionsprinzip innerhalb der Schule[90], um dann seine Transformation auf die Gesellschaft und den Staat zu fordern.

Die Versuche zur Neuformulierung eines Leistungsbegriffes in den Wirtschafts- und Sozialwissenschaften helfen bei der Grundlegung eines allgemeinen verfassungsrechtlichen Leistungsprinzips nicht weiter. Selbst bei den zum Teil interessanten Ansätzen wird verkannt, daß ein Leistungsprinzip zwar theoretischen Konzepten folgen kann, daß es in erster Linie aber in die Verfassung eingepaßt werden muß. Dieses gilt ebenso für die verwaltungswissenschaftlichen Ansätze, die losgelöst von der Verfassung eine Neuorientierung des Leistungsbegriffes fordern. Zwar gehört das Problem der Leistung zu den zentralen Themen der Verwaltungswissenschaft[91] und auch der Verwaltungsreform[92],

---

[85] Demokratienorm und Leistungsprinzip, S. 11 f.; vgl. auch *Böhret*, PVS 1970 (Sonderheft 2), 243 ff.

[86] Ebd., S. 13, 15 ff.

[87] Ebd., S. 24 ff.

[88] Dieses gilt in gleichem Maße sowohl für „konservative" als auch für „progressive" Autoren. Vgl. etwa einerseits: *Gehlen*, Moral und Hypermoral; *Friedrich G. Jünger*, Die Perfektion der Technik. Andererseits: *Habermas/Luhmann*, Theorie der Gesellschaft oder Sozialtechnologie, S. 398 ff.; *Habermas*, Technik und Wissenschaft als „Ideologie"?; *Böhret*, PVS 1970 (Sonderheft 2), 244 ff.; *Mitscherlich*, DUZ 1972, 576 ff.

[89] *de Jouvenel*, Jenseits der Leistungsgesellschaft, S. 29 ff.; *Kellner*, Das Leistungsprinzip in der industriellen Arbeitswelt. Ausgewogen dazu: *Schlaffke*, ZfP 1973, 197 ff.

[90] So in erster Linie: *Laurien*, S. 43 f. m. w. N.

[91] Vgl. etwa: *Morstein Marx*, Stand der Verwaltungswissenschaft, S. 40 ff. Ähnlich dezidiert: *König*, Öffentliche Verwaltung und Demokratie, S. 196 ff.

doch kann ein mit normativer Kraft ausgestattetes Leistungsprinzip nicht aus allgemeinen Grundlagen der Verwaltungswissenschaft abgeleitet werden, die in der Verfassung keine Beachtung gefunden haben.

Auch die Partizipation scheint Bezüge zum Leistungsprinzip zu enthalten, doch soll bewußt darauf verzichtet werden, diese bereits jetzt offenzulegen[93], um nicht das Ergebnis des Verhältnisses Leistungsprinzip—Partizipation unzulässigerweise vorzuprogrammieren und die Suche nach einem verfassungsrechtlichen Leistungsprinzip, das zu Verboten der Beteiligung führen kann, vorzuentscheiden.

1.1.3 „Dogmatisches Leistungsdefizit"

Sowohl die kursorische, keineswegs abschließende Bestandsaufnahme, als auch die Untersuchung der verschiedenen Möglichkeiten einer Grundlegung haben die Uneinheitlichkeit des Begriffes der Leistung und des Leistungsprinzips aufgezeigt. Zwar gewinnt die Leistung zunehmendes Gewicht für den Staat und für den Bürger, insbesondere in den Formen und Typen des Leistungsrechts[94] als Grundlage der daseinsvorsorgenden- und fürsorgenden Verwaltung. Doch erscheint der oben konturierte *allgemeine Leistungsbegriff* so kontrovers, daß er für die Rechtswissenschaft keinen brauchbaren Ansatzpunkt liefert. Auch führt der an unterverfassungsrechtlichen Normen orientierte einfachgesetzliche Leistungsbegriff nicht weiter, da er nur einzelne Rechtsmaterien umfaßt[95] und nicht global die Leistung innerhalb der Verfassung anspricht. Ebenso ist eine Kombination und Zusammenfassung einzelner Leistungsbegriffe zu einem allgemeinen Gesamtbegriff nicht möglich, da diese Einzelnormierungen in keiner Beziehung zueinander stehen. Die Frage nach dem Rechtsbegriff der verfassungsrechtlichen Leistung, in dem sich doch gerade der Wandel der sozialen Wirklichkeit widerspiegelt, bleibt unbeantwortet. Ebenso scheidet ein Leistungsbegriff aus, der nur aus demokratischen[96], rechtsstaatlichen[97] oder sozialstaatlichen Postulaten[98] abgeleitet wird und Allgemeingültigkeit entfalten soll.

---

[92] Dazu: *Derlien*, Die Verwaltung 1974, 1 ff.

[93] Vgl. dazu unten 2.4.

[94] Vgl. dazu insbes.: *P. Häberle*, Leistungsrecht im sozialen Rechtsstaat, S. 455 ff.; *ders.*, VVDStRL 30 (1972), 46 ff.

[95] Vgl. etwa § 2 Bundesleistungsgesetz oder die *Leistungs*pflichtigen gem. § 16 Luftschutzgesetz, § 10 Verkehrssicherstellungsgesetz, §§ 2, 5, 10 Wassersicherstellungsgesetz.

[96] *Eichenberger*, S. 11 f.; *Kriele*, VVDStRL 30 (1972), 160; *Schwendter*, S. 135; wohl auch: *W. Brandt*, Regierungserklärung, S. 52 ff.

[97] *Wörner*, Die politische Meinung 1970, Nr. 130, S. 92 ff.

[98] *Bachof*, VVDStRL 15 (1957), 205; *Scheuner*, DÖV 1957, 637; *Kopp*, Verfassungsrecht und Verwaltungsverfahrensrecht, S. 200 ff.; *Hans Schäfer*, DVBl.

Unsere Verfassung entscheidet sich aber nicht nur für die Demokratie, den Rechtsstaat oder die Sozialstaatlichkeit. Sie stellt sich vielmehr als Zusammenwirken vieler verschiedener Leitprinzipien dar, die der Aktualisierung und Konkretisierung bedürfen[99]. Insoweit tragen auch diese punktuellen Ansätze nicht dazu bei, den Begriff der verfassungsrechtlichen Leistung zu prägen. Das „dogmatische Leistungsdefizit" (*P. Häberle*) beruht jedoch nicht nur auf einem Mangel an Begriffsklärung und -klarheit[100]. Ursache ist vielmehr die Notwendigkeit der Neubestimmung[101] eines *verfassungsrechtlichen Leistungsprinzips* als einem noch in keiner Weise aufbereiteten Verfassungsproblem. Es besteht die Schwierigkeit, gleichsam ohne festen Boden, einen Begriff zu entwickeln, der eine zentrale Stellung innerhalb des Grundgesetzes einnehmen kann. Zwar ist der Verfassung der Begriff der Leistung nicht unbekannt, wie sich zum Beispiel aus Art. 33 Abs. 2 GG ergibt, doch kann dem Grundgesetz nicht ohne weiteres entnommen werden, was unter einer verfassungsrechtlichen Leistung zu verstehen ist.

Ausgangsbasis der Betrachtung kann insoweit nur eine vorläufige Vorstellung von dem sein, was als verfassungsrechtliches Leistungsprinzip gefunden werden könnte. Es ist ein „Suchrahmen" erforderlich, der im Verlauf der verfassungsrechtlichen Grundlegung überprüft, ausgefüllt und präzisiert werden muß. Zum Abstecken des annähernden Bedeutungsbildes von verfassungsrechtlichem Leistungsprinzip bietet die Bestandsaufnahme genügend Anhaltspunkte, hat sich doch — insbesondere bei der Darstellung der Leistung in der Verfassungs- und Verwaltungspraxis — gezeigt, daß die Merkmale der Leistung in gewisser Abhängigkeit von der jeweils zu erfüllenden Aufgabe stehen. Zudem erscheint der Begriff der Leistung in der allgemeinen Vorstellung durch die Art und den Umfang der Mittel bestimmt, die zur Verwirklichung der angestrebten Ziele benötigt werden[102]. Daher läßt sich — noch undifferenziert — das verfassungsrechtliche Leistungsprinzip als Grundsatz kennzeichnen, der die Erfüllung der öffentlichen Aufgaben gemäß ihrer Zwecksetzung sicherstellen soll. Die vorläufige und

1972, 407; *Krämer*, S. 59 ff. Differenzierter: *P. Häberle*, VVDStRL 30 (1972), 60 ff., der von einem „humanisierten Leistungsprinzip" spricht und das Effizienzprinzip neben dem Sozialstaatsgrundsatz aus der gesamten Verfassung heraus bestimmen will. Ihm folgend: *Achterberg*, VVDStRL 30 (1972), 174. Vgl. zusätzlich: *P. Häberle*, AöR 98 (1973), 629 ff.

[99] *Hesse*, Grundzüge, § 4, S. 52; *Zacher*, Freiheit und Gleichheit, S. 130; *R. Hofmann*, ZfP 1973, 340 ff.; genauso für den Bereich der Planung: *Schmidt-Aßmann*, DÖV 1974, 542.

[100] Vgl. auch *Hennis*, PVS 1965, 429, der auf dieselbe Problematik aufmerksam macht.

[101] Vgl. *Zeidler*, DVBl. 1973, 726. Es geht nicht um eine Überwindung, sondern innerhalb der Verfassung muß der Leistungsbegriff neu formuliert werden.

[102] Ebenso: *Derlien*, Die Verwaltung 1974, 3 ff.

mehr formale Definition ist nun an Hand der Verfassung zu überprüfen und gegebenenfalls mit *materialem* Gehalt aufzufüllen.

1.2 Verfassungsrechtliche Grundlegung eines Leistungsprinzips

Versucht man die vorläufige Definition des Leistungsprinzips als Grundsatz zweckmäßiger Aufgabenerfüllung im Lichte der Verfassung zu erhellen, zu präzisieren und zu modifizieren, so muß zunächst beachtet werden, daß die Verfassung nur als einheitliches Ganzes zu verstehen ist[1]. Dadurch wird in bestimmter Weise auch der Rahmen für die Leistung und das Leistungsprinzip präjudiziert. Die Untersuchung darf sich nicht auf Teilaspekte beschränken, sondern muß einen allgemeinen Leistungsbegriff in den verfassungsrechtlichen Gesamtzusammenhang stellen. Auch die generelle Aufgabe der Verfassung, politische Einheit zu bilden und rechtliche Ordnung zu schaffen[2], ist bei der Grundlegung zu beachten, kann sich doch das Leistungsprinzip als Struktur- und Ordnungselement zur Durchsetzung der durch die wissenschaftliche und industrielle Entwicklung bedingten neuen Aufgaben des Staates erweisen. Insoweit braucht auch ein einmal konkretisiertes Leistungsprinzip kein festgeschriebenes Modell der Leistung zu sein. Vielmehr wird im Rahmen der wachsenden und sich wandelnden Aufgaben, die an den Staat insbesondere in den Bereichen der Wirtschaft, des sozialen Lebens und der Kultur gestellt werden, eine Fortentwicklung auch des Leistungsprinzips notwendig. Zunächst ist jedoch zu fragen, inwieweit sich aus der Verfassung — gegebenenfalls auch implizit — Hinweise für die Grundlegung eines allgemeinen Leistungsprinzips ergeben.

1.2.1 Normatives beamtenrechtliches Leistungsprinzip

Das Grundgesetz enthält keine ausdrückliche Normierung eines allgemeinen Leistungsprinzips. Zwar kennt die Verfassung eine Reihe von Vorschriften, die den materiellen Schutz zum Zwecke persönlicher Leistungsfähigkeit, z. B. Art. 7 Abs. 4 Satz 4 GG, oder die Funktionsfähigkeit von Institutionen implizit ansprechen, beispielsweise Art. 10 Abs. 2, 29 Abs. 1 S. 2, 35 Abs. 1, 72 Abs. 2 Ziff. 1 und 3, 91 a, 91 b, 104 a, 106 Abs. 3 und 8, 107, 110, 111 und 114 Abs. 2 GG. Auch die Bestimmungen des Art. 28 Abs. 2 und 87 Abs. 2, Abs. 3 S. 1 GG weisen durch die Anerkennung der Grundstruktur der Selbstverwaltung Leistungsaffini-

[1] *Smend*, S. 128 ff.; *Scheuner*, VVDStRL 20 (1963), 125; *Hesse*, Grundzüge, § 1 II, S. 5 f.

[2] *Hesse*, Grundzüge, § 1 II, S. 5 ff.; *Ehmke*, VVDStRL 20 (1963), 73, 89. *BVerGE* 1, 14, 32 f.; *BVerfGE* 2, 380, 403; *BVerfGE* 3, 225, 231 ff.

tät in bezug auf die Sachrichtigkeit der Aufgabenerfüllung auf[3]. Ebenso läßt die gelebte Verfassung darauf schließen, daß ein Leistungsprinzip als Ordnungsstruktur und Organisationsprinzip existiert und auch notwendig erscheint[4]. Doch sind dieses weder ausdrückliche Normierungen und Aussagen eines Leistungsgrundsatzes auch nur für Teilbereiche staatlichen Handelns, noch ist die Intention der angeführten Normen immer eindeutig auf eine Aufgabenerfüllung gemäß der Zwecksetzung ausgerichtet[5]. Insoweit erscheint es geboten, das ausdrücklich in der Verfassung niedergelegte beamtenrechtliche Leistungsprinzip des Art. 33 Abs. 2 GG als Ausgangspunkt der Betrachtung zu wählen. Es besteht die Möglichkeit, daß sich Art. 33 Abs. 2 GG als pars pro toto eines allgemeinen Leistungsprinzips darstellt oder daß die Vorschrift zumindest Hinweise auf ein im gesamten Grundgesetz geltendes Leistungsprinzip enthält. So sind zunächst Inhalt und Funktion dieser Norm zu bestimmen, um dann zu fragen, ob Art. 33 Abs. 2 GG Ausdruck eines allgemeinen Leistungsprinzips ist, das unausgesprochen hinter den Wertentscheidungen des Grundgesetzes steht und nur hier ausdrücklich formuliert worden ist.

1.2.1.1 Inhalt und Funktion des Art. 33 Abs. 2 GG

Die Vorschrift des Art. 33 Abs. 2 GG steht unter zwiespältiger Betrachtung. Zum einen als eine der „wichtigsten Errungenschaften des modernen Staates“[6], zum anderen als „Bestimmung von geringer praktischer Bedeutung“[7] klassifiziert, gehört die Vorschrift jedenfalls zu

---

[3] *H.-H. Klein*, Demokratie und Selbstverwaltung, S. 175; *v. Unruh*, DÖV 1972, 16 ff.; *Leibholz*, DVBl. 1973, 715 f.; *Fröhler*, GewArch. 1974, 3 f.; *Laux*, Der Landkreis 1975, 187 ff.; vgl. auch *BVerfGE* 33, 125, 156 f.

[4] *Zeidler*, DVBl. 1973, 727; *Dreitzel*, Soziologische Reflexionen, S. 36 f.; *Weichmann*, Einleitung, S. 12 f.; vgl. die Bemühungen zur Neugliederung der Länder vor allem aus dem Gesichtspunkt der Leistungsfähigkeit, dazu insbes.: *Scheuner*, DÖV 1974, 17; *Ernst*, DÖV 1974, 12 ff.; *Rietdorf*, DÖV 1974, 2 ff.; *Feuchte*, DÖV 1974, 9 f.; vgl. ebenfalls die Vergabe der Studienplätze nach dem Leistungsprinzip; dazu *BVerfGE* 33, 303, 309 ff., 348 ff.

[5] Die Zielrichtung dieser Normen ist zu vielschichtig: Von Kontrolle (Art. 114 Abs. 2 GG) über bessere Koordination (Art. 91 a und b GG) und finanzieller Absicherung staatlicher Vorhaben (Art. 110 GG) bis zu größerer Leistungsfähigkeit (Art. 29 Abs. 1 GG).

[6] *Wiese*, Staatsdienst, S. 214; *Herbert Krüger*, Leistungsprinzip, passim; *ders.*, Allgemeine Staatslehre, S. 272 ff.; *Gerber*, VVDStRL 7 (1932), 2 ff.; *Merkl*, VVDStRL 7 (1932), 55 ff.; *Maunz* in MDH Art. 33 GG, Rdn. 11; *OVG Berlin*, OVGE 6, 105 f.

[7] *v. Mangoldt/Klein*, S. 805 m. w. N.; *Tietgen*, S. 333 ff.; wohl auch *Kallabis*, ZBR 1958, 120; *Ule*, Öffentlicher Dienst, S. 584 Fn. 135; *ders.*, DVBl. 1970, 643 f.; differenzierter heute: *ders.*, Rechtsgutachten, S. 507 ff.

Baum u. a., Gewerkschaftliche Monatshefte 1974, 281, wenden sich gegen die Überbewertung des beamtenrechtlichen Leistungsprinzips, da sie davon ausgehen, daß im Rahmen der arbeitsteiligen Aufgabenbewältigung generell keine individuelle Leistungszumessung möglich sei. Gewiß ist die Leistungsden wesentlichen Charakteristika des deutschen Beamtentums[8], zumal das Leistungsprinzip auch als hergebrachter Grundsatz i. S. des Art. 33 Abs. 5 GG gilt[9]. Vergegenwärtigt man sich, daß die „Fürstendiener", aus denen sich die Institutionalisierung des Beamtentums ergab, als juristisch geschulte Fachleute die Stellen der feudalen Erbämter übernahmen, um die dem Landesherrn zustehende Macht effektiv zu gestalten[10], so wird offenkundig, daß Art. 33 Abs. 2 GG, unbeschadet des sozialen, kulturellen und gesellschaftlichen Wandels diese Tradition fortsetzt, indem die Vorschrift anordnet, bei Einstellung und Beförderung dem fachlichen Können und dem Sachverstand des Bewerbers entscheidendes Gewicht zu geben[11]. Gerade bei der Steigerung der Verwaltungsaufgaben, die mit einer Komplexität der Sachverhalte einhergeht, ist eine sachverständige Verwaltung unabdingbare Voraussetzung zur Bewältigung der Gegenwartsprobleme[12]. Eignung, Befähigung und fachliche Leistung sollen daher die alleinigen Kriterien für die Auswahl bei dem Zugang zu den öffentlichen Ämtern sein[13]. Mit Eignung wird auf die charakterlich menschlichen Eigenschaften Bezug genommen[14], die Befähigung stellt auf die Vorbildung des Bewerbers ab und der fachlichen Leistung kommt besondere Bedeutung bei der Ausfül-

---

bewertung problematisch, doch damit ist noch nichts über die Bedeutung eines beamtenrechtlichen Leistungsprinzips ausgesagt.

[8] *Bericht der Kommission*, Hrsg.: Studienkommission für die Reform des öffentlichen Dienstrechts, S. 112, Tz 168; *v. Münch*, Rechtsgutachten, S. 98 ff.; *Genscher*, Bulletin, S. 24; *ders.*, Der Landkreis 1973, 53; vgl. auch als verfassungsausfüllende Rechtssätze: § 7 BRRG, § 8 Abs. 1 BBG, § 1 BundeslaufbahnVO.

[9] *v. Münch*, Rechtsgutachten, S. 98 ff. m. w. N.

[10] *Köttgen*, Berufsbeamtentum, S. 9 ff., 17 ff.; *Wiese*, Staatsdienst, S. 33 ff.; *Bochalli*, S. 11 f.

[11] *Thieme*, Öffentlicher Dienst, S. 60 f.; *ders.*, Gutachten, D 27 f.; *Ule*, Beamtenrecht, S. 35; *Guilleaume*, Die Verwaltung 1971, 179 ff.; *Nilges*, BayBZ 1961, 145; *Fees*, ZBR 1967, 203 ff.; *BVerwG*, DÖV 1971, 559, 562.

[12] *Scheuner*, DÖV 1969, 586; *Herbert Krüger*, Allgemeine Staatslehre, S. 272 ff.; *Bülck*, S. 66; *Guilleaume*, Die Verwaltung 1971, 180; *E. Becker*, Der Gemeindetag 1963, 348; *Steinbach*, DÖD 1973, 217 f.

[13] So schon *Max Weber*, S. 331 ff.; aus der Rspr.: *BVerfG*, ZBR 1969, 282 f.; *OVG Lüneburg*, OVGE 26, 463 ff.; implizit *BVerfG* E 12, 334; zuletzt *OVG Münster*, DVBl. 1973, 581 f. Allerdings ist zu bedenken, daß diese Begriffe in der Regel weit auszulegen sind, da feste objektive Maßstäbe fehlen. Dazu: *Scheerbarth*, S. 351 ff.; *Mayntz*, DÖV 1973, 151; *Reinhart*, DÖV 1973, 153 ff., versucht deswegen, mit Hilfe einer Dienstpostenanalyse objektive Kriterien herauszufinden.

[14] Zum aktuellen Problem der Verfassungstreue als Einstellungsvoraussetzung vgl. *BVerwG*, NJW 1975, 1135 ff. und *BVerfG*, FAZ 170 v. 26. 7. 1975, S. 1 f., die Verfassungstreue als Eignungskriterium und hergebrachten Grundsatz des Berufsbeamtentums ansehen. Aus der umfangreichen Literatur: *Maurer*, NJW 1972, 601 ff.; *Isensee*, JuS 1973, 275 ff.; *L. Schäfer*, BayVBl. 1973, 171; *Kriele*, ZRP 1971, 273 ff.; *Stern*, Zur Verfassungstreue der Beamten, S. 17 ff. und *H.-D. Weiß*, ZBR 1974, 81 ff.; zuletzt *Schick*, ZBR 1975, 1 ff., jeweils m. w. N.

lung und Erledigung der zugewiesenen Dienstgeschäfte zu[15]. Das Leistungsprinzip des Art. 33 Abs. 2 GG, das seine Vorläufer in § 70 ALR, § 137 Frankfurter Reichsverfassung von 1849 und Art. 120 WRV hat[16], gilt aber auch zugleich als Konkretisierung des allgemeinen Gleichheitssatzes des Art. 3 Abs. 3 GG, um sachwidrige Differenzierungen nicht nur beim Zugang, sondern auch bei der generellen Besetzung öffentlicher Ämter (Beförderung etc.) auszuschließen[17].

Diese Funktionen des beamtenrechtlichen Leistungsprinzips — so theoretisch unbestritten sie auch sind — sollen nach Meinung einiger Autoren nur sehr geringe praktische Bedeutung haben und erheblichen Einschränkungen unterliegen[18]. So wird eine Durchbrechung dieses Grundsatzes durch das demokratische Prinzip angeführt[19] und auf den weitverbreiteten Mißbrauch in der Praxis durch die Ämterpatronage verwiesen[20].

Durch die Wahl der Abgeordneten zu den Parlamenten und die dadurch erfolgte Festlegung der Regierungen wird in der Tat eine Qualifikation nach Eignung, Befähigung und Leistung nicht als Primärmaßstab angelegt und so die konsequente Handhabung des beamtenrechtlichen Leistungsprinzips durchbrochen. Auch andere wichtige öffentliche Ämter kennen als Legitimationsgrundlage das demokratische Auswahlverfahren[21]. Bei diesen Einschränkungen des beamtenrechtlichen

[15] *Wiese*, Staatsdienst, S. 216 ff.; *Neeße*, NDBZ 1966, 4 ff.; *Pickuth*, DDB 1972, 152 ff.; *Schütz/Ulland*, Rdn. 2 ff. zu § 7 BRRG; *VG Karlsruhe*, ZBR 1970, 286.

[16] Vgl. Allgemeines Preußisches Landrecht (1806) 2. Teil, 10. Titel, § 70 lautet: Es soll niemand ein Amt aufgetragen werden, der sich dazu nicht hinlänglich qualifiziert und Proben seiner Geschicklichkeit abgelegt hat. § 137 Satz 7 Frankfurter Reichsverfassung vom 28. 3. 1849: Die öffentlichen Ämter sind für alle Befähigten gleich zugänglich. Art. 128 Abs. 1 Weimarer Reichsverfassung vom 11. 8. 1919: Alle Staatsbürger ohne Unterschied sind nach Maßgabe der Gesetze und entsprechend ihrer Befähigung und ihren Leistungen zu den öffentlichen Ämtern zuzulassen.

[17] *Herbert Krüger*, Leistungsprinzip, S. 5 f.; *Scheerbarth*, S. 345 ff.; *Maunz* in MDH, Art. 33 GG, Rdn. 18; *Tietgen*, S. 330; *Ule*, Öffentlicher Dienst, S. 588; *Fischbach*, Anm. II zu § 8 BBG, S. 181; ferner *Koschnick*, DDB 1966, 92; auch *BayVerfGH*, ZBR 1957, 209, 211.

[18] *Ule*, Öffentlicher Dienst, S. 584 m. w. N.; *Ipsen*, Gleichheit, S. 193 f.

[19] Insbesondere *Maunz* in MDH, Art. 33 GG, Rdn. 14.

[20] *Wiese*, Staatsdienst, S. 239 ff.; *Herbert Krüger*, Allgemeine Staatslehre, S. 274 f.; *Zeidler*, DVBl. 1973, 723; *Steinbach*, DÖD 1973, 218 f.
Auch erfolgt eine Suspendierung des Leistungsprinzips aus sozialen Erwägungen (z. B. Wiedergutmachung od. Schwerbeschädigtenrecht). Dieses führt jedoch nicht zu einer Polarisierung von Sozial- und Leistungsprinzip (so aber *Steinbach*, DÖD 1973, 219 f.), sondern ist notwendige sozialstaatlich gebotene Einschränkung des beamtenrechtlichen Leistungsprinzips. Generell dazu: *Plog/Wiedow*, Rdn. 14 zu § 8 BBG.

[21] So z. B. Landrat, Bürgermeister, Beigeordnete, Ehrenbeamte. Zwar wird auch bei politischen Beamten die Befähigung eine wichtige Rolle spielen — doch nur *neben* anderen Kriterien; dazu *G. Wacke*, AöR 91 (1966), 469 ff.; auch *Berg*, MDR 1973, 187; *Maunz* in MDH, Art. 33 GG, Rdn. 14.

Leistungsprinzips wird jedoch nicht berücksichtigt, daß sich das Grundgesetz für die Verfassungsform der repräsentativen Demokratie entschieden hat, in der die Wahl alleinige Legitimationsgrundlage der wichtigsten öffentlichen (politischen) Ämter ist. Das Leistungsprinzip des Art. 33 Abs. 2 GG als verfassungsrechtlicher Rechtssatz bezieht sich insoweit nur auf die öffentlichen Ämter, die nicht durch demokratisch legitimierte Auswahlverfahren besetzt werden[22].

Anders liegt die Sache bei der Ämterpatronage[23]. Durch die Zuweisung der öffentlichen Ämter an den herrschenden Interessen angepaßte Beamte soll der Machtbesitz einer Gruppe auf Dauer gefestigt werden. Hier ist eine erhebliche Durchbrechung des Leistungsgrundsatzes festzustellen, die durch die Beschwichtigung, „Ämterpatronage gab es zu allen Zeiten und wird es auch immer geben"[24], nichts an ihrer Bedenklichkeit verliert[25]. Zwar muß die Funktion der Verfassungsnormen auch von der Wirklichkeit erfaßt werden, andererseits muß aber auch der Wille der entscheidenden Organe vorhanden sein, den Inhalten der Verfassungsnorm zur Geltung zu verhelfen[26]. Es liegt in der Hand des Gesetzgebers, der Exekutive und nicht zuletzt der Judikative den Inhalt des Verfassungssatzes des Art. 33 Abs. 2 GG zu realisieren[27]. Vorschläge sind viele gemacht worden[28]. Normative Ansätze zur Sicherung

[22] In anderen Staaten mit freiheitlichen Demokratien werden auch Richterämter durch demokratische Wahl besetzt, vgl. etwa Schweiz oder USA.

[23] Aus dem umfangreichen Schrifttum: *Eschenburg*, Ämterpatronage, 1961; *Köttgen*, DÖV 1953, 321 ff.; *v. Münch*, ZBR 1960, 245 ff.; *W. Weber*, Spannungen und Kräfte, S. 240; *Menzel*, DÖV 1970, 443 ff.; *v. Beyme*, S. 115 ff.; *Evers*, Der Staat 1964, 46 ff.; *Wiese*, DVBl. 1970, 647 ff.; vgl. auch *W. Seibert*, DVBl. 1959, 869 ff., der allerdings nur auf die in der Ämterpatronage liegende Ungleichheit eingeht und damit das Problem verkürzt.

[24] *Wiese*, Staatsdienst, S. 239.

[25] *W. Weber*, Spannungen und Kräfte, S. 140; *Tietgen*, S. 335 f.; *Berg*, MDR 1973, 187, bezweifelt die weitverbreitete Patronage und warnt vor dem anderen Extrem: der Herrschaft der Fachleute. Es ist richtig, daß aus der Weiterentwicklung des öffentlichen Dienstes eine politische Urteilsfähigkeit unerläßliche Voraussetzung des Trägers eines öffentlichen Amtes sein sollte. Vgl. auch *v. Merkatz*, S. 62. Die Besetzung der Stellen mit politisch genehmen Beamten, wie es bei höheren Planstellen fast schon zur Regel geworden ist, widerspricht aber eindeutig dem Leistungsprinzip. Zu optimistisch auch: *Scheuner*, Erfahrungen und Probleme des geltenden Beamtenrechts für die politische Stellung des Beamten, S. 22 ff., der den Beamten nur in Verfolgung staatspolitischer, nicht parteipolitischer oder sonstiger gruppenmäßiger Interessen sehen möchte (S. 26), und *Steinbach* DÖD 1973, 219, der annimmt, daß sich die Besten innerhalb der Gruppe eliminieren und dann auch privilegiert werden.

[26] *Hesse*, Grundzüge, § 1 II, S. 5 f.; § 1 III 5, S. 17 ff.

[27] *Schütz/Ulland* sprechen von dem Auftrag der Vorschrift, mit Verfassungskraft die Ämterpatronage zu verhindern, Erl. 1 zu § 7 LBG NRW, Teil II, S. 59.

[28] Vgl. etwa *Thieme*, Öffentlicher Dienst, S. 11, 25 f. (Personalamt); *ders.*, Gutachten, D 28 f. (offenes Bewerbungssystem); *Finger*, ZBR 1971, 8; *Oppler*, DÖV 1951, 482 ff.; *Wiese*, Staatsdienst, S. 250 ff.; *Friesenhahn*, VVDStRL 16

des Leistungsprinzips finden sich bereits in § 70 Abs. 1 a Nr. 1 i. V. m. § 71 Abs. 1 Personalvertretungsgesetz durch die Mitwirkung des Personalrats bei Einstellung und Beförderung[29]. Weitere Bestrebungen gehen dahin, die zu unbestimmten Kriterien des Leistungsprinzips zu präzisieren[30]. Festzustellen bleibt, daß die mißbräuchliche Durchbrechung des beamtenrechtlichen Leistungsgrundsatzes nicht dazu führen darf, die generelle Bedeutung der Vorschrift zu schmälern[31].

Auch im Bericht der Studienkommission für die Reform des öffentlichen Dienstrechts nimmt das Leistungsprinzip eine zentrale Stellung ein[32]. Leistungsorientierung und Leistungsbereitschaft sollen als wichtige Mittel zur Differenzierung zwischen den Bediensteten dienen, um so die Funktionsfähigkeit der öffentlichen Verwaltung im Rahmen der Verfassung zu sichern[33] und die Leistungsfähigkeit zu erhöhen[34].

1.2.1.2 Erweiterung zu einem generellen Leistungsprinzip?

Fraglich ist aber, ob über die individualrechtliche Komponente des beamtenrechtlichen Leistungsprinzips hinaus die Vorschrift des Art. 33 Abs. 2 GG noch Bedeutung für ein allgemeines Leistungsprinzip besitzt. Der personale Aspekt wird häufig erweitert zum funktionalen[35]. Aus der Erkenntnis der Leistungsfähigkeit und der notwendigen Erfüllung staatlicher Aufgaben wird ein allgemeiner Grundsatz der Leistung als organisatorischem Prinzip abgeleitet, das in allen Bereichen

(1958), Teil II Leitsatz 6, S. 70 f., S. 148 f. Vgl. auch die Referate von *F. Schäfer* und *Quaritsch*, ergänzend zum Gutachten von *Thieme* zum 48. DJT 1970, O 10 ff. und O 34 ff. *Menzel*, DÖV 1970, 445 ff., schlägt eine parteienstaatliche Konvention als Lösung vor. Vgl. auch *Wilhelm*, ZBR 1967, 165 ff., der sich für die Einführung eines Beamtenbeauftragten einsetzt; als Erwiderung dazu: *Lindgen*, DÖD 1967, 201 ff.

[29] *Plog/Wiedow*, Rdn. 12 zu § 8 BBG.

[30] Generell: *Scheerbarth*, S. 350 ff.; *Mayntz*, DÖV 1973, 149 ff.; *F. Mayer*, DVBl. 1970, 651 ff. (Dienstpostenbewertung); ähnlich *Reinhart*, DÖV 1973, 153 ff., jeweils m. w. N.; vgl. auch den Bericht der Bundesregierung zur Ämterbewertung in ZBR 1973, 33 ff., und dazu *Millack*, ZBR 1973, 41 ff.

[31] *Thieme*, Gutachten, D 28 ff.; *Schönfelder*, ZBR 1970, 283; *ders.*, ZBR 1971, 354 f.; *Wiese*, Staatsdienst, S. 214; *Morstein Marx*, Bürokratisierung und Leistungsordnung, S. 73; *F. Schäfer*, Referat, O 16, 20; *Quaritsch*, Referat, O 38; *F. Mayer*, DVBl. 1970, 651 ff.

[32] *Bericht der Kommission*, Hrsg. Studienkommission für die Reform des öffentlichen Dienstrechts, S. 97 ff. Generell zum Kommissionsbericht: *Kroppenstedt*, DÖV 1974, 145 ff.; *Soell*, DÖV 1974, 147 ff. Unter dem Aspekt der Partizipation: *W. Schmitt Glaeser*, DÖV 1974, 152 ff.

[33] *Bericht der Kommission*, S. 28 f., Tz 59; S. 97 ff., Tz 129 ff.; S. 112, Tz 167; dazu *Kroppenstedt*, Der Landkreis 1973, 198 ff.; *Soell*, DÖV 1974, 150, weist zudem darauf hin, daß auch die spezifischen inneren Eigenschaften, die über die rein funktionale Leistungsbewertung und Bezahlung hinausgehen, bei den öffentlichen Bediensteten berücksichtigt werden müssen.

[34] *Ellwein/Zoll*, S. 232 ff.

[35] *Wiese*, Staatsdienst, S. 7 f. m. w. N.

des öffentlichen Lebens gelten soll[36]. Doch ist nicht ersichtlich, mit welchen Mitteln juristischer Hermeneutik dieses Ergebnis gewonnen wird, ob dieses im Wege der Auslegung geschieht oder sich der Art. 33 Abs. 2 GG als Emanation, beziehungsweise Teilaspekt eines als selbstverständlich vorausgesetzten Leistungsprinzips darstellt[37]. Keine Ausnahme macht hierbei der Bericht der Reformkommission. In direktem Zusammenhang mit dem personalen Leistungsprinzip wird die Erhaltung sowie Steigerung der Leistungsfähigkeit der Verwaltung und der Qualität öffentlichen Handelns genannt[38], ohne aber auf deren dogmatische Ableitung einzugehen oder dieses präzis verfassungsrechtlich zu begründen[39].

Zu einer Auslegung erweiternder Art auf ein sachbezogenes Leistungsprinzip bietet die Vorschrift keinerlei Anhaltspunkte, da sie sich konkret und zweifelsfrei auf den persönlichen Zugang zu den öffentlichen Ämtern beschränkt. Daß wegen der gleichen Sachlage eine Erweiterung dieses personalen Leistungsprinzips auch auf die Stufung innerhalb des öffentlichen Dienstes erfolgt[40], führt noch nicht zur Ableitung eines allgemeinen, auch organisationsbezogenen Leistungsgrundsatzes. In Betracht kommen könnte eventuell eine Analogie, da ein Gebot der Funktionsfähigkeit zwar notwendig erscheint, ein allgemeines Leistungsprinzip aber in der Verfassung nicht ausdrücklich normiert ist[41]. Für eine Anwendung der Analogie[42] ist ferner erforderlich, daß Interessenlage und Normzweck des personalen und des allgemeinen Leistungsprinzips sich entsprechen. Die Interessenlage des Art. 33 Abs. 2 GG besteht in der Erkenntnis der notwendigen Funk-

---

[36] So allerdings ohne ausreichende Begründung: *Gscheidle*, S. 7 ff.; *Fees*, ZBR 1970, 203; *Schönfelder*, ZBR 1971, 354; *Badenhopp*, ZBR 1964, 194.

[37] Allein bei *P. Häberle*, VVDStRL 30 (1972), 79, wird klar, daß eine Ableitung aus dem Sozialstaatsgedanken in Verbindung mit dem Gleichheitssatz und der gewandelten Bedeutung der Grundrechte erfolgt.

[38] *Bericht der Kommission*, S. 97, Tz 129; S. 112, Tz 167.

[39] Man mag verschiedener Meinung darüber sein, inwieweit eine Komissionsarbeit dogmatisch sein kann und soll. Jedenfalls: Der Hinweis allein, daß sich die Funktionserfordernisse der öffentlichen Verwaltung vor allem aus den „Verfassungsgrundsätzen des demokratischen und sozialen Rechtsstaates und den Ansprüchen und Erwartungen des Bürgers an den Staat und den daraus abzuleitenden öffentlichen Aufgaben" ergeben (*Bericht der Kommission*, S. 97, Tz 130), genügt nicht für eine verfassungsrechtliche Absicherung eines allgemeinen Leistungsgrundsatzes. Zudem wird auch in den Rechtsgutachten, die zum Bericht der Kommission führten, keine Begründung gegeben (siehe *Bericht der Kommission*, Verfassungsrechtliche Grenzen einer Reform des öffentlichen Dienstrechts. Bd. 5, Baden-Baden 1973).

[40] *Ule*, Öffentlicher Dienst, S. 588 f.; *Thieme*, Gutachten, D 27 f.; *Wiese*, Staatsdienst, S. 227 ff., insbesondere unter dem Aspekt der Dienstpostenbewertung.

[41] *Esser*, Grundsatz und Norm, S. 254.

[42] Vgl. dazu: *Larenz*, S. 359 ff., 364.

tionsfähigkeit des öffentlichen Dienstes[43], genauso wie das allgemeine Leistungsprinzip auf zweckgemäße funktionsgerechte Aufgabenerfüllung ausgerichtet erscheint. Doch ist schon zweifelhaft, ob der Normzweck des Art. 33 Abs. 2 GG nur die Gewährleistung gleicher Chancen im öffentlichen Dienst beinhaltet. Der funktionale Aspekt der Aufrechterhaltung der staatlichen Organisation spielt bei der Bewertung der Vorschrift auch eine Rolle[44]. Ist er aber wirklich nur gleichsam negativ darauf beschränkt, die Verwaltung vor ungeeigneten Bewerbern zu schützen[45]? Der Zweck der Norm richtet sich zwar in erster Linie auf den Schutz des Beamtenbewerbers, um ein Recht der Gleichbehandlung bei Aufnahme und Beförderung im öffentlichen Dienst zu gewähren[46]. Dieses subjektiv öffentliche Recht stellt sich als Recht auf fehlerfreie und sachliche Entscheidung über das Bewerbungsgesuch dar, da die öffentliche Verwaltung nicht verpflichtet werden kann, Bewerber einzustellen, ohne daß ein Bedarf vorliegt oder Planstellen vorhanden sind[47]. Doch kann daraus nicht gefolgert werden, daß die Vorschrift nicht quasi dialektisch strukturiert ist und gleichsam ein auf der objektivrechtlichen Seite stehendes, mit Normkraft belegtes allgemeines Leistungsprinzip ausschließt. Im Gegenteil: Diese objektivrechtliche Komponente, die durch ein personales Leistungsprinzip die sachgemäße Erfüllung von Staatsaufgaben gewährleistet wissen will, legt es nahe, auch auf Ordnungsstruktur und organisatorisches Prinzip zu schließen. Jedoch tritt bei der Konzeption des Art. 33 Abs. 2 GG die wahrzunehmende Funktion des Amtsinhabers und ihre organisationsrechtliche Ausgestaltung in den Hintergrund und läßt sich aus einer isolierten Betrachtung dieser Vorschrift allein nicht erhellen. Zu sehr ist diese Norm als grundrechtsähnliche Vorschrift angelegt[48], die nur den einen Aspekt — den personalen — betont, nichts Eindeutiges aber über die Struktur der Aufgabenerfüllung aussagt. Insoweit läßt sich die oben gestellte Frage allein an Hand dieser Vorschrift nicht beantworten und

---

[43] *Kölble*, DÖV 1970, 453; *BVerfGE* 8, 1, 12.

[44] *Maunz* in MDH, Art. 33 GG, Rdn. 12.

[45] So *v. Münch*, Öffentlicher Dienst, S. 42.

[46] *Köttgen*, Berufsbeamtentum, S. 245; *Ule*, Beamtenrecht, S. 35 f.; *OVG Rheinland-Pfalz*, ZBR 1954, 319.

[47] *v. Münch*, Öffentlicher Dienst, S. 41 f.; *Maunz* in MDH, Art. 33 GG, Rdn. 11 (vgl. auch Rdn. 15: Subjektiv-öffentliches Recht auf gleiche Zulassung bei Referendaren wegen des Ausbildungsmonopols des Staates); *Plog/Wiedow*, § 8 BBG, Anm. 20; *Crisolli/Schwarz*, § 8 LBG Hessen, Anm. 4 c; *Fischbach*, § 8 BBG, Anm. III, S. 185; *Schütz/Ulland*, § 7 LBG NRW, Erl. 6, S. 65 m. w. N. Etwas unklar: *v. Mangoldt/Klein*, S. 808. Aus der umfangreichen Rspr.: *BVerwGE* 2, 151, 153; *BVerwG* in DVBl. 1968, 641, 642; *BayVGH* in VwRspr. 10 (1968), Nr. 138, S. 538 ff.; *BGHZ* 23, 36, 42 f. Zur Klageart siehe *Tietgen*, S. 342 ff.

[48] Vgl. etwa den Wortlaut des Art. 33 Abs. 2 GG: „Jeder Deutsche ...". Ferner ist bei Verletzung dieser Vorschrift die Verfassungsbeschwerde möglich: Art. 93 Abs. 1 Nr. 4 a GG.

muß vorerst offenbleiben. Im Verlaufe der weiteren verfassungsrechtlichen Untersuchung wird dieses Problem wieder aufzunehmen sein.

1.2.1.3 Zwischenergebnis: Leistungsfreundlichkeit des Grundgesetzes

Als Ergebnis bleibt festzuhalten, daß die Vorschrift des Art. 33 Abs. 2 GG mehr als nur ein subjektiv-öffentliches Recht auf ermessensfehlerfreie Entscheidung bei der Auswahl und Beförderung im öffentlichen Dienst enthält. Dort aber, wo dieser Grundsatz zu einem funktionalen Prinzip erweitert wird, stellt sich allein der Bezug zum personenbezogenen beamtenrechtlichen Leistungsprinzip als unzureichende Begründung dar. Obwohl der personale Aspekt die Aufgabenerfüllung gemäß ihrer Zwecksetzung fördert und somit auch strukturelle Leistungselemente beinhaltet, kann aus der Einzelvorschrift des Art. 33 Abs. 2 GG kein generelles verfassungsrechtliches Leistungsprinzip abgeleitet werden. Jedoch ist zu vermerken, daß das Grundgesetz — abgesehen von Art. 33 Abs. 2 GG — eine Anzahl von Normen kennt, die zumindest implizit auf das Erfordernis der Leistung und Funktionsfähigkeit in öffentlichen Organisationen hinweisen. Insoweit kann schon jetzt nicht nur von einer Leistungsoffenheit, sondern sogar von einer *Leistungsfreundlichkeit des Grundgesetzes* gesprochen werden[49].

1.2.2 Verfassungsrechtliches Leistungsprinzip und Gewaltenteilung

Als Ausgangspunkt der Grundlegung eines allgemeinen verfassungsrechtlichen Leistungsprinzips könnte das Gewaltenteilungsschema dienen. Der Gedanke ist auf den ersten Blick befremdend, erscheint doch der Gewaltenteilungsgrundsatz als geschichtliches Dogma freiheitlicher Staaten zur Kontrolle, Hemmung und Mäßigung der Macht. Von einer Ausrichtung auf zweckmäßige Erfüllung und Sachrichtigkeit der Erledigung von Aufgaben, wie sich — noch unspezifisch — die Zielrichtung des Leistungsprinzips darstellt, ist in der Diskussion über die Gewaltenteilung kaum die Rede. Und doch werden sich aus einer an der Verfassung orientierten Betrachtungsweise unter Berücksichtigung der tatsächlichen Konkretisierung des Gewaltenteilungsgrundsatzes Perspektiven ergeben, die die herkömmliche, durch das geschichtliche Dogma eingeengte Gewaltenteilungsidee neu beleben und bei der Suche nach

[49] Anders *Leisner*, Effizienz als Rechtsprinzip, S. 24 f., der die Verfassung als effizienzneutral bezeichnet. Vgl. auch die Kritik dazu bei: *P. Häberle*, AöR 98 (1973), 628 mit Fußnote 9, der zu Recht darauf hinweist, daß sich die von der Verfassung geforderte Funktionsfähigkeit doch gerade als Effizienz darstelle. Im einzelnen wird dieses unten (1.3.) noch zu erörtern sein. Zur Leistungsfreundlichkeit der Länderverfassungen vgl. zusätzlich: *StGH BadWürtt.*, NJW 1975, 1205 ff.

einem verfassungsrechtlichen Leistungsprinzip wichtige Kriterien offenlegen.

Nach einer Gegenüberstellung des Verständnisses von Gewaltenteilung, wie es sich aus den Stellungnahmen in der Literatur und Rechtsprechung ergibt und der konkreten Ausgestaltung in der Verfassung wird zu fragen sein, welche Funktion und Bedeutung das Gewaltenteilungsprinzip heute im Rahmen des Grundgesetzes hat und inwieweit ein Bezug zu einem verfassungsrechtlichen Leistungsprinzip besteht.

1.2.2.1 Gewaltenteilung in historischer Sicht

Das überlieferte Gewaltenteilungsschema beinhaltet zunächst die Aufteilung der wesentlichsten staatlichen Funktionen auf mehrere letztentscheidende Instanzen. Durch die Aufteilung bzw. Verteilung der Staatsgewalt auf die Gewaltenträger Legislative, Exekutive und Jurisdiktion soll sowohl der Machtmißbrauch verhindert, als auch die gegenseitige Kontrolle der Entscheidungsträger zugunsten der Freiheit der Individuen gewährleistet werden[50]. Ein Machtgleichgewicht als „Balance of Power“ (*Bolingbroke*, 1690) unter den verschiedenen Gewalten wird angestrebt.

Die Ursprünge gewaltenteiliger Ideen beginnen nicht erst mit *John Locke* und *Charles de Montesquieu*[51]. Schon in der Antike fand das Problem der Machtbeschränkung Beachtung[52], und erste Verbindungslinien zur Sachrichtigkeit der Aufgabenerfüllung werden in diesem Zusammenhang gezogen. So plädierte beispielsweise *Aristoteles* für die Trennung der Aufgaben zwar in erster Linie aus dem Gedanken der Mäßigung staatlicher Gewalt und zur Verhütung der durch die Verteilung von Zuständigkeiten bedingten Machtkonzentrationen[53]. Doch war auch die Arbeitsteilung mit dem Ziele einer höheren Leistungsfähigkeit ein erstrebter Zweck der Moderierung staatlicher Gewalt, die Aristoteles durch ein System gegenseitiger Hemmungen in Form von Mischverfassungen (z. B. zwischen Demokratie und Oligarchie) mit der Verteilung der obersten Zuständigkeiten auf mehrere Staatsorgane gewährleistet sah[54].

---

[50] Vgl. beispielsweise *Forsthoff*, Stichwort: Gewaltenteilung, Sp. 655 ff.; *v. d. Heydte*, Sp. 896 ff.; *Wolff/Bachof* I, § 16, S. 67 ff.; jeweils mit zahlreichen Literaturhinweisen.

[51] Einen guten Überblick der geschichtlichen Entwicklung der Gewaltenteilungslehre gibt *Kägi*, Diss., S. 13 ff.

[52] Zu den Ansätzen gewaltenteiliger Ideen bei *Homer* und *Plato*, vgl. *Th. Tsatsos*, S. 11 f.

[53] *Aristoteles*, Politik 1273 b, schrieb in bezug auf die Karthager: „Der Gesetzgeber muß darauf sehen, daß dieses (scil. die Aufgabe wird am besten von einem bewältigt) geschieht und nicht verlangen, daß derselbe Mann die Flöte spielt und auch die Schuhe macht.“

Bei *John Locke*, der sich in der Abhandlung „Two Treatises on Government" (1689) mit der Begrenzung der Staatsgewalt auseinandersetzt[55], tritt der Aspekt der funktionellen Arbeitsteilung gänzlich zurück. Gewaltenteilung als Garant individueller Freiheit und Mäßigung politischer Gewalt ist bei Locke die Aufteilung der Staatsmacht in materielle Gewalten, hauptsächlich die Gesetzgebung und die vollziehende Gewalt, die dann verschiedenen Staatsorganen zugeschrieben werden[56].

Ebenso steht bei *Montesquieu* die Sicherung der Freiheit des einzelnen im Vordergrund[57]. Staatliche Macht soll auf verschiedene politische Kräfte aufgeteilt werden, die sich gegenseitig Schranken setzen sollen[58]. Entscheidend ist daher, daß die Träger dieser politischen Teilgewalten nicht identisch sein dürfen, da ansonsten der Zweck der Aufgliederung — die gegenseitige Kontrolle der Gesetzmäßigkeit staatlicher Machtausübung — nicht gewährleistet ist[59]. Neben der Notwendigkeit der Machtbeschränkung erkennt Montesquieu aber zugleich die durch die Trennung erzeugte Gefahr der „inaction"[60]. Aus diesem Grund hält er auch ein Zusammengehen der Kräfte — das „aller de concert" — für erforderlich[61].

Kern historischer Gewaltenteilung bleibt somit die Kontrolle und Mäßigung politischer Macht zur Gewährleistung und Wahrung persönlicher Freiheit. Dabei spielt der Schutz vor der Legislative und Exekutive eine besondere Rolle. Der Gedanke der Arbeitsteilung zugunsten einer sachrichtigen Aufgabenerfüllung wird von der klassischen Gewaltenteilungslehre in diesem Zusammenhang nicht aufgegriffen.

1.2.2.2 Heutige herkömmliche Betrachtungsweise

Die heutige herkömmliche Betrachtungsweise des Gewaltenteilungsprinzips versucht den sich wandelnden Einflüssen staatlicher Gewalt und der Verschiebung der politischen Machtpositionen Rechnung zu tragen[62]. Ausgangspunkt bleibt dabei jedoch das Gewaltenteilungs-

---

[54] *Aristoteles*, Politik 1273 b, 33 - 34; zum „status mixtus" vgl. *Kluxen*, S. 132 f.; *R. Hofmann*, ZfP 1973, 340 ff.

[55] Dazu *Scheuner*, Die neuere Entwicklung des Rechtsstaats, S. 237; *Polin*, S. 162 ff., insbesondere: Sens et Fondement du Pouvoir, S. 164 ff.

[56] *Locke*, S. 122 ff.

[57] *Montesquieu*, Livre XI, S. 257 ff.; dazu *H. Peters*, Gewaltentrennung in moderner Sicht, S. 82; *Krauss*, S. 105 ff.

[58] *Montesquieu*, Livre XI, S. 256: „Le pouvoir arrête le pouvoir".

[59] Ebd., S. 259.

[60] Vgl. hierzu insbes.: *Sternberger*, PVS 1960, 35 f.

[61] *Montesquieu*, Livre XI, S. 273; dazu *Krauss*, S. 118 f.

[62] *Forsthoff*, Stichwort: Gewaltenteilung, Sp. 660; *Neumann*, DÖD 1970, 170. Insbesondere *W. Weber*, Teilung der Gewalten, S. 181 ff., weist darauf hin, daß Gewaltenteilung ein Problem der Teilhabe an politischer Macht ist.

modell von *Montesquieu*[63]. So wird auch in der Rechtsprechung und Literatur zur Gewaltenteilungsproblematik[64] insbesondere auf die Trennung der Staatstätigkeiten und die dadurch bezweckte Hemmung und Balancierung und Kontrolle abgestellt[65]. Zunächst wird der historische Gedanke von der Verteilung der materiellen Staatstätigkeiten auf nicht identische, voneinander weisungsunabhängige Träger hoheitlicher Macht aufrechterhalten[66]. Obwohl gewichtige Stimmen gegen ein Dreiteilungsschema ankämpfen, hat sich dieses als die herrschende Meinung — nicht zuletzt im Hinblick auf das Grundgesetz — herausgeprägt[67]. Doch auch hier ist eine absolute Trennung nicht bezweckt[68]. Die

---

[63] *Süsterhenn*, S. 118; *Loewenstein*, Gleichgewicht zwischen Legislative und Exekutive, S. 213.

[64] Der Begriff „Gewaltenteilung" neigt zu Mißdeutungen. Es gibt nur eine Staatsgewalt, die begrifflich unteilbar ist. „Teilung der Gewalt" ist richtigerweise mit der Untergliederung in Teilgewalten zu kennzeichnen. Doch soll hier auf den Begriff Gewaltenteilung nicht verzichtet werden, da er im Bedeutungsbild dergestalt gefestigt erscheint, daß er gerade nicht die staatliche Einheit in Frage stellen will.

[65] *Rspr.* des *BVerfG*: E 2, 1, 13; E 3, 225, 246; E 7, 183 ff.; E 5, 85, 199; E 9, 268, 275, 279; E 10, 200, 216; E 12, 180, 186; E 13, 153, 161; E 14, 56, 67 ff.; E 15, 47, 75 ff.; E 18, 241, 254; E 19, 166, 175; E 19, 290, 293; E 20, 150, 157 ff.; E 22, 49, 76 ff.; E 22, 106, 111 f.; E 25, 352, 361 ff.; E 30, 1, 27 ff.; zuletzt DÖV 1973, 132 f. *Lit.*: *Wolff/Bachof* I, § 16, S. 67 ff.; *Maunz/Dürig* in MDH, Art. 20 GG, Rdn. 76 ff.; *v. Mangoldt/Klein*, S. 598 ff.; *H. Peters*, Gewaltentrennung in moderner Sicht, S. 78 ff.; *Drath*, S. 21 ff.; *Rausch*, Vorwort, S. XV; *Hahn*, Über die Gewaltenteilung in der Wertwelt des Grundgesetzes, S. 438 ff.; *P. Schneider*, AöR 82 (1957), 1 ff.; *Leisner*, DÖV 1969, 405 ff.; *Böckstiegel*, NJW 1970, 1712; *Neumann*, DÖD 1970, 149 ff.

[66] *Küchenhoff*, S. 168 ff.; *de Jouvenel*, S. 389.

[67] Für eine bloße Zweiteilung der Staatsgewalt in legislatorische Normsetzung und exekutive Einzelfallentscheidung tritt insbesondere *Jahrreiß*, S. 119 ff., ein. Zwar hat schon *Montesquieu* der rechtsprechenden Gewalt gewisse „Gewaltfunktion" nicht voll zuerkannt („en quelque facon nulle"), doch darf nicht die durch die Rechtsprechung erfolgte grundlegende Kontrollfunktion zum Schutz des einzelnen verkannt werden. Gegen *Jahrreiß* vgl. ebenfalls *Loewenstein*, Die neue Dreiteilung der Staatsfunktionen, S. 272 f..

Auch *Leisner*, DÖV 1969, 505 ff. sieht im Hinblick auf die tatsächliche Situation jede staatliche Entscheidung als „Verbunddezision der legislativen und exekutiven Gewalt" (S. 410) und meint, daß sich die Gewaltenteilungsproblematik nur zwischen diesen beiden Gewalten abspielt. Die notwendige Balance soll dann durch ein geordnetes Verfahren erfolgen, in dem beide Gewalten gleichgewichtigen Einfluß haben (S. 411). Beschränkt man die Idee der Gewaltenteilung auf die Balance der Macht, so ist *Leisner* Recht zu geben. Jedoch ist auch die Kontrolle zum Schutz und um der Freiheit des Einzelnen willen notwendig. „A-priori-Mitarbeit" und „a-posteriori-Kontrolle" sind zu verbinden.

Im Gegensatz dazu geht *Böckstiegel*, NJW 1970, 1714, von dem Bundesverfassungsgericht als vierter Gewalt aus. Es ist nicht zu verkennen, daß das BVerfG bezüglich der anderen Gerichte eine Sonderstellung einnimmt, die sich z. B. in § 31 Abs. 2 BVerfGG und der Berücksichtigung der politischen Folgen der Entscheidung manifestiert. Dazu vgl. *Dürig*, VVDStRL 20 (1963), 115; *Herbert Krüger*, Allgemeine Staatslehre, S. 705; *Chr. Böckenförde*, S. 69 ff.; vgl. auch *BVerfG* E 18, 288, 301 f.; E 22, 349, 360 ff.; E 35, 79, 148. Ähnliche Funktionen haben aber auch gem. § 47 S. 4 VwGO die Oberverwal-

Schaffung potentieller Oppositionsverhältnisse soll als staatliches Organisationsprinzip einer freiheitlichen Staatsform ausreichen[69]. Bei der durch die Trennung bewirkten Verteilung der materiellen Staatsgewalten auf verschiedene Organe wird betont, daß es sich nur am Rande um ein arbeitsteiliges Problem handelt und mit einer simplen Funktionsteilung nicht in Verbindung zu setzen sei[70].

Als zweites bedeutendes Element der Untergliederung in Teilgewalten wird die Hemmung der Gewalten genannt[71]. Die zunächst durch Trennung geschaffenen Teilgewalten sollen in ein Verhältnis gegenseitiger Kontrolle und Mäßigung gebracht werden[72]. Hemmung der Gewalt und Machtausgleich kann durch verschiedene Mittel hervorgerufen werden. Gegenseitige Abhängigkeit durch gegenseitige Bindung des Staatsorganhandelns zum Beispiel bei der Besetzung der Organträger und der Beendigung ihrer Tätigkeiten sowie gegenseitige Kontrollbefugnisse werden als häufigste Mittel der Gewaltenhemmung genannt[73].

Allerdings vollzieht sich diese Hemmung und Balance nicht nur *zwischen* den drei klassischen Teilgewalten der Legislative, der Exekutive und der Jurisdiktion, sondern sowohl innerhalb als auch außerhalb dieser Teilgewalten durch staatsorganisatorisch bedingte Aufgliederungen[74] und neu aufkommende Mächte. Zu den letzteren, die in Konkur-

tungsgerichte (Verwaltungsgerichtshöfe). Bezüglich der das „Staatswohl wahrenden Billigkeitsentscheidungen" (*Chr. Böckenförde*) handelt es sich nur um eine jedem Staatsorgan aufgegebene Konkretisierung der Pflicht zur Erhaltung des Staates und seiner Funktionen. Insoweit ist die Einordnung des BVerfG als vierte Gewalt nicht gerechtfertigt.

Ansätze weiterer Gewaltenaufteilungen bei *v. Mangoldt/Klein*, S. 598. Neuere Gewaltengliederungen nehmen *Ernst v. Hippel*, S. 41 ff., und *Loewenstein*, Die neue Dreiteilung der Staatsfunktionen, S. 273 ff., vor.

[68] *BVerfG* E 30, 1, 28.

[69] *Sternberger*, PVS 1960, 36.

[70] *Maunz/Dürig* in MDH, Art. 20 GG, Rdn. 78; *v. d. Heydte*, Sp. 897 f.; ebenso: *Sternberger*, PVS 1960, 36. Dagegen betont *Loewenstein*, Das Gleichgewicht zwischen Legislative und Exekutive, S. 223 ff., den vorwiegend technischen Aspekt des Gewaltenteilungsgrundsatzes. Rein formale Gewaltenteilung kann aber nicht die mit dieser Idee bezweckte Sicherung politischer Freiheit gewährleisten. Dieses erkennt *Loewenstein* auch (S. 226).

[71] So die ständige Rechtsprechung des *BVerfG*, vgl. 1.2.2.2. mit Fn. 65; *Küchenhoff*, S. 172 ff. m. w. N.

[72] *Kimminich*, VVDStRL 25 (1967), 34 ff.

[73] *Küchenhoff*, S. 174 ff.

[74] *Leisner*, Gewaltenteilung innerhalb der Gewalten, S. 267 ff., weist auf die Nachteile der Subdivision hin, die nicht aus der Gewaltenteilung, sondern allenfalls aus anderen Prinzipien (z. B. Lokalisierung der Staatsgewalt, S. 282) gerechtfertigt werden könnten. Bei dem durchaus richtigen Ergebnis, daß staatsorganisatorische Entscheidungen bis in die letzte Einzelentscheidung berücksichtigt werden müssen (S. 280 f.) und somit auch die Unterteilung der Teilgewalten keine der Gewaltenteilung zuwiderlaufenden Ergebnisse erzeugen darf, geht *Leisner* aber von einer falschen Prämisse aus. Gewaltenteilung erschöpft sich bei ihm in der herkömmlichen machtteilenden, machtmäßigenden und kontrollierenden Funktion (S. 279).

renz zu den überlieferten Gewaltenträgern treten, gehören insbesondere die politischen Parteien, die Interessengruppen sowie die Massenmedien[75]. Unter die organisatorischen Aufgliederungen fällt nicht nur die Aufspaltung der Exekutive in Regierungsgewalt und Verwaltung[76], sondern auch jede Form der Dezentralisierung, insbesondere die föderalistische Struktur des Bundesstaates[77]. Bei aller Differenzierung von Trennung und Hemmung der Teilgewalten wird nicht übersehen, daß beide Elemente auf das engste verknüpft und nur miteinander verständlich werden. Gerade das „aller de concert" der verschiedenen Gewalten, das zu einem gegenseitigen Einvernehmen, zu einem Ausgleich widerstreitender Interessen als integrativem Moment im Hinblick auf die Gesamtheit führen soll, gilt als wichtiger Baustein des Gewaltenteilungsprinzips[78].

Gewaltenteilung stellt sich somit als Organisationsgrundsatz dar, der ein geordnetes kontrolliertes Zusammenwirken gewährleisten soll, das nicht nur im staatlichen Bereich gilt, sondern als politisches Grundprinzip[79] in der pluralistischen Massengesellschaft Geltung beansprucht[80]. Auch wenn eine positive Aussage bezüglich eines Leistungsprinzips im Zusammenhang mit dem Gewaltenteilungsprinzip nicht erfolgt, so lassen sich doch immerhin in diesem Zusammenhang vage Anhaltspunkte für Leistungsbereitschaft und Funktionsfähigheit erblicken.

---

[75] *H. Peters*, Die Gewaltentrennung in moderner Sicht, S. 111 f.; *W. Weber*, Spannungen und Kräfte, S. 28; *Zippelius*, Geschichte der Staatsideen, S. 113; *Steffani*, PVS 1962, 277 ff.; *Böckstiegel*, NJW 1970, 1716 ff., sieht eine generelle Verlagerung der Macht auf derartige nichtstaatliche Mächte. Zwar gewinnen Parteien, Gewerkschaften und Verbände immer mehr Einfluß, besonders auf die Exekutive und Legislative, doch darf nicht vergessen werden, daß das Grundgesetz vom Vorhandensein derartiger Mächte ausgeht und diesen auch öffentliche Funktionen zuordnet. Vgl. *Schelsky*, S. 57 ff., 83 ff. Zu den Gefahren einer derartigen Verlagerung von Macht vgl. unten 2.2.4.1.

[76] Vgl. *v. Mangoldt/Klein*, S. 598 f.

[77] *H. Peters*, Die Gewaltentrennung in moderner Sicht, S. 101 ff., bezeichnet den Föderalismus als ersten und wichtigsten Faktor der Gewaltentrennung. Im allgemeinen wird der Föderalismus als Inhalt heutiger Gewaltenteilung angeführt: *W. Weber*, Spannungen und Kräfte, S. 267; *ders.*, Teilung der Gewalten, S. 67 f.; *Küchenhoff*, S. 183 ff.; *Steffani*, PVS 1962, 274 f.; *Süsterhenn*, Subsidiaritätsprinzip, S. 113 ff.

[78] *Scheuner*, DÖV 1957, 635 f.; bezüglich der Abhängigkeit der Gewalten, vgl. *Maunz/Dürig* in MDH, Art. 20 GG, Rdn. 78; *Imboden*, Montesquieu und die Lehre von der Gewaltentrennung, S. 20; *Drath*, S. 31.

[79] Für die umfangreiche Literatur: *Rausch*, Vorwort S. VII ff. m. z. N.; *Schelsky*, S. 55 ff.

[80] *Kägi*, Von der klassischen Dreiteilung zur umfassenden Gewaltenteilung, S. 286 ff.; Steffani, PVS 1962, 256 ff.; *Schelsky*, S. 57 ff., und *R. Hofmann*, ZfP 1973, 338 ff.

1.2.2.3 Grundgesetz und Gewaltenteilung

Kritik an den Auffassungen der herkömmlichen Lehre ergibt sich schon bei der teils bedenkenlosen Übernahme tradierter Vorstellungen, die durch die Gewaltenteilung verwirklicht werden sollen. Auch wenn der Verschiebung der politischen Machtpositionen Rechnung getragen wird, so bleibt doch zum Teil die Dynamik der Gewaltentrennung außer Betracht, und es entsteht der Eindruck, daß ein zeitbedingtes Freiheitsschema, das auf dem konkret-geschichtlichen Hintergrund liberalen Gedankenguts entstanden ist[81], in die Staatsformen der Gegenwart gepreßt werden soll[82]. Untergliederung der Gewalten hat gewiß ihre Bedeutungen und Aufgaben für sich. In ihrer rechtlichen Ausgestaltung wird sie aber durch die konkrete Verfassung begründet und begrenzt[83]. Der Sinngehalt kann also erst erschlossen werden, wenn die Gewaltenteilung in Beziehung zur konkreten Ausgestaltung durch die Verfassung und zum tatsächlichen sozialen Gruppengefüge gesetzt wird. Daher ist zunächst zu untersuchen, wie sich das Grundgesetz zum herkömmlichen Gewaltenteilungsgrundsatz verhält, ob das geschichtliche Dogma der Gewaltenteilung übernommen wurde oder welche von diesem Dogma befreiten bleibenden Ideen des Gewaltenteilungsprinzips die Verfassung beinhaltet, die gegebenenfalls Bezüge zu einem Leistungsprinzip eröffnen.

1.2.2.3.1 Die Dreiteilung staatlicher Gewalt nach dem Grundgesetz ist ein tragendes Organisations- und Funktionsprinzip[84]. Gemäß Art. 20 Abs. 2 S. 2 GG liegt die Ausübung der Staatsgewalt in den Händen besonderer Organe der Gesetzgebung, der vollziehenden Gewalt und der Rechtsprechung. Auch in Art. 1 Abs. 3 GG findet sich ein Hinweis auf die drei Teilgewalten. Dieses allein reicht für eine normative Grundlage einer Trennung der Gewalten und ihrer Balancierung nicht aus. Nach dem Modell klassischer Gewaltenteilung müßten die Teilgewalten von besonderen Staatsorganen eigenverantwortlich und letztentscheidend wahrgenommen werden. Dem Grundgesetz lassen sich dazu nur Anhaltspunkte entnehmen. Zwar sieht Art. 19 Abs. 1 S. 1 GG eine Einschränkungsbefugnis von Grundrechten nur durch Gesetz vor und weist somit der Legislative diese Funktion zu. Auch Art. 92 GG, der den Richtern die rechtsprechende Gewalt anvertraut, weist eine besondere Funktion einer Staatsgewalt alleinverantwortlich zu. Doch mit diesen Rege-

---

[81] Vgl. *Polin*, S. 237 ff.; *Forsthoff*, Montesquieu. Zur Einführung, S. XXVI ff.

[82] Schon *Imboden*, Montesquieu und die Lehre von der Gewaltentrennung, S. 13, hat darauf hingewiesen, daß die jetzige Deutung der Gewaltenteilung nicht mehr der Lehre von Montesquieu entspreche. Ebenso *Kägi*, Von der klassischen Dreiteilung zur umfassenden Gewaltenteilung, S. 288 f.

[83] *Laforet*, S. 57.

[84] Zuletzt *BVerfG*, DÖV 1973, 132 f. m. w. N.

lungen, die auf eine klare Trennung der Staatsfunktionen deuten könnten, endet schon der Katalog ausdrücklicher gewaltenteiliger Aufgliederung im klassischen Sinn. Zudem bestehen trotz dieser ausdrücklichen Zuweisungen weitgehende Vermengungen und Verschränkungen zwischen den Gewalten, die dem Gewaltenteilungsschema im Sinne von *Montesquieu* nicht zu entsprechen scheinen.

1.2.2.3.2 Beispiele hierfür ergeben sich sowohl aus der Verfassung selbst als auch aus der unterverfassungsrechtlichen Rechtsordnung. Begreift man die Funktion[85] der Legislative als Befugnis zur Setzung abstrakt-genereller Regelungen[86], so wird durch die Ermächtigung zum Erlaß von Rechtsverordnungen gem. Art. 80 GG diese Zuweisung schon durch die Verfassung selbst durchbrochen, indem Organen der vollziehenden Gewalt die Möglichkeit zum Erlaß von Rechtssätzen eingeräumt wird[87]. Genauso greift die rechtsprechende Gewalt in den Bereich der Legislative ein, wenn Entscheidungen des Bundesverfassungsgerichts bei der Überprüfung der Verfassungsmäßigkeit eines Gesetzes einen Verstoß gegen das Grundgesetz feststellen[88]. Diese die Nichtigkeit feststellende Entscheidung hat dann Gesetzeskraft (§ 31 Abs. 2 BVerfGG)[89]. Aber auch die rechtsprechende Gewalt — nach Art. 92 GG den Richtern anvertraut — übt nicht allein eine verbindliche, verselbständigte Entscheidung in Fällen bestrittenen oder verletzten Rechts zur Wahrung, Konkretisierung und Fortbildung der geltenden Rechtsordnung[90] aus. So hat der Bundestag als Legislativorgan auf Antrag

[85] Die Schwierigkeiten der Funktionenbeschreibung und der Definition der materiellen Gewalten werden nicht verkannt. Da hier jedoch nur die generellen Vermengungen und Verschränkungen aufgezeigt werden sollen, erscheint es nicht unzulässig, sich mit allgemeingültigen Umschreibungsmerkmalen zufrieden zu geben. Zu dieser Problematik vgl. insbes.: *Achterberg*, S. 52 ff.; *Kägi*, Diss., S. 196 ff.; *Jesch*, S. 66.

[86] Stellvertretend für viele: *Herbert Krüger*, Allgemeine Staatslehre, S. 296 ff.

[87] Z. B. *BVerfG* E 1, 11, 59; *H. Peters*, Gewaltentrennung in moderner Sicht, S. 91 f.; *Hahn*, Gewaltenteilung in der Wertwelt des Grundgesetzes, S. 469 ff.

[88] Bei der Entscheidung über die Verfassungsmäßigkeit der Hochschulgesetze verneinten die dissentierenden Richter eine Überprüfung der gesetzgeberischen Gestaltungsfreiheit bezüglich der Hochschulorganisation durch das Bundesverfassungsgericht, weil sie in einer derartigen Überprüfung einen Verstoß gegen das Gewaltenteilungsprinzip erblickten. Vgl. *BVerfG* E 35, 97, 150.

[89] Ebenso verhält es sich mit Rechtsetzungsakten der Exekutive — Rechtsverordnungen oder Satzungen —, die von den oberen Verwaltungsgerichten gem. § 47 VwGO überprüft werden. Hier steht die Verneinung der Gültigkeit einer untergesetzlichen Norm einer allgemeinverbindlichen Anordnung gleich (§ 47 S. 4 VwGO).

[90] *Scheuner*, Der Bereich der Regierung, S. 278; *Hesse*, Grundzüge, § 14 III 2, S. 223 ff.; *BVerfG* E 22, 49, 74 f. Zu den Schwierigkeiten der Definition der materiellen Rechtsprechung vgl.: *P. Schneider*, Problematik der Gewaltenteilung, S. 167 ff.

eines Viertels seiner Mitglieder aus seinen eigenen Reihen einen Parlamentarischen Untersuchungsausschuß einzusetzen, um in einem gerichtsähnlichen Verfahren Angelegenheiten, die im öffentlichen Interesse liegen, aufzuklären, festzustellen und auch abschließend zu werten[91]. Strafprozessuale Vorschriften finden bei Beweiserhebung Anwendung. Weiterhin besteht beispielsweise eine Gewaltenüberschneidung in Form der Ausübung materieller Rechtsprechung durch die Exekutive im Rahmen des § 35 Bundesjagdgesetz i. d. F. vom 30. 3. 1961. Mit Hilfe von vollstreckbaren Verpflichtungserklärungen sind die Verwaltungsbehörden befugt, in streitigen Fällen Wildschadensersatzansprüche verbindlich zu regeln[92]. Auch die vollziehende Gewalt ist nicht allein der Regierung und Verwaltung vorbehalten. So nimmt die Legislative zum Beispiel eine vollziehende Tätigkeit wahr, indem sie den Haushaltsplan — wenn auch in Form eines Gesetzes — erläßt (Art. 110 GG)[93]. Materiell handelt es sich aber um einen Einzelakt als zweckbestimmte, der Verwirklichung des Staates und seiner Ziele dienende und zur Gestaltung der Entscheidungen des Gemeinwesens führende Exekutivmaßnahme[94], die die Einnahmen und Ausgaben der einzelnen Staatsorgane veranschlagt[95]. Ebenso können die Gesetze, die auf Grund eines Einzelfalls ergehen oder gewisse konkrete Maßnahmen treffen, in die materielle vollziehende Gewalt eingreifen[96]. Eine Trennung zwischen

[91] *Maunz* in MDH, Art. 44 GG, Rdn. 61 ff. m. w. N.; *Laforet*, S. 62 f.; *Partsch*, S. 189 ff.; ebenso Referate von *Ehmke*, E 7 ff. und *Heinemann*, E 62 ff. Auch bei den Wahlprüfungen gemäß Art. 41 Abs. 1 Satz 1 und 2 GG werden in gerichtsförmigen Verfahren Beurteilungen nach Rechtsgründen von Legislativorganen vorgenommen; vgl. *v. Mangoldt/Klein*, S. 921 ff.; *Heising*, S. 60.

[92] *Karl Friedrichs*, S. 460 ff.; *H. Peters*, Gewaltentrennung in moderner Sicht, S. 93. Ebenso verhielt es sich mit der Strafgewalt der Finanzämter. Den Finanzämtern als Teil der vollziehenden Gewalt war die Möglichkeit gegeben, gemäß §§ 420 ff. AO Übertretungen und Vergehen durch Geldstrafe zu ahnden oder von der Strafverfolgung abzusehen. Dieser sehr weitgehende Eingriff in die rechtsprechende Funktion ist allerdings vom *Bundesverfassungsgericht* mit Urteil v. 6. 6. 1971 (E 22, 49 ff.) für verfassungswidrig erklärt worden. Vgl. auch *Möllinger*, AöR 80 (1955/56), 276 ff.; *Habscheid*, MDR 1966, 1 ff.; *Cordier*, NJW 1967, 2141 ff.; *Schmidt-Bleibtreu*, BB 1967, 832 ff.; *Menger/Erichsen*, VerwArch. 59 (1968), 70 ff.

[93] *J. Hirsch*, Haushaltsplanung und Haushaltskontrolle, S. 37 ff.; *H. Peters*, Gewaltentrennung in moderner Sicht, S. 89; *Maunz* in MDH, Art. 110 GG, Rdn. 7 ff. Dieselbe Problematik taucht bei der Aufnahme von Krediten sowie bei der Übernahme von Bürgschaften gem. Art. 115 GG auf.

[94] Insbes.: *Forsthoff*, Lehrbuch, § 1, S. 1, weist auf die Schwierigkeiten der positiven Begriffsbestimmung der „Verwaltung" hin, wenn er konstatiert, die Verwaltung lasse sich zwar beschreiben, aber nicht definieren. Zu den verschiedenen Definitionsversuchen vgl. *Wolff/Bachof* I, § 2 I, S. 6 f. m. w. N.

[95] Generell: *Friauf*, Staatshaushalt im Spannungsfeld; *J. Hirsch*, Haushaltsplanung und Haushaltskontrolle, S. 68 ff.; *Henle*, S. 337 ff.

[96] Damit ist noch nichts über deren Verfassungswidrigkeit ausgesagt. Vgl. *BVerfG* E 25, 371 ff.; *VerfGH Rheinland-Pfalz*, AöR 95 (1970), 598, 606; *Forsthoff*, Über Maßnahmegesetze, S. 227 ff.; *H. Schneider*, Über Einzelfallgesetze, S. 171 ff.; *Zeidler*, Maßnahmegesetze und klassisches Gesetz, S. 203; *K. Huber*, S. 126 ff.; *Hahn*, Gewaltenteilung in der Wertwelt des Grundgesetzes, S. 477.

Exekutive und Rechtsprechung ist ebenfalls nicht strikt durchgeführt. Vielfach nehmen Gerichte Maßnahmen der vollziehenden Gewalt wahr[97]. So wird zumindest auf den Gebieten der freiwilligen Gerichtsbarkeit ausschließlich materielle Verwaltungstätigkeit von der Judikative ausgeübt, wie beispielsweise das Ausstellen eines Erbscheins, die Löschung aus dem Handelsregister oder die Eintragung einer Vormerkung ins Grundbuch[98]. Es bleibt festzustellen, daß in keinem Bereich der grundgesetzlichen Rechtsordnung eine vollständige Trennung der Gewalten erfolgt ist.

Fraglich ist aber ebenfalls, ob die weiteren Funktionen der klassischen Gewaltenteilung — Kontrolle und Hemmung der Staatsgewalt durch eigenständige Gewalten — bei dem im Grundgesetz vorgesehenen Verhältnis von Legislative und Exekutive überhaupt durchführbar sind. Die parlamentarische Regierungsform, gekennzeichnet durch die unmittelbare Legitimation des Parlaments durch das Volk und die mittelbare Legitimation der gesetzesausführenden und auch gestaltenden Regierung und Verwaltung, bringt die Exekutive in eine ständige rechtliche Abhängigkeit von der legislativen Gewalt[99]. Die Regierung als Hauptgestalter der ausführenden Gewalt ist jederzeit durch die Mehrheit des Parlaments in Form des konstruktiven Mißtrauensvotums abwählbar (Art. 67 GG). Insoweit ergibt sich die Notwendigkeit, die Handlungsweise an der Mehrheit des Parlaments auszurichten. Der historische Gewaltenteilungsgrundsatz von unabhängigen letztentscheidenden Mächten wird insoweit auch hier durchbrochen. Vergegenwärtigt man sich ferner, daß gerade *Montesquieu* auf die Personenverschiedenheit der Träger der einzelnen Gewalten besonderes Gewicht legte, so ist auch in der Zugehörigkeit der Mitglieder des Kabinetts als Abgeordnete zum Bundestag und in der Zusammensetzung des Bundesrats als „Parlament der Landesregierungen" eine verschränkende Wirkung zu sehen, die zu einer Identität der Machtträger führt, welche im klassischen Gewaltenteilungskonzept gerade verhindert werden sollte[100].

---

[97] Abgesehen werden soll hier von der Justizverwaltung und dem Justizprüfungswesen, deren Aufgaben als Schaffung der Voraussetzungen der Justiz noch im weiteren Sinn zur rechtsprechenden Gewalt gezählt werden können. So: *H. Peters*, Gewaltentrennung in moderner Sicht, S. 94.

[98] *Bettermann*, Die freiwillige Gerichtsbarkeit, S. 17 ff.; *Dichgans*, S. 99 ff.

[99] *Kimminich*, VVDStRL 25 (1967), 31 ff.; *H. Peters*, Die Gewaltentrennung in moderner Sicht, S. 85. Aus diesem Grunde sieht *W. Weber*, Spannungen und Kräfte, S. 27 f., hinter Legislative und Exekutive nur eine einzige Gewalt. *Scheuner*, Bereich der Regierung, S. 397 ff., zieht zwischen Regierung und Opposition den Grenzstrich der Gewalten. Zum Parlamentarismus im GG vgl.: *Oppermann*, VVDStRL 33 (1975), 9 ff.; *Hans Meyer*, VVDStRL 33 (1975), 69 ff.

[100] *H. Peters*, Gewaltentrennung in moderner Sicht, S. 87; *Hahn*, Gewaltenteilung in der Wertwelt des Grundgesetzes, S. 453; *Küster*, S. 19, weist darauf hin, daß Inkompatibilitäten als gewaltenteilige Probleme schon gar nicht

Zwar stimmt der Tenor montesquieuscher Gewaltenteilung mit dem der parlamentarischen Demokratie überein: der Sicherung der Freiheit des einzelnen[101]. Dieses führt jedoch nicht zur grundsätzlichen Gleichsetzung von Gewaltenteilung und parlamentarischer Demokratie[102].

1.2.2.3.3 Während die bislang genannten Argumente gegen eine Handhabung des klassischen Gewaltenteilungsschemas sprechen und seine konsequente verfassungsrechtliche Durchführung in Frage stellen, weist das Grundgesetz andere Prinzipien auf, die die dem Gewaltenteilungsprinzip zugeschriebenen Aufgaben der Hemmung, Balance und Kontrolle übernehmen. Der Verteilung der Staatsaufgaben auf Bund und Länder im Rahmen des föderativen Bundesstaates liegt mehr als eine rein technisch erforderliche Arbeitsteilung zugrunde. Mitwirkung, Hemmung der Macht und Kontrolle sind die weiteren Funktionen[103]. Die Dezentralisation als Übertragung von Verwaltungsaufgaben auf selbständige Verwaltungsträger dient ebenso auch einer Aufgliederung der staatlichen Macht[104]. Weiterhin wird die Kontrolle der Exekutive hauptsächlich nur durch einen Teil der Legislative — die parlamentarische Opposition — wahrgenommen.

1.2.2.3.4 Die vorangegangene Untersuchung hat ergeben, daß Motivationen der Gewaltenteilung vom Verfassungsgeber zwar gesehen und auch aktualisiert worden sind, daß Gewaltenteilungsmomente im klassischen Sinne im Grundgesetz jedoch nur rudimentär vorhanden sind. Eine *starre* Verfassungsregel in Trennung der drei Teilgewalten und dadurch erzeugte Hemmung und Kontrolle besteht jedenfalls nicht[105]. Die Teilgewalten bleiben nur im Kernbereich sich selbst überlassen[106], wobei noch offen bleibt, ob sich der Kernbereich einer Gewalt klar ab-

---

mehr wahrgenommen werden. Generell zur Inkompatibilität: *Partsch/Genzer*, AöR 76 (1950/51), 187 ff.

[101] Aus diesem Grunde sieht *Nawiasky*, Allgemeine Staatslehre, S. 12, keinen Widerspruch mehr zwischen parlamentarischer Demokratie und Gewaltenteilungsprinzip. Ähnlich auch *Schelsky*, S. 55 f.

[102] *Kimminich*, VVDStRL 25 (1967), 32 f.; *H. Peters*, Gewaltentrennung in moderner Sicht, S. 85 f. Betrachtet man in Abweichung vom klassischen Gewaltenteilungsverständnis die Gewaltenteilung als generelle, unspezifizierte Machtbeschränkung, so schließen sich Gewaltenteilung und Demokratie nicht aus. Im Gegenteil: Gewaltenteilung kann als Voraussetzung der Demokratie gelten. So *Imboden*, Gewaltentrennung als Grundproblem, S. 493 ff.

[103] Vgl. dazu *Küchenhoff*, S. 183 ff.; *Steffani*, PVS 1962, 274 f. Generell spricht man hier von föderativer oder vertikaler Gewaltenteilung.

[104] *Schelsky*, S. 56 f.; *Wolff* II, § 77 I b, S. 95 ff.; *H. Peters*, Gewaltentrennung in moderner Sicht, S. 105 f.

[105] *Scheuner*, DÖV 1957, 636; *ders.*, Verantwortung und Kontrolle, S. 381; ähnlich *Steffani*, PVS 1962, 263.

[106] *BVerfG* E 9, 268, 280; E 30, 1, 27; zuletzt Beschluß v. 10. 10. 1972 in DÖV 1973, 132; so auch *Hahn*, Gewaltenteilung in der Wertwelt des Grundgesetzes, S. 462 f.

grenzen läßt[107]. Abweichungen im Sinne verschränkender und vermengender Gewalt ergeben sich schon aus der Verfassung selbst. Die heutigen faktisch besonders bedeutenden Faktoren politischer Macht, die einer Hemmung und Balance bedürfen, sind in den politischen Parteien und Interessengruppen, aber auch in den Massenmedien zu erblicken[108], die bei einer Deutung nach dem überkommenen Dreiteilungsschema kaum erfaßt werden können. Durch eine Übertragung des herkömmlichen Gewaltenteilungsprinzips auf das Verfassungssystem läßt sich auch nicht die tatsächliche Entwicklung der Verselbständigung der Verwaltung und die zunehmende Dominanz der Regierung auf das Parlament und das Gesetzgebungsverfahren erklären[109].

So gesehen erweist sich die Gewaltenteilungsidee in ihrer Dogmatisierung — konsequente Aufteilung in die drei Funktionsbereiche Legislative, Exekutive und Jurisdiktion — als für das Grundgesetz nicht „rein" durchführbar und angesichts der tatsächlichen Verhältnisse zum Teil untauglich. Dieses ist weder eine Aussage gegen das Gewaltenteilungsprinzip an sich, noch eine Kritik am Grundgesetz, dem Dreiteilungsschema nicht zur Geltung verholfen zu haben[110]. Es wird vielmehr erkennbar, daß ein zeitlich bedingtes Organisationsschema auf dem konkret geschichtlichen Hintergrund der Schaffung persönlicher Freiheit nicht ohne weiteres als Ordnungsform eines jeden Staates Anwendung finden kann[111]. Eine Verfassung kann jedoch nicht an einem

---

[107] *Leisner*, DÖV 1969, 407 ff. hat ähnliche Bedenken wegen der Schwierigkeit der Bestimmung und Konkretisierung des Kernbereichs. Die Ursache hierfür resultiert auch aus dem Nichtvorhandensein eines gefestigten Bedeutungsschemas der verschiedenen Staatsfunktionen; dazu *Achterberg*, S. 104 f.

[108] *Scheuner*, Verantwortung und Kontrolle, S. 382 ff.; *Ellwein*, Einführung in die Regierungs- und Verwaltungslehre, S. 170; *Böckstiegel*, NJW 1970, 1716 ff.; überspitzt ist die Formulierung *W. Webers*, das verfassungsrechtliche Gewaltenteilungsprinzip würde durch ein Balancesystem des Pluralismus oligarchischer Machtträger ersetzt (Die Teilung der Gewalten, S. 265). Dagegen auch: *Hahn*, Gewaltenteilung in der Wertwelt des GG, S. 455.

[109] *Scheuner*, DÖV 1957, 636 f.; *ders.*, Verantwortung und Kontrolle, S. 398 ff.; *W. Schmitt Glaeser*, VVDStRL 31 (1973), 200 ff.; *Imboden*, Die Gewaltentrennung als Grundproblem, S. 499; *Ellwein/Görlitz/Schröder*, S. 41 ff.; *Ellwein*, Einführung in die Regierungs- und Verwaltungslehre, S. 195 f.; *Guilleaume*, Die Verwaltung 1970, 9; Kritik dazu *Damkowski*, Die Verwaltung 1970, 317 ff.; *Oppermann*, VVDStRL 33 (1975), 32 f. Festzustellen bleibt, daß schon bei einem oberflächlichen Vergleich der eingebrachten Gesetzesvorlagen die Exekutive an Einfluß erheblich zugenommen hat: 2. Wahlperiode (1953 - 1957) Gesetzesvorlagen vom Bundestag: 414; vom Bundesrat: 16; von der Bundesregierung 431. In der 5. Wahlperiode (1965 - 1969) brachte der Bundestag nur 225, der Bundesrat 14 Gesetzesvorlagen ein, die Bundesregierung wurde mit 415 Vorlagen der Hauptgesetzesinitiator (vgl. zu den Zahlen: Statistisches Jahrbuch 1974 für die BRD; Wiesbaden 1974, S. 129).

[110] *Hesse*, Grundzüge, § 13 I 1, S. 195. Ebenso kommt *Rausch*, Vorwort S. XV, zu dem Schluß, die Grundidee der Gewaltenteilung dürfe nicht verworfen werden.

[111] *Scheuner*, DÖV 1957, 636; *Steffani*, PVS 1962, 279 f.

Organisationsprinzip festhalten, das die konkreten Probleme des Staates, seiner Gesellschaft sowie die geänderte Umweltkonstellation nicht beachtet. Die Erkenntnis, die Gewaltenteilung als Hemmung und Kontrolle sei auch auf die gesellschaftlichen Kräfte zu erweitern[112], führt dabei noch nicht zu einer befriedigenden, an der Verfassung orientierten Neubestimmung des Gewaltenteilungsprinzips. Denn Gewaltenteilung als wie auch immer geartete Machtbegrenzung findet sich überall dort, wo Macht reglementiert und eingefangen werden soll. Die Lehre von den drei klassischen Gewalten hält der kritischen, verfassungsrechtlichen Analyse nicht stand. Insoweit wird deutlich, daß unsere Verfassung ein geschichtlich vorbestimmtes Dogma der Gewaltenteilung nicht kennt[113]. Es besteht daher die Notwendigkeit, „die immer bleibenden Ideen aus dem Prokrustesbett zeitbedingter Dogmatisierung zu befreien“[114]. Die erforderliche Entdogmatisierung besagt aber nicht, daß Gewaltenteilung als Prinzip der Verfassung ausscheidet oder daß deren Funktionen durch den Interessenpluralismus überflüssig geworden sind[115]. Im Gegenteil: Das Grundgesetz kennt die Gewaltenteilung als Prinzip der Verfassung. Doch nicht die abstrakte Idee der Gewaltenteilung allein als Trennung, Hemmung und Mäßigung der Staatsmacht, sondern die konkrete Ausgestaltung und die damit bezweckten Motivationen prägen den heutigen Gewaltenteilungsgrundsatz. Neue Deutungen sind diesem Prinzip beizumessen, die seiner tatsächlichen Funktion gerecht werden und allen veränderten sozialen und politischen Bedingungen Rechnung tragen. Daß hierbei auch Elemente und Funktionen klassischer Gewaltenteilung zur Geltung kommen können, versteht sich von selbst.

1.2.2.4 Neue Sicht des Gewaltenteilungsschemas

Bei der Betrachtung des Gewaltenteilungsprinzips wird häufig verkannt, daß die Urheber dieser Idee von einer ursprünglich vorhandenen einheitlichen Staatsgewalt ausgingen, während in letzter Zeit die begriffliche Erfassung der Staatswirklichkeit — und somit auch der Staatsgewalt — neu überdacht worden ist. Staatliche Einheit besteht nicht von vornherein; die heterogenen Elemente von Volk, Gewalt und Gebiet müssen in einem differenzierten Prozeß zusammengefaßt und

---

112 Insbes.: *W. Weber*, Teilung der Gewalten, S. 265 ff.; *H. Peters*, Die Gewaltentrennung in moderner Sicht, S. 80 ff., 100 ff.; *P. Schneider*, AöR 82 (1957), 22 ff.; *Böckstiegel*, NJW 1970, 1715 ff.; *E. v. Hippel*, S. 41 ff.

113 *Kägi*, Diss. S. 300; *Hesse*, Grundzüge, § 13 I 1, S. 195; *Th. Tsatsos*, S. 80 f.

114 *Kägi*, Diss., S. 299 f.

115 Vgl. *Scheuner*, DÖV 1957, 636. *Zeidler*, DVBl. 1973, 727, kommt ebenfalls zu dem Ergebnis, daß das alte System der Gewaltenteilung inzwischen seiner ursprünglichen Ratio entbehrt, allerdings durch den Wegfall eines eigenständigen, offiziellen Gegenspielers des Parlaments.

vereint werden[116], sowohl durch den psychischen Zusammenhalt der Integration[117] als geistigem Bindeglied, als auch durch den physischen Zusammenhang der Koordination[118] als Schaffung der Voraussetzung der tatsächlichen Organisation des Staates. In diesem dynamischen Prozeß, der auch die wissenschaftliche, technische und industrielle Entwicklung miteinbezieht, gewinnt das Gewaltenteilungsprinzip seine (neue) Bedeutung. Im Rahmen der herkömmlichen Gewaltenteilungslehre wird dagegen noch davon ausgegangen, daß die Staatsgewalt „dekonzentriert" und somit geschwächt werden muß, um sie nicht zu einer allumfassenden und allbeherrschenden Macht anwachsen zu lassen[119]. Dann ist jedoch nicht einzusehen, weshalb erst eine Staatsgewalt geschaffen werden soll, um sie durch ein kompliziertes System der Begrenzungen und Hemmungen primär in ihrer Wirkungskraft zu schwächen. Der Gedanke der Hemmung der Gewalt darf daher nicht zu einer Minimalisierung staatlicher Funktionsfähigkeit führen[120]. Stellt die Gewaltenteilungsidee jedoch nicht auf Schwächung der Einheit des Staates und seiner Ordnung ab und kann die ausschließliche Deutung dieses Prinzips als Trennung, Hemmung und Kontrolle von Macht auf Grund der Diskrepanz zwischen Motivation der herkömmlichen Gewaltenteilungslehre und Verfassungsanalyse nicht aufrechterhalten werden, so muß eine neue Bewertung dieses Grundsatzes vorgenommen werden, die gerade nicht die Beschränkung staatlicher Macht in den Vordergrund stellt. Vielmehr müssen primär die Aspekte beachtet werden, die die Einheit des Staates und seiner Ordnung ermöglichen und fördern[121]. Der Gewaltenteilungsgrundsatz kann dabei insbesondere als

---

[116] *Hesse*, Grundzüge, § 1 II, S. 5 ff.; *E. Stein*, S. 3 ff.

[117] *Smend*, S. 119 ff.

[118] *Heller*, Staatslehre, S. 228 ff.

[119] Vgl. etwa *Rausch*, Vorwort, S. XV; *Duverger*, S. 182.

[120] Ansätze dafür finden sich schon bei *Montesquieu* selbst: Sein Gewaltenteilungsmodell sollte dem König die alleinige Macht aus der Hand nehmen und auf weitere Organe zugunsten der persönlichen Freiheit des einzelnen verteilen. Breiten Raum widmete er der konzentrierten Zusammenarbeit zur gemeinsamen Aufgabenerledigung. Vgl. dazu: *Duguit*, S. 519; *Bastid*, S. 12.

[121] Auch *Leisner*, Gewaltenteilung innerhalb der Gewalten, S. 273, stellt sich die Frage, ob Gewaltenteilung mehr Integration als Division der Macht bedeutet. Durch Anerkennung der Kontrollfunktion „zur Einheit der Sozialvertraglichkeit" (S. 282) bejaht er dieses. — Mit der Deutung des Gewaltenteilungsschemas als Einheitsfigur (vgl. auch oben 1.2.2.2. mit Fußnote 64 „begrifflich unteilbare Staatsgewalt") wird auch die polemische Kritik *J. J. Rousseaus* an der Gewaltenteilung gegenstandslos. *Rousseau* betont, daß die Souveränität — und damit auch die Staatsgewalt — unteilbar sei. Durch die Gewaltenteilungslehre solle nun die Einheit der Souveränität zwar gewahrt bleiben, die Souveränität aber trotzdem gegliedert werden, in dem in der Souveränität Wille und Macht unterschieden werden. Dieses sei ein „tour de gobelet" (Zauberkunststück) (Contract Social, Liv. II, chap. II). Daß dieses nicht der Fall ist, beweist die Trennung von Ursprung und Ausübung staatlicher Gewalt (vgl. Art. 20 Abs. 2 GG).

Struktur- und Ordnungselement bei der Verteilung und der Erfüllung der öffentlichen Aufgaben eine wichtige Rolle spielen. Der Bezug von Gewaltenteilung und Leistungsprinzip beginnt in groben Umrissen sichtbar zu werden.

1.2.2.4.1 Ausgangspunkt für die Neubestimmung des Gewaltenteilungsgrundsatzes ist der bereits von *Aristoteles* erwähnte Gedanke der Arbeitsteilung[122], der wohl zu keiner Zeit seine Bedeutung verloren hat. Arbeitsteilung und daran anschließend die Funktionengliederung bezwecken, daß die Aufgaben des Staates in der von der Verfassung vorgeschriebenen Weise erfüllt werden[123]. Gewaltenteilung verbindet sich hier mit der Idee der Aufgabenteilung sowie der Aufgabenerfüllung. Die Art der Aufgaben und die beabsichtigte Form ihrer Erledigung führen zur Zuweisung an einen bestimmten Träger öffentlicher Gewalt. Gewaltenteilung schafft zunächst ein funktionelles Schema zur Aufgabenverteilung, in dessen Rahmen drei ausdrücklich genannten Grundtypen bestimmte Aufgaben zur Erfüllung übertragen werden[124]. Ähnlich dem klassischen Gewaltenteilungsmodell sollen die verschieden gearteten Aufgaben von den drei Grundtypen Legislative, Exekutive und Jurisdiktion wahrgenommen werden (Art. 20 Abs. 2 GG). Es gilt aber, diese nicht abschließende Aufgliederung sowohl bezüglich der Grundtypen, als auch hinsichtlich der zugewiesenen Aufgaben fortzuführen, da viele öffentliche Aufgaben von diesem Schema nicht mehr erfaßt werden. Als Träger weiterer verfassungsmäßiger Funktionen kommen politische Parteien, Interessengruppen und Massenmedien wie Presse, Rundfunk und Fernsehen in Betracht. Auch sie nehmen öffentliche Aufgaben wahr, indem sie zumindest an der Vorformung der öffentlichen Meinung entscheidenden Anteil haben[125].

Die Statuierung und Normierung der drei Grundtypen sowie die zusätzliche Aufgliederung öffentlicher Aufgaben auf weitere Träger gibt nur die erste Bedeutungsschicht des neu verstandenen Gewaltenteilungsschemas wieder. Es werden also zunächst verschiedene Grundtypen der Aufgabenerledigung geschaffen, denen die einzelnen Funk-

---

[122] Vgl. oben 1.2.2.1.

[123] *Hesse*, Grundzüge, § 13 II 1, S. 197 ff.; sinngemäß ebenfalls: *P. Häberle*, AöR 98 (1973), 633.

[124] Dieser Gedankengang hat bei *Küster*, S. 9 ff., und *Hesse*, Grundzüge, § 13 II, S. 197 ff. seinen Ausgang gefunden. Allerdings ist bei *Hesse* der weitere Bedeutungsgehalt des Gewaltenteilungsmodells nicht angesprochen — nämlich die durch die wachsenden Staatsaufgaben bedingten strukturellen Ausformungen des Gewaltenteilungsgrundsatzes. Daß der Gewaltenteilungsgedanke für die Organisationsstruktur des parlamentarischen Regierungssystems effektiviert werden kann, verkennt *Hans Meyer*, VVDStRL 33 (1975), 85 f.

[125] Etwa: *BVerfG* E 20, 162, 175 ff.; vgl. dazu insbesondere: *W. Schmitt Glaeser*, AöR 97 (1972), 60 ff., 111 ff. m. w. N.

tionen zugeordnet sind. Diese Funktionszuweisung beansprucht für den weiteren Bedeutungsgehalt des Gewaltenteilungsprinzips zusätzliche Beachtung, vor allem auf Grund der enormen Ausweitung staatlicher Aufgaben. Das durch den Begriff Leistungsstaat gekennzeichnete Phänomen der leistenden Funktion des Staates, insbesondere der Verwaltung[126], charakterisiert den Übergang vom nur ordnenden und eingreifenden Staat zum verteilenden, lenkenden und planenden Gemeinwesen. Aufgaben der sozialen Daseinsvorsorge umfassen nicht nur die existenznotwendigen Leistungen, wie etwa Wasser, Gas, Elektrizität und Kommunikationsmittel, sondern auch moderne sozialpolitische Instrumentarien, wie beispielsweise Arbeitsförderung, Mutterschutz, Ausbildungsförderung, Kranken- und Rentenversicherung, Mieterschutz oder Vermögensbildung in Arbeitnehmerhand. Die gesellschaftliche und persönliche Bedürfnisbefriedigung erzeugt aber nicht nur einen Wandel, sondern zugleich einen starken Zuwachs der Staatsaufgaben[127]. Auf Grund der differenzierten Anforderungen wird die sachgemäße Aufgabenerfüllung immer komplizierter. Aus dem zunehmenden Umfang der Aufgaben sowie dem erforderlichen Einsatz meist technischen Sachverstandes erwächst die Notwendigkeit, für die Aufgabenbewältigung nicht nur ein Aufgliederungsschema einer neutralen Erfüllung, sondern auch Strukturen zu suchen, die den an den sozialen Rechtsstaat gestellten Bedingungen Rechnung tragen[128]. Sieht man ferner in der Normierung formeller Kompetenzbestimmungen durch die Verfassung gleichzeitig inhaltliche Anordnungen[129], so wird offensichtlich, daß der Staat die an ihn gestellten Aufgaben nur dann bewältigen kann, wenn er sich der Forderung nach Leistungsfähigkeit und Effektivität seines Handelns unterwirft[130].

Ergibt sich aber, daß der Staat aufgabenspezifisch, rationell und effektiv handeln muß, um den sozialen Anforderungen gerecht zu werden, so schafft die Gewaltenteilung nicht nur Grundtypen zur neutralen Aufgabenerledigung, ohne sich um das *Wie* der Erfüllung zu küm-

---

[126] Aber auch die Gesetzgebung und die Rechtsprechung nehmen in immer größerem Umfang leistungsstaatliche Aufgaben wahr, wie *P. Häberle*, „Leistungsrecht" im sozialen Rechtsstaat, S. 453 ff., überzeugend nachgewiesen hat.

[127] *Scheuner*, DÖV 1957, 637 f.; *H. Schäfer*, DVBl. 1972, 405; *Badura*, DÖV 1966, 625 f.; *ders.*, DÖV 1968, 446 ff.; *Thiele*, Neue Anforderungen, S. 89, 95. Zum Wandel des Grundrechtsverständnisses im leistenden Gemeinwesen: *P. Häberle*, VVDStRL 30 (1972), 90 ff.

[128] *Hesse*, Rechtsstaat und Verfassungssystem, S. 83 f.; *Zacher*, Freiheit und Gleichheit, S. 120 ff.; *Isensee*, Subsidiaritätsprinzip, S. 195; *Badura*, DÖV 1968, 453 f.; *H. Schäfer*, DVBl. 1972, 405, 408.

[129] *Scheuner*, VVDStRL 11 (1954), 1, 33 Fn. 90.

[130] *Herbert Krüger*, Allgemeine Staatslehre, S. 272; *Hesse*, Rechtsstaat im Verfassungssystem, S. 83; *Herzog*, Wissenschaftliche Entwicklung und technischer Fortschritt, S. 29 ff.; auch *Scheuner*, DÖV 1957, 637; *H. Schäfer*, DVBl. 1972, 405 ff.; *Klementa*, S. 1.

mern. Gewaltenteilung als dynamisches Prinzip zur Einheitsbildung des Staates hat auch die Forderungen an den modernen Staat zu realisieren und die entsprechenden Strukturen zu schaffen.

1.2.2.4.2 Die Zuweisung der Aufgaben im Rahmen des Gewaltenteilungsprinzips besagt gemäß Art. 20 Abs. 2 Satz 2 GG, daß die verschiedenen Funktionen auch von verschiedenen Organen wahrgenommen werden müssen. Gewaltenteilung erweist sich somit nicht nur als bloße Funktionszuordnung, sondern auch als *Organisationsschema einer raschen, effektiven Aufgabenerledigung*[131]. Die Verteilung der verschiedenen Aufgaben auf verschiedene Gewaltenträger und die Ausübung der Gewalt durch besondere Organe, wie es Art. 20 Abs. 2 S. 2 GG anordnet, wird von den Gesichtspunkten der Leistungsfähigkeit und Arbeitsteilung bestimmt, die dem Gewaltenteilungsgrundsatz zu entnehmen sind[132]. In bezug auf die abstrakte Aufgabenerfüllung ist der Staat mit einem Industriebetrieb vergleichbar, der auf Grund Organisationsstruktur und Arbeitsplatzverteilung Erzeugnisse fertigt, die ein einzelner allein nicht schaffen könnte[133]. Das Prinzip der Gewaltenteilung gibt durch die Schaffung von Grundtypen auch Auskunft über das *Wie* der Aufgabenerfüllung, indem es bestimmte Strukturen und Organisationsformen für die Bewältigung konkreter Aufgaben fordert. Hier liegt der Bezug zum Leistungsprinzip. Die vorläufige, unspezifische, aus der Bestandsaufnahme abgeleitete Definition des verfassungsrechtlichen Leistungsprinzips gewinnt Konturen. Als Leistung ist die optimale Aufgabenerfüllung anzusehen; das Leistungsprinzip gilt als — dem Gewaltenteilungsgrundsatz zu entnehmender — organisatorischer Grundsatz, der die sachgemäße Funktionszuordnung und Bewältigung verfassungsrechtlicher Aufgaben gewährleistet. Insoweit handelt es sich zunächst um ein — wie *P. Häberle* festgestellt hat — *generelles* Problem der Effizienz, in dessen Rahmen die optimale Verwirklichung aller Verfassungsnormen im Vordergrund steht[134]. Dieses kann nicht von der *besonderen* Ausgestaltung der Leistung getrennt werden, da das Prinzip der optimalen Aufgabenerledigung gerade erst in der Verwirklichung der spezifisch *aufgabenbezogenen Leistung* seine Erfüllung findet. Da-

[131] Ähnlich: *Küster*, S. 7 ff.; *Imboden*, Gewaltentrennung als Grundproblem unserer Zeit, S. 490 f.; *W. Weber*, Die Teilung der Gewalten als Gegenwartsproblem, S. 263 f.; ferner *Schelsky*, S. 57 ff.

[132] *Hahn*, Die Gewaltenteilung in der Wertwelt des Grundgesetzes, S. 451; *Loewenstein*, Das Gleichgewicht zwischen Legislative und Exekutive, S. 225; *Hesse*, Aspekte des kooperativen Föderalismus, S. 149. Ansätze auch bei *H. Peters*, Die Gewaltentrennung in moderner Sicht, S. 105. Nach *Kopp*, Verfassungsrecht und Verwaltungsverfahrensrecht, S. 238, soll der Grundsatz der Gewaltenteilung die Leistungsfähigkeit und Wirksamkeit der Exekutive schützen. Eine Begründung wird jedoch nicht geliefert.

[133] *E. Stein*, S. 4 f.

[134] *P. Häberle*, AöR 98 (1973), 629 f.

bei stellt sich das allgemeine Effizienzproblem als Summe der speziellen, an den verschiedenen Verfassungsprinzipien ausgerichteten Leistungsfragen dar. Effizienz kann daher nicht als konstanter Faktor gelten, der vor eine die spezifischen Aufgaben enthaltene Klammer gezogen wird, sondern muß je nach Aufgabenerfüllung neu bestimmt und konkretisiert werden. Gleichwohl ist diese Unterscheidung P. Häberles ein wichtiger Gesichtspunkt, zeigt sie doch einerseits die Notwendigkeit der Realisierung von Verfassungsnormen sowie die Eingebundenheit des Leistungsprinzips in die Gesamtverfassung, andererseits die Bindung des Effizienzgrundsatzes an das einzelne Sachproblem auf. Insoweit erweist sich die Leistung als Funktion der jeweiligen verfassungsrechtlichen Aufgabe[135]. Optimale Aufgabenerfüllung durch das Leistungsprinzip ist somit von der Art der Aufgabe und von dem von der Verfassung gesetzen Zweck und Ziel der Aufgabe direkt abhängig[136]. Dieses bedarf der Präzisierung.

Das Leistungsprinzip als zunächst organisatorisches Prinzip des Gewaltenteilungsgrundsatzes zur sachgemäßen Aufgabenerfüllung erfordert im Anschluß an die Gliederung in inhaltlich zusammengehörige qualitativ einheitliche Funktionen, daß die einzelnen Gewalten funktionsgerecht organisiert sind[137]. Gewaltenteilung dient der Funktionsklarheit und der funktionsgerechten Organstruktur. Auch hierin liegt der staatserhaltende und einheitsfördernde Wert verfassungsrechtlicher Gewaltenteilung[138]. Funktionsgerecht kann aber eine Aufgabe nur erfüllt werden, wenn die Organstruktur und die Art der Bewältigung spezifisch auf diese Aufgabe zugeschnitten sind[139]. Bei der Erfüllung einer Gesetzgebungsaufgabe auf dem Gebiet des Handelsvertragsrechts spielen andere Maßstäbe eine entscheidende Rolle als bei der konkreten Festsetzung eines Steuerbescheids durch die Verwaltung oder bei der Entscheidung eines zivilen Rechtsstreites durch den Richter. Die Subventionsvergabe folgt anderen Regeln als die Versorgungsaufgabe der

---

[135] *W. Schmitt Glaeser*, VVDStRL 31 (1973), 258 Fn. 334. Daß es keinen eigenständigen, aus sich selbst heraus wirkenden Grundsatz der Effizienz gibt, verkennt z. B. *Böhret*, PVS 1970 (Sonderheft 2), 245 ff., völlig.

[136] *P. Häberle*, AöR 98 (1973), 631, kennzeichnet dieses treffend mit „Verfassungsakzessorietät". Obwohl *P. Häberle* zu Recht gerade die Abhängigkeit der Effizienz von der Verfassung und ihren Prinzipien betont, erscheint die Abhandlung unter dem Titel „*Effizienz* und Verfassung" und läßt so die Prioritäten nicht von vornherein erkennen.

[137] Vgl. dazu *Hesse*, Grundzüge, § 13 II 1, S. 197 ff.; *Küster*, S. 7 ff. Auch *Apel*, S. 36 ff., spricht von der in Art. 20 Abs. 2 GG vorgenommenen „Arbeitsteilung".

[138] So ähnlich auch *W. Weber*, Teilung der Gewalten als Gegenwartsproblem, S. 198.

[139] *Hesse*, Grundzüge, § 13 II 1, S. 198; aus diesem Grund fordert *Loewenstein*, Gleichgewicht zwischen Legislative und Exekutive, S. 225, eine Kombination von legislativen und exekutiven Zielen, die den Erfordernissen der Effektivität besser entsprechen würde.

öffentlichen Hand mit Wasser, Strom und Gas. Die Aufrechterhaltung der öffentlichen Sicherheit und Ordnung muß mit anderen Kriterien gemessen werden als die Teilnahme des Staates an der privaten Wirtschaft[140]. Insoweit kann es nur ein *prismatisches Leistungsprinzip* geben, das je nach zugewiesener Aufgabe verschiedene Maßstäbe der Erfüllung in den Vordergrund stellt. Aus den vielfältigen Aufgaben, die den Organen im Rahmen der Gewaltenteilung gestellt werden, ergibt sich auch eine Gliederung in verschiedene Organstrukturen und eine differenzierte personelle Zusammensetzung und Auswahl der Mitglieder dieser Organe[141]. Das aufgabenbezogene Leistungsprinzip, das im Einzelfall der Konkretisierung bedarf, läßt sich in zwei allgemeine Aspekte sachgemäßer Aufgabenerfüllung aufgliedern und somit präzisieren: die sachbezogene und die personenbezogene Komponente des Leistungsprinzips.

1.2.2.4.3 Die *sachbezogene Komponente des Leistungsprinzips* bezieht sich auf die Struktur sowie die innere Organisation des Trägers der verfassungsrechtlichen Aufgaben und beeinflußt somit die Art und Weise der Aufgabenerfüllung. Unabhängig von der jeweiligen Aufgabenstruktur gebietet das Leistungsprinzip, daß mit der betreffenden Aufgabe ein verfassungsrechtlich anerkanntes oder zumindest ermöglichtes Ziel verfolgt wird, das sich in einem konkreten — wenn auch nicht immer meßbaren — Ergebnis widerspiegelt. Von einer verfassungsgemäßen Leistung kann daher nur dann gesprochen werden, wenn das staatliche Handeln die Intentionen der Verfassung verwirklicht, ihnen jedenfalls nicht entgegenläuft. Insoweit handelt es sich um einen *Grundsockel des Leistungsprinzips*, an den sich der Modus der Produktionserbringung zur sachgemäßen Erfüllung gemäß der spezifischen Aufgabe anschließt. In diesem Rahmen ist es die Funktion des sachbezogenen Leistungsprinzips, das die Aufgabe wahrnehmende Organ so zu strukturieren, daß eine rasche, wirksame, rationelle Erfüllung gewährleistet ist[142].

---

[140] *Leisner*, Gewaltenteilung innerhalb der Gewalten, S. 281, weist noch ausdrücklich darauf hin, daß die höchsten Staatsorganisationsnormen nur dann einen Sinn hätten, wenn auch jede konkrete Organisationsentscheidung an sie denken würde. Generell zu den Aufgaben der öffentlichen Verwaltung: *Mäding*, Die Verwaltung 1973, 262 ff.

[141] *Hesse*, Rechtsstaat im Verfassungssystem des Grundgesetzes, S. 83, geht nur auf die sachbezogene planmäßige Organisation staatlichen Handelns ein. Deutlicher: *ders.*, Grundzüge, § 13 II 1, S. 199; *Küster*, S. 15 f.

[142] *Morstein Marx*, Maßstäbe, S. 227; *Hüttl*, Wirtschaftlichkeit, S. 282 f.; *Kopp*, Verfassungsrecht und Verwaltungsverfahrensrecht, S. 200; *Guilleaume*, Die Verwaltung 1971, 180; *H. Schäfer*, DVBl. 1971, 408; *P. Schneider*, AöR 82 (1957), 3 ff., erkennt dagegen die Notwendigkeit staatlicher Effektivität nur in Ausnahmesituationen an. Daß die zahlreichen Aufgaben des Staates eine permanente Leistungsfähigkeit des Staates erfordern, sieht er nicht. Vgl. auch oben 1.2.1.3.

Die an Umfang und Zahl wachsenden staatlichen Aufgaben sollen nicht nur durch eine bloße quantitative Vermehrung der Entscheidungen, sondern auch durch qualitative Verbesserungen staatlichen Handelns bewältigt werden[143]. Durch einen so gearteten Grundsatz wird auch neben der Wirtschaftlichkeit staatlicher Aufgabenerfüllung die sachliche Richtigkeit der spezifischen Entscheidungen sichergestellt[144]. Gleichzeitig wird das durch die strikte Hemmung der Gewalten vernachlässigte Moment der Sachnähe sowie der Situationsgebundenheit öffentlichen Handelns für die verfassungsrechtliche Leistung nutzbar gemacht. Das rein technische Prinzip der Arbeits(ver)teilung wird ergänzt durch die Zuweisung der Aufgaben an das fachlich kompetente Organ[145]. Die konkrete strukturelle Ausgestaltung ist dann im Hinblick auf die Aufgaben verschieden (prismatisches Leistungsprinzip) und bezüglich der Organisationsformen auch nicht abschließend im Grundgesetz normiert. So ist zum Beispiel die Gesetzgebung gemäß demokratischen Grundsätzen wegen der allgemein-generellen Wirkung ihrer Entscheidungen dem vom Gesamtvolk unmittelbar legitimierten Parlament übertragen. Der Bundesrat vertritt dabei die Interessen der Länder, die auch das Hauptvollziehungsorgan darstellen. Die Bestimmung der Richtlinien der Politik soll zugunsten einer klaren, sachgemäßen Entscheidung ein einzelner, nämlich der Bundeskanzler vornehmen, der auch dafür verantwortlich zeichnet. Detailaufgaben werden von der Verwaltung übernommen, die näher am Bürger angesiedelt ist und so die Individualgerechtigkeit besser verwirklichen kann. Unabhängigen Richtern ist beispielsweise die sachgemäße Entscheidung bürgerlicher Rechtsstreitigkeiten und die Ausübung der Strafgerichtsbarkeit übertragen. Auch die als „vertikale Gewaltenteilung" bezeichneten Ausgliederungen hoheitlichen Handelns[146] dienen der Schaffung von aufgabengemäßen Strukturen, um Sachverstand einzufangen und zu effektivieren[147]. So werden bestimmte Aufgabenbereiche Sonderbehörden anver-

---

[143] *F. Mayer*, Geschäftsgang, S. 298 ff.; *Morstein Marx*, AöR 85 (1960), 143; *Kölble*, Aufgabenkomplikation in der Ministerialverwaltung, S. 51; *Guilleaume*, Die Verwaltung 1971, 180.

[144] Vgl. dazu *Kopp*, Verfassungsrecht und Verwaltungsverfahrensrecht, S. 200 ff., der allerdings ohne nähere Erläuterung von dem Grundsatz der Leistungsfähigkeit und Wirksamkeit als vorgegebenem verfassungsrechtlichen Strukturprinzip ausgeht.

[145] Dagegen betrachten z. B. *Frido Wagener*, Neubau der Verwaltung, S. 79; *Thieme*, Verwaltungslehre, Rdn. 997, S. 281, und *Steffani*, Parlamentarische Demokratie, S. 20, die Effizienz, die in diesem Rahmen mit Effektivität und Leistungsprinzip gleichzusetzen ist, als reines technisch-rationales Prinzip zur Aufgabenerfüllung nur innerhalb eines Organs.

[146] Vgl. etwa *Hahn*, Die Gewaltenteilung in der Wertwelt des Grundgesetzes, S. 447 f.; *Steffani*, PVS 1962, 274 f.

[147] *Laux*, Der Landkreis 1975, 189 f. Vgl. *W. Schmitt Glaeser*, VVDStRL 31 (1973), 255 f., der die Ausgliederung von Körperschaften des öffentlichen Rechts mit Selbstverwaltungsrecht besonders im Bereich der Berufsverbände

traut, die im sachlich beschränkten Wirkungskreis die sachgemäßen Lösungen finden sollen (fachliche Dekonzentration)[148]. Auch durch die Ausgliederung von Körperschaften des öffentlichen Rechts, sei es als Gebietskörperschaft wie etwa Gemeinden, als Zweckverbände oder als Personalkörperschaften wie Handwerkskammern oder Rechtsanwaltskammern oder als öffentlich-rechtliche Genossenschaften, wie z. B. die Industrie- und Handelskammern, werden bestimmten Gruppen Aufgaben ihres Wirkungskreises zur eigenverantwortlichen Regelung im Selbstverwaltungsbereich überlassen. Dies hat nicht nur eine demokratische Funktion. Vielmehr spielen hier Gesichtspunkte der besseren Sacherfüllung und Koordination des Gesamtwillens der Betroffenen durch fachliche und örtliche Nähe eine entscheidende Rolle[149]. Staatliche Einflußnahme ist hier auf die Rechtsaufsicht reduziert, um der effektiven Gestaltung durch den Sachverstand der Mitglieder nicht entgegenzuwirken. Zur strukturellen Ausgestaltung der Organisation durch das sachbezogene Leistungsprinzip kann aber andererseits eine straffe Gliederung und das strikte Weisungsverhältnis wie etwa im Polizei- oder Soldatenrecht gehören. Weiterhin ist es auch die sachliche Komponente des Leistungsprinzips, die die Überlassung eines Ermessensraumes im Rahmen der freigestaltenden Verwaltung zur zweckmäßigen, gerechten Einzelfallentscheidung fordert.

1.2.2.4.4 Eine sachgemäße Struktur der verschiedenen Organisationen auf Grund des sachbezogenen Leistungsprinzips nützt aber wenig, wenn die die konkreten Entscheidungen treffenden Personen mit der Struktur der Organisation sowie mit deren Instrumentarien nicht vertraut sind. Die sachgemäße Aufgabenerfüllung setzt auch einen spezifischen persönlichen Zuschnitt der Mitglieder der Organisation voraus. Diese *personenbezogene Komponente* des Leistungsprinzips setzt sich zunächst aus den individuellen Eigenschaften zusammen, die zu der Bewältigung der gestellten Aufgabe erforderlich sind. Eignung, Befähigung und fachliche Leistung sind die allgemeinen Kriterien, die auch im beamtenrechtlichen Leistungsprinzip des Art. 33 Abs. 2 GG für den gesetzesvollziehenden Sachwalter der Allgemeinheit normiert sind[150]. Insoweit kann auch jetzt die im Rahmen der verfassungsrechtlichen Grundlegung offengelassene Frage der Bedeutung des Art. 33 Abs. 2 GG für

---

oder der Sozialversicherung überwiegend als sozialstaatliches Phänomen betrachtet.

[148] Dazu *Thieme*, Verwaltungslehre, Rdn. 368, S. 96.

[149] *H. Peters*, Gewaltentrennung in moderner Sicht, S. 103; *W. Schmitt Glaeser*, VVDStRL 31 (1973), 255 f.; *Schelsky*, S. 57 ff.; *Laux*, Der Landkreis 1975, 189 ff. Dagegen sehen *Wolff/Bachof* I, § 16 III c 2, S. 71, hierin nur eine gewaltteilende Funktion zur Hemmung der Staatsmacht.

[150] Vgl. dazu oben 1.2.1. mit den dortigen Fußnoten. Auch *R. Hofmann*, ZfP 1973, 333 ff. tritt dafür ein, daß die aristokratische Komponente des status mixtus — die Auswahl der Besten — mit eine Rolle spielen muß.

ein verfassungsrechtliches Leistungsprinzip beantwortet werden. Das beamtenrechtliche Leistungsprinzip stellt sich als ausdrückliche Formulierung eines Teilaspekts des im Grundgesetz enthaltenen allgemeinen Leistungsprinzips dar. Konkretisierungen dieses Teilaspekts richten sich dann nach der spezifischen Aufgabe. Neben dem fachlich geeigneten Beamten steht der nur dem Recht verpflichtete Richter und der die Zusammenhänge des Staatsganzen überblickende Politiker, wobei insbesondere letzteres mehr ideale Zielvorstellung als Realität ist. Zusätzlich zu den persönlichkeitsbezogenen Merkmalen bedarf es noch einer besonderen Stellung der Organisationsmitglieder, die ihnen zur sachgemäßen Aufgabenerfüllung zugewiesen wird. Der weisungsabhängige, aber im gegenseitigen Treueverhältnis stehende Beamte, die Unabhängigkeit des Richters, der nur seinem Gewissen verantwortliche und mit der Idemnität ausgestattete Abgeordnete[151], die gesonderte Stellung des Bundespräsidenten[152], das strenge Befehl—Gehorsamsverhältnis im Soldatenrecht — all dies sind besondere persönliche Status, die auf Grund des Leistungsprinzps den Mitgliedern der betreffenden Organisationen zugeordnet werden müssen.

1.2.2.4.5 Der Leistungsgrundsatz als organisatorisches Prinzip der Gewaltenteilung beinhaltet aber nicht nur positiv das Gebot zu sachgemäßer Aufgabenerfüllung, sondern stellt auch negativ das Verbot der Wahrnehmung solcher Aufgaben auf, die der Struktur des Organs, der Zusammensetzung seiner Mitglieder oder der von ihr wahrzunehmenden Grundfunktionen nicht entsprechen[153]. Soll eine Aufgabe rasch und wirksam erfüllt werden, so ist dieses dort nicht möglich, wo sachliche oder persönliche Unzulänglichkeiten deren Wahrnehmung erschweren oder auch verhindern. Dies bedeutet, daß ein Träger öffentlicher Gewalt nicht gleichzeitig Funktionen eines anderen Organs ausüben darf, wenn es sachlich nicht geboten erscheint. Das ist wesentliches Ziel der vom Grundgesetz normierten Inkompatibilitäten[154]. Aus diesem Bedeutungsgehalt des Gewaltenteilungsgrundsatzes erscheint die sogenannte Gewaltenvermengung nicht nur erklärlich, sondern auch sinnvoll. Ist das Gewaltenteilungsmodell durch das Leistungsprinzip auf effektive Gestaltung der Durchführung und Erfüllung staatlicher Aufgaben angelegt, so müssen die materiell einer Gewalt zugeordneten

[151] Vgl. Art. 38 u. 46 Abs. 1 GG. Hierzu gehört genauso die Immunität des Abgeordneten, wenngleich sie überwiegend zum Schutz der Funktionsfähigkeit und des Ansehens des Bundestages geschaffen wurde und dem einzelnen Abgeordneten kein subjektiv öffentliches Recht gibt.

[152] Vgl. Art. 55 GG.

[153] *Hesse*, Grundzüge, § 13 II 1, S. 199.

[154] Als Beispiele insbesondere: Art. 94 Abs. 1 S. 3 GG; Art. 55 Abs. 1 GG. Auch in unterverfassungsrechtlichen Vorschriften findet sich dieser Grundgedanke wieder: vgl. etwa § 2 GeschOBR.

Aufgaben von einem anders konstituierten und konstruierten Grundtyp der Aufgabenerfüllung mitübernommen werden, sofern dieser sachlich kompetenter ist und die Durchführung wirksamer gestalten kann. Insoweit handelt es sich zum Beispiel bei der Befugnis der Exekutive zum Erlaß von abstrakt-generellen Regelungen in Form der Rechtsverordnungen um eine vernünftige Zuordnung, da die Verwaltung für einen geordneten Vollzug der Gesetze und somit auch für eine gleichwohl allgemeine Präzisierung bestimmter Lagen besser Sorge tragen kann. Ebenso sinnvoll ist die Wahrnehmung von Aufgaben der freiwilligen Gerichtsbarkeit durch die Richter, weil diese Aufgaben sachlich zugehörig zur rechtsprechenden Funktion erscheinen. Gleichwohl darf nicht verkannt werden, daß durch die Konstituierung der verschiedenen Grundtypen die Aufgabenbereiche der besonderen Organe bestimmt und begrenzt sind[155]. Insoweit weist die Verfassung den verschiedenen Organen Zuständigkeiten und somit auch Aufgaben zu, in deren Rahmen nur die betreffenden Organe tätig werden dürfen. Dabei handelt es sich um eine Zuweisung zur prinzipiell alleinigen Erledigung. Alle Maßnahmen zur sachgemäßen Erfüllung müssen wahrgenommen werden.

Doch die Idee der Gewaltenteilung beschränkt sich nicht auf die Konstituierung von Grundtypen der Aufgabenerfüllung und dem zur sachgemäßen Aufgabenerledigung notwendigen Leistungsprinzip. Weitere Bedeutungsinhalte wie die Zuordnung dieser Gewalten und deren Balancierung treten hinzu[156]. Die bloße sachgemäße Aufgabenerfüllung läßt die Organe nur zusammenhanglos nebeneinander agieren. Die Beziehung zum Staatsganzen, das Miteinander zur staatlichen Entscheidung fehlt. Entscheiden ist aber kein punktueller Willensakt, sondern setzt sich aus verschiedenen Phasen in mehrgliedrigen Prozessen von der Problemstellung über Informationssammlung und -auswertung, sowie Beratung und Abwägung auch alternierender Lösungswege bis zum Beschluß zusammen[157]. Im Rahmen dieser Entscheidungsstufen gilt es die verschiedenen Grundtypen in Form eines wie auch immer gearteten Mitwirkungs- oder Mitentscheidungsrechts einander zuzuordnen[158], um so die Kooperation der einzelnen Entscheidungsträger

---

[155] *H. Peters*, Gewaltentrennung in moderner Sicht, S. 102.

[156] Insoweit wird deutlich, daß auch die klassischen Funktionen der Gewaltenteilung mit in den heutigen Bedeutungsgehalt aufgenommen werden, ohne daß sich darin die Bedeutung der verfassungsrechtlichen Gewaltenteilung erschöpft.

[157] *Naschold*, Entscheidungstheorie, Sp. 700 ff.; *König*, Erkenntnisinteressen der Verwaltungswissenschaft, S. 264 ff.; *Luhmann*, Theorie der Verwaltungswissenschaft, S. 47 ff.

[158] Das Mitwirkungsrecht kann nicht nur in der Anhörung, der Erörterung oder einem Vorschlagsrecht, sondern auch in einer Gegenzeichnung mit materieller Prüfungskompetenz oder in Kontrollbefugnissen liegen.

im Hinblick auf die Einheit des Staates zu gewährleisten und zu einer vertretbaren sachgemäßen Entscheidung zu kommen[159]. Hier sind nicht nur Arbeitsleistung und sachgemäße Aufgabenbewältigung Motivationen der Zuordnung. Die auch schon vom klassischen Gewaltenteilungsprinzip geforderte Zuordnung der Entscheidung zur klaren Verteilung der Verantwortlichkeit und die Kontrolle spielen ebenso eine bedeutende Rolle. Schließlich ist mit der Zuordnung auch eine Gewaltenbalance verbunden, die zur Machtkontrolle und zum Ausgleich beitragen soll. Zur Erreichung des Gleichgewichts dient neben der Balance zwischen den von der Verfassung strukturierten Grundtypen der Aufgabenerfüllung auch die Balance zwischen den sonstigen realen politischen Kräften. Vergegenwärtigt man sich, daß das Gewaltenteilungsprinzip als Einheitsfigur auf das Staatsganze ausgerichtet ist, so wird die Zuordnung und Balancierung der Gewalten, insbesondere durch die Verwirklichung der Grundwerte der freiheitlichen Demokratie, des sozialen Rechtsstaats und der bundesstaatlichen Ordnung hergestellt[160].

Als Ergebnis der neueren Betrachtungsweise des Gewaltenteilungsgrundsatzes ergibt sich somit, daß primär Grundtypen der Aufgabenerfüllung konstituiert werden, die mit Hilfe des Leistungsprinzips sachgemäß und wirksam zur Bewältigung der öffentlichen Aufgaben beitragen sollen. Gewaltenteilung bedeutet aber auch Zuordnung und Balancierung dieser Organe im Hinblick auf die Einheit der Verfassung durch Realisierung von freiheitlicher Demokratie, sozialem Rechtsstaat und bundesstaatlicher Ordnung.

1.3 Ausgestaltung des verfassungsrechtlichen Leistungsprinzips durch Grundrechte und Verfassungsgrundsätze

Schon aus dieser Betrachtungsweise der Gewaltenteilung ergibt sich eine grundsätzliche Antwort bezüglich eines verfassungsrechtlichen Leistungsprinzips. Eine Funktionsverteilung und -zuordnung wird vor-

---

[159] *Luhmann*, VerwArch. 51 (1960), 105; *Naschold*, Entscheidungstheorie, Sp. 702 ff.; *W. Schmidt*, AöR 96 (1971), 349 f. Hierzu dienen auch die Mittel der Systemanalyse als geordnetem analytischen Prozeß, in dem bezüglich einer Entscheidung mögliche Alternativen hinsichtlich ihrer Kosten und Nutzen verglichen werden, um so die geeignete Handlungsalternative zu eliminieren. Vgl. dazu *Nagel*, Leistungsfähige Entscheidungen in Politik und Verwaltung, S. 43 ff.; *Krauch*, S. 33 ff.; *Wittkämper*, S. 75 ff.; *Jentsch*, S. 50 ff. Zu der Frage, was Systemanalyse insgesamt zu leisten vermag, vgl. unten 2.2.1.2. mit Fn. 34.

[160] Es wird erkennbar, daß Gewaltenteilung nicht *einer* der verfassungsmäßigen Grundentscheidungen zuzuordnen ist, sondern als organisatorisches Verfassungsprinzip zur Verwirklichung aller Grundwerte der Verfassung gilt. Vgl. aber *Scheuner*, Neuere Entwicklung des Rechtsstaats, S. 237, der die Gewaltenteilung als Voraussetzung des Rechtsstaats ansieht und somit dem Rechtsstaat auch zuordnen will. Genauso verhält es sich aber auch mit den weiteren Grundentscheidungen.

genommen, um die Aufgaben sachgerecht zu erfüllen. Die Funktionsteilung basiert also auf dem Leistungsgedanken; sie ist ohne ihn nicht möglich, genauso wie Leistung ohne arbeitsteilige Aufgliederung unerreichbar scheint. Die vorläufige Definition des Leistungsprinzips als Grundsatz zweckgemäßer Aufgabenerfüllung wird durch die dem Grundgesetz entsprechende Beurteilung der Gewaltenteilungsidee bestätigt und zudem dahingehend präzisiert, daß eine sachbezogene und eine personenbezogene Komponente das an die jeweilige Aufgabe zu bindende Leistungsprinzip bestimmen. Die Grundentscheidung für ein verfassungsrechtliches Leistungsprinzip führt über eine nur technokratische Bewältigung der Aufgaben mit einer reinen Wirtschaftlichkeitsberechnung hinaus. Zur optimalen Aufgabenerfüllung wird eine besondere, aufgabenbezogene Leistung benötigt, in deren Rahmen die Grundentscheidungen der Verfassung Ziel und Grenze darstellen. Das Leistungsprinzip erweist sich in seiner Eingebundenheit in die Verfassung als abhängiger Bestandteil der einzelnen Verfassungsgrundsätze und -normen. Insoweit ist die bisherige, in erster Linie formale Definition als organisatorisches Prinzip zur sachgemäßen Aufgabenerfüllung ein zwar notwendiger, doch nicht der alleinige Aspekt des verfassungsrechtlichen Leistungsprinzips.

Es ist daher zu fragen, ob die oben gewonnene Grunderkenntnis neben einer Bestätigung auch eine Ergänzung aus der Perspektive der Grundrechte, insbesondere ihrer durch den sozialen Leistungsstaat bedingten Funktionsänderung, erfährt. Somit kann gleichzeitig eine nähere Konkretisierung des Leistungsprinzips vorgenommen werden, die sich auch an den weiteren Grundentscheidungen der Verfassung orientieren soll, um auf diese Weise eine inhaltliche Ausfüllung des Begriffs zu erreichen.

1.3.1 Grundrechte im sozialen Leistungsstaat und Leistungsprinzip

Im Rahmen der Konkretisierung des verfassungsrechtlichen Leistungsprinzips kann sich die „Geltungsfortbildung der Grundrechte" (*P. Häberle*) als entscheidender Ansatzpunkt erweisen. Besondere Beachtung muß hierbei das Sozialstaatsprinzip und die sozialstaatliche Komponente der Grundrechte finden.

Durch die Änderung der tatsächlichen gesellschaftlichen Verhältnisse ist ein sozioökonomischer Strukturwandel erzwungen worden, in dessen Mittelpunkt die Ausgestaltung des Sozialstaatsprinzips steht[1]. Ab-

---

[1] *Badura*, Verwaltungsrecht im liberalen und im sozialen Rechtsstaat, S. 12; *ders.*, DÖV 1966, 625 ff.; *ders.*, DÖV 1968, 450 f.; *Bachof*, VVDStRL 12 (1954), 44; *Schambeck*, S. 27 ff.; *H. Schäfer*, DVBl. 1972, 405 f. Während der Sozialstaatsklausel nach Schaffung des Grundgesetzes zunächst keine be-

gesehen von den modernen wirtschaftlichen Entwicklungen und der zunehmenden Technisierung und Spezialisierung[2], die in gleichem Maße öffentliche und private Leistungserzeuger treffen, werden die Aufgaben der modernen Industriegesellschaft immer umfangreicher und diffiziler[3]. Anders als die meist punktuellen Eingriffe des liberalen Rechtsstaates in Freiheit und Eigentum, erstrecken sich die heutigen staatlichen Aktivitäten auf Intervention, Planung, Lenkung und Gestaltung[4]. Der einzelne Bürger allein ist nicht mehr in der Lage, für seine persönlichen Bedürfnisse zu sorgen, so daß der Staat mit elementaren und existenznotwendigen Daseinsvorsorgeleistungen, wie zum Beispiel Wasser, Strom und Gas, „eingreifen" muß[5]. Darin erschöpfen sich die Leistungen des Staates nicht. Die Bedeutungsinhalte des Sozialstaats werden weiterhin durch die Pflicht des Staates geprägt, seinen Bürger vor Not- und Gefahrenlagen, deren er sich nicht selbst erwehren kann, zu schützen, um ihm ein menschenwürdiges Dasein zu ermöglichen[6]. Die Sozialpflichtigkeit des Staates, als wohlfahrtsstaatliche Komponente des Sozialstaats, verlangt die Abhilfe sozialer Bedürftigkeit[7], etwa durch Leistungen im Rahmen der Sozialhilfe oder der Wohngeldgewährung. Nicht nur die Aufrechterhaltung eines gesellschaftlichen status quo, sondern die generelle Verbesserung der Lebensverhältnisse als Beitrag zur Realisierung der Menschenwürde[8] ist ebenso Ziel des Sozialstaats. Zwar gilt die Menschenwürde des Art. 1 Abs. 1 GG als tragendes Konstitutionsprinzip des Grundgesetzes[9], welches gewährleisten soll, daß der Mensch als „geistig-sittliches Wesen" selbst, frei und bewußt be-

---

sondere Bedeutung (*Grewe*, DRZ 1949, 351) und auch keine eigenständige Funktion beigemessen wurde (so *Forsthoff*, VVDStRL 12 [1954], 36, LS XV), ist man sich heute über deren Bedeutung bewußt. Aus der umfangreichen Literatur vgl. die Beiträge von *Hans Huber, Ipsen, Menger, Bachof, Köttgen, Scheuner, W. Weber, Hesse* und *E. R. Huber* in dem von *Forsthoff* herausgegebenen Band: Rechtsstaatlichkeit und Sozialstaatlichkeit. Ferner: *W. Weber*, Der Staat 1963, 409 ff. m. z. N.; *Reuss*, Bedeutung des Sozialstaatsprinzips des Grundgesetzes; *Menzel*, DÖV 1972, 537 ff.; *Scheuner*, DÖV 1971, 512 ff.; *Wollny*, DVBl. 1972, 525 ff.; *ders.*, Steuer und Wirtschaft 1971, 271 ff.; *ders.*, JR 1972, 227 ff.; *Zacher*, BayVBl. 1969, 113 ff.

2 *Hesse*, Grundzüge, § 6 II 3, S. 85 ff.

3 *Scheuner*, DÖV 1957, 637; *E. Becker*, Wandlungen der öffentlichen Verwaltung, S. 22; *Hennis*, PVS 1965, 428 f.

4 *Hesse*, Grundzüge, § 6 II 3, S. 85 f.; *E.-W. Böckenförde*, S. 67.

5 Dazu *Forsthoff*, Die Verwaltung als Leistungsträger (1938); *ders.*, Lehrbuch, Vorbem. vor § 20, S. 368 ff.; *Scheuner*, DÖV 1969, 586; *ders.*, Die neuere Entwicklung des Rechtsstaates, S. 261; *Thieme*, Verwaltungslehre, Rdn. 265 ff., S. 67 f.; *Habermas/v. Friedeburg*, S. 32 f.

6 *BVerfG* E 8, 155, 167; *BVerfG* E 17, 123 ff.; *BVerfG* E 27, 220, 227 f.; *BVerfG* E 28, 324, 348 f.

7 *Schreiber*, S. 23 f.; *Harnischfeger*, S. 30 f.; *Zacher*, Freiheit und Gleichheit, S. 120 ff.; *E. Stein*, S. 193 ff.

8 *Badura*, DÖV 1968, 455.

9 *Dürig* in MDH, Art. 1 GG, Rdn. 4 ff.; *BVerfG* E 6, 32, 36.

stimmen und eigenverantwortlich sein Leben gestalten kann[10]. Insoweit wird auch das Leistungsprinzip durch eine Grundnorm, die die freie Selbstentfaltung durch individuelle, nicht auf wirtschaftlichen Erfolg bezogene Leistung und eine unantastbare Sphäre privater Lebensgestaltung garantiert, in besonderem Maße geprägt[11]. Doch ist in diesem Rahmen nur ausgesagt, daß der Mensch als Subjekt, als Adressat der Leistung, nicht zum Objekt der Leistung werden darf. Der Schutz der Menschenwürde, bei dem zumindest fraglich ist, ob er einen Anspruch auf materielle Hilfe des in Not Geratenen normiert[12], reicht zur Gewährleistung umfassender Freiheit und Selbstentfaltung der Persönlichkeit nicht aus. Vielmehr ist auch der Sozialstaat in seiner individualleistungserbringenden Komponente darauf angelegt, die materiellen Voraussetzungen einer effektiven Grundrechtsgestaltung und die Möglichkeit ihrer Ausübung zu schaffen[13]. Der Staat ist aufgerufen, dort gestaltend in gesellschaftliche Abläufe einzugreifen, wo der einzelne allein seinen Freiheiten nicht zur Geltung verhelfen kann. Diese Sozialgestaltungen zur Schaffung realer und gleicher Grundrechtsausübungsmöglichkeiten umfassen fast alle Lebensbereiche des einzelnen: von der Gesundheits- über die Wirtschafts- bis zur Kulturpolitik[14].

Leistung wird somit zu einem Problem der Grundrechtsdogmatik. Es zeigt sich, daß das Maß grundrechtlicher Freiheit und Selbstbestimmung nicht mehr allein eine Frage der privaten Schutzräume und der sich darin entwickelnden Eigeninitiative ist, sondern sich immer stärker auch zu einem Problem der Unterstützung des einzelnen durch den Staat und seine Organe und damit ebenso zur Frage der Leistungsfähigkeit des Staates entwickelt hat. Symptomatisch dafür sind die Berichte von *W. Martens* und *P. Häberle* auf der Staatsrechtslehrertagung 1971[15], in denen beide Referenten — vor allem aber P. Häberle — auf die Notwendigkeit einer Fortentwicklung der Grundrechte im Hinblick auf positive Leistungsforderungen ausgingen[16]. Ebenfalls kennzeichnend für die Entwicklung ist die Numerus-clausus-Entscheidung des Bun-

[10] *Wintrich,* S. 1 ff.; *Hamel,* DVBl. 1957, 618 f.; *BVerfG* E 1, 97, 104.

[11] *Barley,* S. 10; *Kisker,* DÖV 1972, 523 mit Fußnote 17; *Herzog,* Wissenschaftliche Entwicklung und technischer Fortschritt, S. 29; *E. Becker,* Wandlungen der öffentlichen Verwaltung, S. 22; *P. Häberle,* VVDStRL 30 (1972), 65 f.; *BVerfG* E 6, 32, 41; *BVerfG* E 6, 389, 433 f.

[12] Dagegen *BVerfG* E 1, 97, 104; dafür: *Bachof,* VVDStRL 12 (1954), 42 f.; *Denninger,* S. 426; differenzierend: *Dürig* in MDH, Art. 1 GG, Rdn. 43 f.

[13] Insbesondere: *P. Häberle,* VVDStRL 30 (1972), 90 ff.; *Scheuner,* DÖV 1971, 512 ff.; *Martens,* VVDStRL 30 (1972), 28 ff.; *Menzel,* DÖV 1972, 540.

[14] Dazu: *Ossenbühl,* DÖV 1972, 26 f.

[15] *Martens,* VVDStRL 30 (1972), 7 ff.; *P. Häberle,* VVDStRL 30 (1972), 43 ff.

[16] *P. Häberle,* VVDStRL 30 (1972), 86 ff.; *Martens,* VVDStRL 30 (1972), 21 ff., ist dagegen zurückhaltender, wenn er originäre Leistungsansprüche aus den Grundrechten verneint.

desverfassungsgerichts[17], in der die „Beteiligung an staatlichen Leistungen als notwendige Voraussetzung der Verwirklichung von Grundrechten“ erachtet wird[18]. Die Gewährung von Teilhabe gilt als Aspekt der Freiheit und Gleichheit, der vom modernen Sozialstaat realisiert werden muß[19]. Der Leistungstaat ist aufgerufen, die dazu erforderlichen Leistungen bereitzustellen. Dieses setzt zweifellos einen auf ökonomische Leistungsfähigkeit angelegten Grundsatz voraus, der die finanziellen und strukturellen Voraussetzungen der Erfüllung und der eigentlichen Aufgabenbewältigung entsprechend einer leistungsstaatlichen Ausgestaltung des Gemeinwesens gewährleistet[20]. Die Aktualisierung vieler Grundrechte erfordert also persönliche und sachliche Mittel vom Staat, um in einer effektiven Organisation die Voraussetzungen zur realen Wahrnehmung und somit Verwirklichung der Grundrechte zu schaffen[21]. Der Innenbereich des Staates darf nicht losgelöst von Funktionsfähigkeit und Leistungssteigerung strukturiert sein, damit die effektive Planung und anschließende Beschaffung sowie Verteilung der Leistungen sichergestellt ist[22]. Die erforderliche Funktionsfähigkeit bedingt neben der sachgerechten Strukturierung und neuen Handlungsformen[23] auch den Einsatz von Sachverstand und Erfahrung[24]. Das Gemeinwesen wird nicht zuletzt im Hinblick auf diese Grundrechtsverpflichtung zu einem Leistungstaat, in dem das verfassungsrechtliche Leistungsprinzip als unerläßliche Voraussetzung zur Organisation und Mittelbeschaffung gilt[25].

---

[17] *BVerfG* E 33, 303 ff.

[18] *BVerfG* E 33, 303, 330 ff.

[19] *BVerfG* E 33, 303 ff.; zustimmend *P. Häberle*, DÖV 1972, 733 ff.

[20] Treffend stellt *P. Häberle*, DÖV 1972, 736, fest, daß das Bundesverfassungsgericht von den Parlamenten ein „Optimum an Leistungsgesetzen“ fordert. Dazu auch *ders.*, „Leistungsrecht“ im sozialen Rechtsstaat, S. 455 ff.

[21] Ähnl. auch schon *Heller*, Staatslehre, S. 230 ff.; generell dazu: *P. Häberle*, VVDStRL 30 (1972), 60 ff.; *Eichenberger*, S. 19 f.; *Pipkorn*, Diss., S. 87 ff.; *Zeidler*, DVBl. 1973, 723 ff.; besonders dezidiert: *BVerfG* E 35, 79 ff.

[22] *H. Schäfer*, DVBl. 1972, 408; *Krämer*, S. 59; *Richard Kunze*, S. 236; *VGH Rheinland-Pfalz*, DÖV 1969, 560, 563. Die Effizienz im Sinne wirksamer Aufgabenerfüllung wird im allgemeinen in enge Verbindung zum Sozialstaatsprinzip gebracht; vgl. etwa: *Bachof*, VVDStRL 15 (1957), 205; *Ipsen*, VVDStRL 24 (1966), 222; *Leisner*, Mitbestimmung im öffentlichen Dienst, S. 75 f.; *P. Häberle*, VVDStRL 30 (1972), 59 ff. Das besondere Erfordernis der Planung und ihre Bedeutung für die Leistungsfähigkeit des Sozialstaates stellt *Schmidt-Aßmann*, DÖV 1974, 542 ff. heraus. Ausdrücklich normiert ist der Grundsatz der Leistungsfähigkeit der Verwaltung etwa in Art. 4 Abs. 1 d des Gesetzes über Anfechtung von Verwaltungsverfügungen vom 20. 6. 1963 der Niederlande. Vgl. *Ule*, Verwaltungsverfahrensgesetze, S. 346.

[23] *Thiele*, Neue Anforderungen, S. 95; *Guilleaume*, Die Verwaltung 1971, 177 ff.; *Herzog*, Wissenschaftliche Entwicklung und technischer Fortschritt, S. 29; *Weichmann*, Einleitung, S. 10 f.

[24] *BVerfG* E 35, 79, 126 ff.; vgl. auch *Oppermann*, VVDStRL 33 (1975), 43.

[25] Dazu insbes.: *P. Häberle*, VVDStRL 30 (1972), 66 f.

So fordert zum Beispiel die Gewährleistung gleicher Bildungschancen und vielfältiger Ausbildungswege eine große Ausbildungskapazität, die nur durch hohe Leistungsfähigkeit geschaffen werden kann, um der Verwirklichung der Freiheiten des Art. 12 GG Rechnung zu tragen (Stichwort: kein Numerus clausus)[26]. Ein effektiver Grundrechtsschutz der Wissenschaftsfreiheit (Art. 5 Abs. 3 GG) setzt die Bereitstellung funktionsfähiger Institutionen voraus[27]. Ebenso müssen neue leistungsstaatliche Aktivitäten etwa zum Schutz des Verbrauchers oder zur Bekämpfung der Umweltverschmutzung entwickelt werden[28]. Auch im Rahmen des Ausgleichs sozialer Gegensätze zur tendenziell gleichen Grundrechtsausübung[29] ist der soziale Leistungsstaat aufgerufen, dort gestaltend einzugreifen, wo der einzelne allein seinen Freiheiten nicht zur Geltung verhelfen kann, sei es zur Vermeidung teil- oder gesamtwirtschaftlicher Krisen[30], zugunsten stabiler Verhältnisse auf dem Arbeitsmarkt oder zur Verminderung des Mißbrauchs wirtschaftlicher Machtpositionen und Konzentrationen[31]. Auch hier geht es um die Verwirklichung von Grundrechten, insbesondere Art. 2 Abs. 1, 12 und 14 GG. Gerade das Eigentum, dessen reine Sachherrschaftsfunktion im Laufe der Zeit größtenteils durch Surrogate wie Berufsstellungen, Gehaltsansprüche und Leistungen der öffentlichen Hand, wie beispielsweise Sozialversicherungsansprüche, ersetzt worden ist, stellt sich heute im allgemeinen als manifestierte Leistung dar[32]. Das sachbezogene Leistungsprinzip spielt aber auch bei den Begrenzungen des Eigentums eine wichtige Rolle. Sozialbindung, Enteignung zum Wohl der Allgemeinheit und mögliche Sozialisierung von Grund und Boden, Naturschätzen und Produktionsmitteln i. S. des Art. 15 GG sind Beschränkungen des Eigentums, die nicht zuletzt die uneingeschränkte Funktions- und Leistungsfähigkeit des öffentlichen Gemeinwesens gewährleisten sollen[33].

---

[26] Vgl. *Troeger*-Gutachten, Bericht der Bundesregierung zur Bildungspolitik, BT-Drucks. VI/925, S. VII; *BVerfG* E 33, 303 ff.; *P. Häberle*, DÖV 1972, 729 ff.

[27] *BVerfG* E 35, 79, 112 ff.

[28] *Rupp*, JZ 1971, 401 ff.

[29] *BVerfG* E 1, 97, 105; *BVerfG* E 22, 180, 204.

[30] Ähnlich: *BVerfG* E 29, 261, 267.

[31] *Scheuner*, DÖV 1971, 512 f.

[32] Ähnlich: *BVerfG* E 31, 229, 239. Zum Wandel des Eigentumsbegriffs: *Hesse*, Grundzüge, § 12 III, S. 180 ff.; *Maunz* in MDH, Art. 14 GG, Rdn. 8 ff.; *Badura*, Eigentum im Verfassungsrecht der Gegenwart, T 5 ff.; *Ipsen*, VVDStRL 10 (1952), 83 ff.; *Scheuner*, VVDStRL 28 (1970), 231 f.; *P. Häberle*, VVDStRL 30 (1972), 85 f.; neuerdings: *Sendler*, DÖV 1974, 73 ff. m. w. N. Insofern ist eine vermögenswerte öffentlich-rechtliche Berechtigung nur dann vom Schutzbereich des Art. 14 GG umfaßt, wenn sie auch durch eigenverantwortliche *Leistung* erworben ist. Dazu: *Dürig*, S. 41 ff.; *BVerfG* E 32, 111, 141 f.

Dieses weist schon darauf hin, daß der individuelle und kollektive Freiheitsraum zu seiner Errichtung und Sicherung nicht nur der staatlichen Leistung in Form sachgerechter Strukturen und erforderlicher Mittel bedarf. Jeder einzelne ist aufgerufen, einen Beitrag zur gesellschaftlichen Gesamtleistung zu liefern[34]. Die Inpflichtnahme des Bürgers wird notwendig, weil die Bewältigung der gestiegenen Staats*aufgaben* einerseits auch erhöhte Staats*ausgaben* bedingt[35]. Die Leistungen des Staates müssen mit den Leistungen seiner Bürger kooperieren, damit die erforderlichen Mittel zur Aufgabenerfüllung bereitgestellt werden können[36]. Insoweit muß dem Leistungsstaat auch an einer Leistungsfähigkeit der privaten Wirtschaft gelegen sein, damit diese die erwarteten Einnahmen zum Staatshaushalt erbringen kann[37]. Andererseits kann aber auch die geforderte individuelle Leistung zur Bewältigung der Staatsaufgaben aus Pflichten zur Mitarbeit sowie Inanspruchnahme gesellschaftlichen Sachverstandes bestehen, um das behördliche Informationswissen zu erweitern[38]. Gleichzeitig mit der auf Effizienz bezogenen Organisationsstruktur des sozialen Leistungsstaates verbunden mit einer kollektiven Leistungsausschüttung besteht die Tendenz zur totalen Verplanung des Lebens[39] und die Gefahr der Entindividualisierung[40]. Eine auch im Interesse der Leistungsempfänger bedingte Typisierung und Generalisierung leistungsstaatlicher Maßstäbe zur wirksamen, schnellen Abwicklung der Aufgaben kann sich nur dort ergeben, wo die Freiheit des einzelnen nicht verletzt wird, also nur bei Maßnahmen, die als Massenerscheinungen des sozialen Lebens der Pauschalierung zugänglich sind[41]. Greift eine Maßnahme in den Persönlichkeitsbereich des einzelnen ein, so ist eine spezifisch auf den einzelnen zugeschnittene, individualbezogene Behandlung er-

---

33 *Scheuner*, Grundlagen und Art der Enteignungsentschädigung, S. 95 f.; *Maunz* in MDH, Art. 15 GG, Rdn. 7; *Hamann/Lenz*, Anm. B 9 zu Art. 14 GG, S. 294.

34 *BVerfG* E 7, 377, 397.

35 *Isensee*, Subsidiaritätsprinzip und Verfassungsrecht, S. 192 ff.; *P. Häberle*, VVDStRL 30 (1972), 59 ff.

36 *H. Schäfer*, DVBl. 1972, 405 f.; *P. Häberle*, DVBl. 1972, 737; *ders.*, AöR 98 (1973), 632.

37 *W. Schmitt Glaeser*, VVDStRL 30 (1972), 171; *Dürig* in MDH, Art. 3 GG, Rdn. 105, 199; vgl. auch *Klementa*, S. 1 f.

38 *Naschold*, Organisation und Demokratie, S. 18 f.; *Kölble*, Sachverstand und Verantwortung, S. 31 ff. Generell dazu: *Dagtoglou*, Der Private in der Verwaltung, S. 130 ff. m. w. N.

39 *W. Weber*, Spannungen und Kräfte, S. 128.

40 *Eichenberger*, S. 25; *Forsthoff*, Daseinsvorsorge und Kommunen, S. 116 ff.; *Zeidler*, DÖV 1972, 445.

41 *W. Schmitt Glaeser*, VVDStRL 31 (1973), 252 ff.; Zeidler, DÖV 1972, 444 f.; *Kopp*, Verfassungsrecht und Verwaltungsverfahrensrecht, S. 201 ff.

forderlich[42]. Im Interesse der Freiheit müssen auch Reibungsverluste in Kauf genommen werden[43].

Zusammenfassend ergibt sich, daß die Mittel zur Verwirklichung der Freiheit sich gewandelt haben und heute in besonderem Maße in Form von staatlichen Leistungen bestehen. Freiheit und Leistung stehen dabei in einem ambivalenten Verhältnis. Grundgesetzliche Freiheit kann nur durch Leistung erreicht und erhalten werden[44]. Freiheit wird zur Funktion der Leistung. Andererseits ist es aber dieselbe Freiheit, die die Leistung bestimmt und begrenzt. Verfassungsrechtliche Leistung wird an der Wirksamkeit und den realen Ausübungsmöglichkeiten der Grundrechte gemessen, die nicht um den Preis einer besseren technischen Effizienz geopfert werden dürfen[45]. Aus der modernen Grundrechtsdogmatik erfolgt eine Bestätigung des Grundgedankens des verfassungsrechtlichen Leistungsprinzips als Grundsatz sachgemäßer optimaler Aufgabenerfüllung und somit auch als Organisationsnorm der Grundrechte. Dies wird zudem noch ergänzt durch die Ausrichtung auf *humane* Leistung, Individualität und Effektivierung der Grundrechte[46]. Gleichzeitig ist eine weitere Differenzierung erkennbar. Es ist nicht nur eine Leistung des Staates erforderlich, sondern das verfassungsrechtliche Leistungsprinzip gebietet auch die Leistung des einzelnen, der die staatliche Leistung verlangt.

An Hand der Verfassungsgrundentscheidungen für die Demokratie, den Rechtsstaat und den Bundesstaat ist das verfassungsrechtliche Leistungsprinzip weiter zu konkretisieren.

1.3.2 Demokratie und Leistungsprinzip

Als tragender Staatsgrundsatz[47] und grundlegende Wertentscheidung der Verfassung[48] umfaßt die grundgesetzliche Demokratie kein vollständiges Modell einer Demokratie, sondern stellt — allerdings unab-

---

[42] *W. Schmitt Glaeser*, VVDStRL 31 (1973), 253 ff.; *ders.*, DÖV 1972, 154 ff.; *Schambeck*, S. 35; *BVerfG* E 26, 16, 37; *Herbert Krüger*, Allgemeine Staatslehre, S. 775. Vgl. auch die Entscheidung des *BayVerfGH*, FAZ Nr. 176 vom 2. 8. 1975, S. 1, in der die Bonus-Malus-Regelung bei der Vergabe der Studienplätze wegen der ungenügenden Berücksichtigung der individuellen Leistung für nichtig erklärt wird.

[43] *Herzog*, Wissenschaftliche Entwicklung und technischer Fortschritt, S. 29 f.; *P. Häberle*, VVDStRL 30 (1972), 60 f.; *ders*, AöR 98 (1973), 630 ff.

[44] So vor allen Dingen: *Imboden*, Gewaltentrennung als Grundproblem, S. 503 f.; *P. Häberle*, VVDStRL 30 (1972), 60 ff.

[45] In diesem Sinne aber offensichtlich: *Loewenstein*, Das Gleichgewicht zwischen Legislative und Exekutive, S. 268. Wie oben: *P. Häberle*, AöR 98 (1973), 630 ff.; *Herzog*, Wissenschaftliche Entwicklung und technischer Fortschritt, S. 29 f.

[46] Vgl. dazu: *P. Häberle*, VVDStRL 30 (1972), 64 ff.

[47] *Hamann/Lenz*, Einführung, Anm. 4 A, S. 70 m. w. N.

[48] *BVerfG* E 1, 14, 33 und ständig.

änderliche — Grundzüge auf, deren Ausgestaltung der freien, pluralistischen, politischen Auseinandersetzung überlassen bleibt[49].

Als Hauptkennzeichen der Demokratie wird die Legitimation der Herrschaft durch die Mehrheit des Volkes angesehen (Art. 20 Abs. 2 S. 1 GG)[50]. Verschiedene Faktoren wie allgemeine, unmittelbare, freie, gleiche und geheime Wahlen (Art. 38 Abs. 1 GG), das Einigungs- und Mehrheitsprinzip[51], der Schutz der Minderheit[52] und die Gemeinschaft politisch Gleichberechtigter, die die Möglichkeit haben, aktiv die staatsbürgerlichen Rechte wahrzunehmen[53], kennzeichnen ferner die grundgesetzliche Demokratie. Fraglich ist, wie sich das verfassungsrechtliche Leistungsprinzip im Rahmen eines so verstandenen Demokratiebegriffs darstellt.

Zunächst prägt die absolute Wahlrechtsgleichheit und gleiche Möglichkeit der politischen Betätigung, die unabhängig von der persönlichen Leistung des einzelnen gewährleistet ist, die sachgerechte demokratische Aufgabenerfüllung. Die spezielle demokratische Effizienz ist daher nicht rein technokratisch oder rationalitätsbezogen zu betrachten. Die verschiedenen Aspekte grundrechtlicher Demokratie wirken sich auf diese Leistung aus. Die Gewährung gleicher politischer Chancen stellt sich gerade als Kernpunkt demokratischer Aktivbürgerschaften dar[54], der unabhängig von sozialem Status, individueller Leistung und Alter dem einsichtigen Bürger Teilhaberechte am Staat einräumt[55]. Politische Teilhaberechte bestehen aber nicht nur in Form der alle vier Jahre wiederkehrenden Wahlen zu den Parlamenten, sondern auch in den Freiheiten und Gewährleistungen der Art. 5 Abs. 1, 8 Abs. 1, 9 Abs. 1, 17 und 21 Abs. 1 GG. Hier ist der Bürger — und zwar jeder Bürger — aufgerufen, auf den Gesamtwillensbildungsprozeß und somit auch die politische Willensbildung Einfluß zu nehmen[56]. Insoweit muß auch bei politischen Organisationen, bei denen die einzelnen Zwecke zur — wenn auch nur durch das Grundgesetz begrenzten — Disposition stehen, eine Zweckrationalität zugunsten einer demokratischen Legitimation zurücktreten[57]. Nur eine demokratische Struktur gewährleistet

---

[49] *Hesse*, Grundzüge, § 5, S. 52 f.; *Kriele*, VVDStRL 29 (1971), 47.

[50] *Scheuner*, Verantwortung und Kontrolle in der demokratischen Verfassungsordnung, S. 385; *Maunz* in MDH, Art. 20 GG, Rdn. 30.

[51] *Hesse*, Grundzüge, § 5 II 1, S. 57 ff.

[52] *H. Peters*, Demokratie, Sp. 565; *Maunz* in MDH, Art. 20 GG, Rdn. 38.

[53] *Scheuner*, DÖV 1971, 4.

[54] *Maunz*, Staatsrecht, § 9 II, S. 61; *Scheuner*, DÖV 1971, 4.

[55] Die Einsicht des Bürgers wird bei der aktiven Wahlberechtigung im Alter von 18 Jahren, bei der passiven Wahlfähigkeit mit Volljährigkeit vermutet; vgl. Art. 38 Abs. 2 GG.

[56] *Hesse*, Grundzüge, § 5 II 2, S. 61 ff.; *Herbert Krüger*, Allgemeine Staatslehre, S. 452 f.

[57] *Kriele*, VVDStRL 29 (1971), 75 f.; auch *v. Simson*, VVDStRL 29 (1971), 20.

hier die Verfassungsmäßigkeit politischer Entscheidungen[58] und führt somit zu einer sachgerechten Bewältigung demokratischer Aufgaben. Daß dabei auch eine gewisse technische Leistungs-, beziehungsweise Arbeitsfähigkeit erforderlich ist, kann beispielsweise Art. 39 Abs. 1 S. 1 GG entnommen werden. Bei der Bemessung der Legislaturperiode des Bundestages auf vier Jahre ist als eine Komponente berücksichtigt worden, daß dem Parlament ausreichend Zeit zur Verfügung stehen muß, um ein stabiles, arbeitsfähiges Organ des Volkes darzustellen[59]. Eine (zusätzliche) Rechtfertigung durch technische Leistung jedoch kann unter der Herrschaft der grundgesetzlichen Demokratie nur in den Fällen anzuerkennen sein, in denen die Zwecke der Organisation bereits durch demokratisch Legitimierte festgelegt wurden[60]. Dieses ist in der Regel in funktionalen Organisationen, wie z. B. den Ministerien, der Fall. Hier ist die Frage der optimalen Zweckerreichung nicht mehr allein im Rahmen der *demokratischen* Aufgabe zu beantworten. Insoweit ist auch eine sachgemäßere Aufgabenerfüllung nur durch demokratische Strukturen auf keinen Fall zwingend[61]. Im Gegenteil: Eine optimale Zweckerreichung erscheint durch die Betonung von Sachverstand und Leistung eher gewährleistet[62].

Neben den oben genannten mehr formalen Kriterien der Demokratie zählen auch die materiellen Prinzipien der Freiheit und Gleichheit zu den Wesensmerkmalen grundgesetzlicher Demokratie[63]. Zur demokratischen Aufgabenerfüllung werden ebenfalls die Ausformungen des personen- und sachbezogenen Leistungsprinzips benötigt[64]. Nur ein

---

58 *Kriele*, VVDStRL 29 (1971), 76.

59 Vgl. *BVerfG* E 1, 14, 33; *BVerfG* E 18, 151, 154; *BayVerfGH* E NF 11, 2. Teil, 1; *StGH BadWürtt.*, BadWürttVBl. 1959, 185.

60 *v. Simson*, VVDStRL 29 (1971), 25, stellt die Legitimation durch Leistung zu undifferenziert neben die demokratische Legitimation.

61 Hier liegt es z. B. näher, eine Leistungssteigerung eher durch funktionsgerechte Bürokratisierung als durch zusätzliche Demokratisierung zu erreichen. Einige Soziologen sind allzugern bereit, Demokratisierung von Organisationen mit Leistungssteigerung gleichzusetzen, vgl. etwa *Naschold*, Organisation und Demokratie, S. 79 f.; *Hondrich*, S. 35 ff. Daß das Grundgesetz die Ausübung der staatlichen Gewalt durch besondere Organe normiert, die bereits demokratisch legitimiert sind und nicht noch zusätzlicher Legitimation bedürfen, und daß durch derartige egalitäre Demokratisierung Reibungsverluste auftreten, die zu Lasten der Freiheit der Bürger führen, wird dabei übersehen. Allerdings ist zu beachten, daß die Existenz und Funktionsfähigkeit der Demokratie in der komplexen Industriegesellschaft auch weitgehend von der Effizienz staatlichen Handelns abhängt, vgl. *Steffani*, Parlamentarische Demokratie, S. 20; *Maihofer*, DUZ 1973, 677.

62 Vgl. *BVerfG* E 35, 79, 126 f., 131; *R. Hofmann*, ZfP 1973, 333 f.; *Ellwein/Zoll*, S. 12, 232.

63 *H. Peters*, Stichwort: Demokratie, Sp. 563; *BVerfG* E 5, 85, 206.

64 Vgl. schon oben 1.3.1. In diesem Sinn auch *Dienel*, Diskussionsbeitrag, S. 135, in dem er für eine Weiterentwicklung des Arbeitsteilungsprinzips in den politischen Bereich hinein plädiert.

leistungsfähiges, funktionstüchtiges Gemeinwesen kann die Freiheit optimal gewährleisten[65] und die Voraussetzungen materieller Gleichheit schaffen. Auf der anderen Seite erscheint die Freiheit als notwendige Bedingung einer individuellen Leistung, die dem Menschenbild der Verfassung entspricht. Gleichheit wiederum ist im Grundgesetz nicht im Sinne einer totalen Egalität normiert. Gerade die rasche, wirksame Aufgabenerfüllung und der persönliche Einsatz sind zulässige und notwendige Differenzierungskriterien[66].

Auch im Rahmen der Demokratie erweist sich das Leistungsprinzip als ambivalenter Grundsatz[67]. Einerseits bedingt das verfassungsrechtliche (demokratische) Leistungsprinzip die Gewährleistung demokratischer Rechte und gewährt jedem Bürger unabhängig von seiner Leistung aktivbürgerliche Teilnahmerechte am politischen Willensbildungsprozeß. Andererseits kann in Organisationen, deren Zwecke bereits demokratisch legitimiert sind und somit die demokratische Aufgabe bereits erfüllt ist, die Bewältigung weiterer Aufgaben durchaus auch eine rein technische Leistung erfordern, die dann das demokratische Leistungsprinzip weiter ausformt. Die sachliche und personale Komponente des Leistungsprinzips als Mittel zur Herstellung, Erhaltung und Erhöhung der Leistungsfähigkeit des Staates wird auch zur Gewährleistung der Bedingungen der freiheitlichen Demokratie notwendig.

1.3.3 Rechtsstaat und Leistungsprinzip

Der Rechtsstaat des Grundgesetzes manifestiert sich in der Bindung der gesamten Staatsgewalt an das von der Volksvertretung gesetzte Recht (Art. 1 Abs. 3, Art. 20 Abs. 3 GG). Von Bedeutung ist insbesondere die richterliche Kontrolle der vollziehenden Gewalt[68]. Neben der formellen Organisation des Rechts, die eine planmäßige Organisation staatlichen Handelns zur wirksamen, zweckmäßigen Aufgabenerfüllung gewährleisten soll[69] und insoweit den Grundaspekt des verfassungsrechtlichen Leistungsprinzips in sich aufnimmt, ist der Rechtsstaat des Grundgesetzes ferner durch die materielle Komponente gekennzeichnet.

---

[65] *Eichenberger*, S. 11, 19; *W. Schmitt Glaeser*, VVDStRL 30 (1972), 171, Diskussionsbeitrag; *P. Häberle*, AöR 98 (1973), 630, 633 f.

[66] Vgl. etwa *BVerfG* E 1, 14 mit Leitsatz 18, und ständig; zuletzt ausführlich *BVerfG* E 27, 58, 65; *Herbert Krüger*, Allgemeine Staatslehre, S. 530 f.

[67] Ähnlich auch *Ellwein*, Einführung in die Regierungs- und Verwaltungslehre, S. 171.

[68] *E. Stein*, S. 153; *Menger*, S. 54; vgl. ferner die von *Forsthoff* herausgegebenen Aufsätze und Essays zur „Rechtsstaatlichkeit und Sozialstaatlichkeit", S. 1 ff.

[69] *Hesse*, Grundzüge, § 6 I, S. 7 f.; *ders.*, Rechtsstaat im Verfassungssystem, S. 83; *Görlitz*, PVS 1971, 83, spricht von einer rechtsstaatlichen Leistungsgarantie.

In enger Verbindung mit den Grundrechten und dem Sozialstaat soll das Prinzip der Gerechtigkeit verwirklicht werden[70]. Dazu tritt noch das Erfordernis, daß das staatliche Handeln den Beteiligten berechenbar gemacht wird, um Rechtssicherheit und Rechtsklarheit zu schaffen[71].

Das Leistungsprinzip zur funktionsgerechten Zuweisung staatlicher Aufgaben und ihrer zweckmäßigsten Erfüllung entspricht durchaus dem Rechtsstaat in seiner Ordnungsfunktion als Form der Rationalisierung des staatlichen Lebens[72]. Die Aufgaben des Rechtsstaates zur Gewährleistung von Rechtssicherheit sowie Rechtsklarheit und Sicherung materieller Gerechtigkeit kollidieren aber dann mit einem technokratischen Leistungsprinzip, wenn zwecks sachlich richtiger Entscheidung und Transparenz des Entscheidungsprozesses nicht der schnellste und kostensparendste Weg beschritten werden kann[73]. Eine eventuelle Rückkoppelung von Entscheidungsträger zum Antragsteller oder zu anderen Mitentscheidungsberechtigten zugunsten der Rechtsklarheit kennzeichnet die *effiziente rechtsstaatliche Aufgabenerfüllung* genauso wie eine mögliche richterliche Aussetzung von Maßnahmen der Exekutive oder Legislative zugunsten einer verbindlichen Kontrollentscheidung auf Rechtmäßigkeit. Nur so kann das Leistungsprinzip den rechtsstaatlichen Elementen der Verfassung Rechnung tragen. Die optimale mittelausnutzende Entscheidung darf nicht dazu führen, daß die Sachrichtigkeit und die Sachgerechtigkeit vernachlässigt werden[74]. Wichtig und allein zulässig ist die sachgemäße rechtmäßige Entscheidung[75]. Insoweit handelt es sich nur dann um eine rechtsstaatliche Leistung, wenn die Rechtssicherheit und -klarheit sowie die Gerechtigkeit beachtet werden, sollte sich dieses auch vordergründig als effizienzmindernd auswirken[76].

---

[70] *BVerfG* E 20, 323, 331 m. w. N.; *Bachof*, VVDStRL 12 (1954), 39; *Maunz/Dürig* in MDH, Art. 20 GG, Rdn. 70 ff.

[71] *Maunz/Dürig* in MDH, Art. 20 GG, Rdn. 86 ff.; *BVerfG* E 2, 380, 403.

[72] *Hesse*, Rechtsstaat im Verfassungssystem, S. 83 f.

[73] Insoweit ist *Leisner*, Effizienz als Rechtsprinzip, S. 23, Recht zu geben, der betont, daß die mittelausschöpfende Entscheidung auch gerade unrichtig sein kann.

[74] Andererseits ist zu beachten, daß die Effektivität ein Maßstab staatlichen Handelns ist, der nicht unvertretbarer Weise verletzt werden darf (vgl. *Herbert Krüger*, VVDStRL 17 [1959], 234.) — allerdings nur im Rahmen der Verfassungsprinzipien.

[75] *Hesse*, Grundzüge, § 6 I, S. 78; *Richard Kunze*, S. 230, 241; *v. Unruh*, Der Landkreis 1974, 44. Für den Bereich der Erfüllung planungsrechtlicher Aufgaben: *Schmidt-Aßmann*, DÖV 1974, 542.

[76] *Zeidler*, DÖV 1972, 441. Daß sich dabei noch eine Kollisionslage zwischen materieller Gerechtigkeit und Rechtssicherheit ergeben kann, spielt für die vorliegende Untersuchung keine Rolle. In der Regel wird im derartigen Konfliktsfalle der Rechtssicherheit der Vorrang zu geben sein. Vgl. dazu *BVerfG* E 2, 380, 403 ff.; zu den Ausnahmen dieses Grundsatzes: *BVerfG* E 11, 263, 268.

Rechtsstaatliche Aufgabenerfüllung erfordert eine spezifische Betrachtungsweise des Leistungsprinzips, insbesondere durch Verwirklichung des Gebots der Gerechtigkeit und der Grundsätze von Rechtsklarheit und Rechtssicherheit. Im übrigen gebietet der Rechtsstaat als Form der Rationalisierung staatlichen Lebens gerade ein auf wirksame Aufgabenerfüllung bezogenes — allerdings die materiellen Komponente des Rechtsstaates beachtendes — Leistungsprinzip.

1.3.4 Bundesstaat und Leistungsprinzip

Auch durch die Entscheidung des Grundgesetzes für die Bundesstaatlichkeit erfährt die Grundantwort für ein verfassungsrechtliches Leistungsprinzip Bestätigung und nähere Ausformung.

Das grundgesetzliche Bundesstaatsprinzip (Art. 20 Abs. 1 GG) geht von der Vereinigung der Länder zu einem Zentralgebilde aus, das durch den Zusammenschluß Staatlichkeit erlangt, ohne daß die Länder ihr staatliches Eigenleben aufgeben[77]. Bund und Länder sind insoweit gleichgeordnet[78], obwohl der Bund die Länder mitumfaßt und seine Organe im Rahmen der verfassungsrechtlichen Ermächtigung auch für die Länder handeln.

Zwar sprechen die Art. 30, 70 ff. und 83 ff. GG von einer Zuständigkeitsvermutung der Erfüllung staatlicher Aufgaben für die Länder[79]. Doch liegt das tatsächliche Schwergewicht staatlicher Tätigkeit vor allem der Planung und Gesetzgebung beim Bund[80]. Der Bundesstaat, ursprünglich als Dezentralisation der Macht und zur Erhaltung regionaler Eigenarten konzipiert[81], hat sich zum kooperativen Föderalismus gewandelt[82]. Selbständige politische Gemeinschaften, rechtlich und institutionell verbunden, arbeiten auf der Basis des Gesprächs und des Konsenses zusammen[83]. Ziel dieser planenden Zusammenarbeit ist nicht nur die Festigung der freiheitlichen Gesamtordnung, sondern auch die höhere Leistungsfähigkeit der staatlichen Organisationen[84].

---

[77] *Hesse*, Grundzüge, § 7 I, S. 90 f.; *Maunz*, § 25 I, S. 212 f.; *BVerfG* E 13, 54, 77 f.

[78] *E. Stein*, S. 106 ff.; *BVerfG* E 6, 309, 365.

[79] *Maunz* in MDH, Art. 30 GG, Rdn. 1 f.

[80] *W. Weber*, Spannungen und Kräfte, S. 70 f., 83; *Hesse*, Der unitarische Bundesstaat, S. 13 ff.

[81] *Hesse*, Grundzüge, § 7 I, S. 90; *E. Stein*, S. 111 ff.

[82] *Hesse*, Aspekte des kooperativen Föderalismus, S. 142 ff.; *Scheuner*, DÖV 1966, 518 f.; *ders.*, DÖV 1972, 585 ff.; *Renate Kunze*, S. 1 ff.

[83] Allgemein zur bundesstaatlichen Zusammenarbeit: *Kisker*, Kooperation und Bundesstaat, S. 49 ff.

[84] *Hempel*, S. 23 ff.; *Hesse*, Aspekte des kooperativen Föderalismus, insbes. S. 150; *v. Münch*, VVDStRL 31 (1973), 86 (LS 9).

In diesem Rahmen gewinnt auch das verfassungsrechtliche Leistungsprinzip seine Bestätigung und Ausgestaltung. Die Kooperation hat zwangsläufig eine „Unitarisierung" zur Folge[85], die auf Steigerung der Effizienz gerichtet ist. Gewiß könnte ein Zentralstaat die staatlichen Aufgaben noch rascher erfüllen, da er nicht auf den Konsens der Beteiligten angewiesen ist und somit auf die unterschiedlichen Interessen keine Rücksicht zu nehmen brauchte. Ein Zentralstaat könnte aber auch nicht die Freiheitsgarantie übernehmen, die dem Bundesstaatsprinzip innewohnt[86] und somit die spezifische bundesstaatliche Aufgabe — Leistungsfähigkeit *und* Freiheitsgewährleistung — erfüllen.

Das bundesstaatliche Gefüge wird zwar gewissen zentralistischen Einflüssen ausgesetzt (z. B. die Gemeinschaftsaufgaben gem. Art. 91 a und b GG)[87], die zur Schwächung der Landesparlamente führen[88], dabei sich aber in der Gesamtschau leistungssteigernd auswirken. Diese Einflüsse sind Notwendigkeiten, die einer normativ gesicherten Gleichheit der Lebensverhältnisse dienen und somit als Erfordernisse des sozialen Rechts- und Leistungsstaates zu gelten haben[89]. Selbst das Grundgesetz strebt eine größere Leistungsfähigkeit der staatlichen Organisationen an (vgl. Art. 29 Abs. 1 S. 2 GG), ohne dabei jedoch auf die auch durch das Bundesstaatsprinzip gesicherte Freiheit zu verzichten[90]. Gerade bei der Diskussion um die Neugliederung treten die Gesichtspunkte der Leistungsfähigkeit und wirkungsvollen Staatsaufgabenerfüllung in den Vordergrund[91].

Grundgesetzlicher Bundesstaat in Form des kooperativen Föderalismus fordert somit ein auf Freiheit angelegtes sachbezogenes Leistungsprinzip. Neben dem ökonomisch-technischen Leistungselement ist die bundesstaatliche Struktur des Gemeinwesens zur Sicherung der Freiheit unentbehrlich. Bundesstaatlichkeit kann somit auch als Element

---

[85] *Hesse*, Der unitarische Bundesstaat, S. 26 ff.; *ders.*, Aspekte des kooperativen Föderalismus, S. 145.

[86] *Hesse*, Aspekte des kooperativen Föderalismus, S. 149 f.

[87] Vgl. dazu insbesondere: *Kisker*, Kooperation im Bundesstaat, S. 282 ff.; *Frowein*, VVDStRL 31 (1973), 17 ff.; *v. Münch*, VVDStRL 31 (1973), 76 ff.

[88] *Leisner*, DÖV 1968, 389 ff.; *Hesse*, Der unitarische Bundesstaat, S. 15; *Heubl*, Der Landkreis 1971, 368 f.

[89] *Scheuner*, DÖV 1972, 585; *Hamann/Lenz*, Einführung, Anm. B 6, S. 77.

[90] *P. Häberle*, VVDStRL 30 (1972), 61 Fn. 67; *ders.*, AöR 98 (1973), 632 f.; *Hesse*, AöR 98 (1973), 1 ff.; *Scheuner*, DÖV 1974, 16 ff. Insoweit ist auch die These *Leisners*, Effizienz als Rechtsbegriff, S. 28, von der Föderativordnung des GG eher auf eine generelle Effizienzfeindlichkeit des deutschen Verfassungsrechts zu schließen, nicht haltbar. Dagegen ebenso: *P. Häberle*, AöR 98 (1973), 632.

[91] *Reschke*, DVBl. 1973, 728 ff.; *H. Schäfer*, DVBl. 1973, 732 ff.; *Sandtner*, BayVBl. 1973, 421 ff.; *Göb*, Staats- und Kommunalverwaltung 1973, 101 ff.; *Rietdorf*, DÖV 1974, 2 ff.; *Bovermann*, DÖV 1974, 6 f.; *Feuchte*, DÖV 1974, 9 ff.; *Scheuner*, DÖV 1974, 16 ff.

des gewaltenteiligen Staates gelten; nicht nur im klassischen Sinne der Kontrolle und Machthemmung zugunsten der Freiheit[92], sondern auch im Sinne einer funktionsgerechten Zuordnung staatlicher Aufgaben zur bestmöglichen — hier: aufeinander abgestimmten — Erfüllung[93].

1.3.5 Zwischenergebnis

Das verfassungsrechtliche Leistungsprinzip stellt sich somit nicht als eigenständiger, rein ökonomischer oder technokratischer Grundsatz dar. Zwar steht die bestmögliche Aufgabenerfüllung im Vordergrund, doch ist die Leistung als Funktion der betreffenden Aufgabe von dieser Aufgabe direkt abhängig, so daß im konkreten Fall die technische Leistungsfähigkeit nicht entscheidend zu sein braucht. Allerdings ist von einem Grundsockel des Leistungsprinzips auszugehen, der besagt, daß sich zumindest ein Ergebnis präsentieren muß, das in der Erfüllung einer verfassungsrechtlich geforderten oder anerkannten Aufgabe besteht. Insoweit kann von einem „Fächer" der Leistung gesprochen werden, der — gleichsam geschlossen — abstrakt für alle Aufgaben gilt und in der bestmöglichen Erfüllung besteht. Ist dieser Fächer dann geöffnet, so bestimmt die jeweilige Aufgabe die konkrete Ausgestaltung des Leistungsprinzips. Dies bestätigt die prismatische Natur des Leistungsprinzips; denn je nach Aufgabenstellung müssen auch verschiedene Kriterien wirksamster Erfüllung entscheidende Beachtung finden. Dementsprechend wird auch die sach-, ebenso wie die personenbezogene Komponente des Leistungsprinzips nur von der zu erfüllenden Aufgabe bestimmt. Trotz der Unentbehrlichkeit von technischer Effizienz und fachlicher Leistung für den modernen Industriestaat gibt es kein selbständiges Prinzip der Leistung; vielmehr ist das *Leistungsprinzip in die Verfassung eingebunden* und wird nur von dieser bestimmt und begrenzt. Eine Ausformung der Leistung, die zugunsten der ökonomischen Wirksamkeit gerechtigkeitsmindernd oder undemokratisch wirkt oder dem sozialstaatlichen Auftrag nicht entspricht, kennt die Verfassung nicht.

Das Leistungsprinzip erweist sich als *ambivalenter Grundsatz.* Einerseits wird es notwendig und unverzichtbar zur Schaffung der Voraussetzungen individueller Freiheit und Grundrechtsgewährung. Andererseits müssen dort effizienzmindernde Abstriche vorgenommen werden, wo demokratische Legitimation, Gerechtigkeit oder Menschlichkeit

---

[92] *Scheuner,* DÖV 1972, 645.

[93] Das Leistungsprinzip als Grundsatz optimaler sachbezogener Aufgabenerfüllung hat längst nationale Grenzen gesprengt. So gilt auch in Zusammenschlüssen der „supranationalen Lenkungs- und Leistungszweckverbände" (*Ipsen*), wie z. B. der EG, das Gebot optimaler Funktionswahrnehmung. Vgl. dazu etwa: *Ipsen,* Fusionsverfassung Europäischer Gemeinschaften, S. 56 f.

durch starres Leistungsdenken gefährdet erscheinen. Die Verfassung, die das Leistungsprinzip fordert, plädiert für eine humane Leistung, die nicht zu einem entindividualisierten Leistungsprinzip pervertiert werden darf. Auch das Leistungsprinzip als entscheidende Organisationsnorm und strukturelle Ausgestaltung im Rahmen und zur Erfüllung grundgesetzlicher Aufgaben trägt dazu bei, sowohl politische Einheit als auch rechtliche Ordnung zu schaffen und aufrechtzuerhalten.

2. Partizipation

Auf Grund des oben gezeigten engen Verfassungsbezuges des Leistungsprinzips ist es für das Verhältnis von Partizipation und Leistungsprinzip von entscheidender Bedeutung, zunächst auch die verfassungsrechtlichen Grundlagen und Bezüge der Beteiligung aufzubereiten.

2.1 Definition und Problemeingrenzung

2.1.1 Formen bürgerschaftlicher Partizipation

Die Aussage, Partizipation habe als Teilhabe des Bürgers, bestimmter Gruppen oder Organisationen an staatlicher Herrschaftsausübung zu gelten[1], bedarf der Präzisierung[2].

Zunächst einmal erfordert die Partizipation eine Institutionalisierung, d. h., es darf nicht bei einer unverbindlichen, letztlich in das Belieben staatlicher Organe gestellten Mitwirkungsbefugnis bleiben[3]. Partizipation muß die Möglichkeit *aktiven* Eingreifens in die Herrschaftsausübung bieten. Insoweit spielt das Problem der Öffentlichkeit, das je nach staatlichen Aufgabenbereichen der Transparenz und Kontrolle des Entscheidungsprozesses[4], der Fairnis des Verfahrens[5] oder der Infor-

---

[1] Vgl. oben: Einleitung 0.1. mit Fn. 2; weitere Literatur: Partizipation. Aspekte politischer Kultur, Hrsg. *v. Pufendorf;* Der beschäftigte Mensch, Hrsg. *G. Zimpel* mit Beiträgen von *Murray G. Ross, Sidney Verba, Robert A. Dahl, Robert J. Pranger,* u. a. Im Mittelpunkt theoretischer und praktischer Überlegungen steht die Partizipation an Planungsprozessen. Hierzu zusätzlich: *Forsthoff,* Über Mittel und Methoden moderner Planung, S. 21 ff.; *Kube,* DVBl. 1972, 118 ff.; *ders.,* BadWürttVBl. 1973, 17 ff.; *Pankoke,* Die Verwaltung 1971, 395 ff.; *ders.,* Liberal 1972, 354 ff.; *Pflaumer,* Öffentlichkeit und Verwaltung, S. 58 ff., 225 ff.; *Grauhan,* S. 37 ff.

[2] Diese Präzisierung wird nur allzu häufig unterlassen. Partizipation bleibt dann weitgehend ein *Schlagwort.* In diesem Sinn äußert sich auch *Kube,* BadWürttVBl. 1973, 17 f.; ähnlich skeptisch: *Ossenbühl,* Gutachten, B 119 f.; *Blümel,* „Demokratisierung der Planung" oder rechtsstaatliche Planung?, S. 19 ff., lehnt den Begriff Partizipation wohl aus diesen Gründen überhaupt ab.

[3] Vgl. insbesondere: *W. Schmitt Glaeser,* VVDStRL 31 (1973), 190, 223; *Knöpfle,* DÖV 1974, 708. Ähnlich *N. Johnson,* S. 148 ff.

[4] So z. B. Art. 42 Abs. 1 S. 1 GG für den Bundestag; generell dazu: *Bartlsperger,* VVDStRL 33 (1975), 229 ff.

[5] Vgl. etwa: § 169 GVG, allgemein: *Kube,* BadWürttVBl. 1973, 20 f.

mation[6] dient, nicht direkt in die Partizipationsproblematik hinein. Allerdings ist nicht zu verkennen, daß die umfassende Öffentlichkeit und Information mit die wesentlichsten Voraussetzungen und Bedingungen aktiver und erfolgversprechender Teilhabe an staatlichen Entscheidungsprozessen sind[7]. Genauso verhält es sich mit Bürgerinitiativen als kurzfristig zusammengefaßte Interessenaktionen, die sich mit Erledigung der projektorientierten Aufgabe auflösen[8]. Auch sie fallen nicht unter die Partizipationsproblematik und sollen deshalb außer Betracht bleiben[9].

Partizipation erfordert die unmittelbare Teilhabe an staatlichen Entscheidungsprozessen. Zum aktiven Eingreifen muß die Chance der direkten Einflußnahme auf die herrschaftsausübende Entscheidung treten[10]. Insoweit sollen auch die Strategien und Partizipationsstränge ausgeklammert werden, die nur mittelbar auf eine Beeinflussung des staatlichen Willensbildungsprozesses gerichtet sind. So zählt zum Beispiel die Teilnahme an der Bildung der öffentlichen Meinung zum Zwecke der Vorformung des politischen Willens als nur mittelbare Einflußnahme nicht zur Partizipation[11]. Daher kann auch die Volkswahl — die wohl egalitärste Form politischer Einflußnahme[12] — nicht als Partizipation gelten, da sie nur mittelbar auf den staatlichen Willensbildungsprozeß einwirkt[13].

Bei der aktiven Teilhabe lassen sich bestimmte Formen, die nach Intensität abgestuft werden, aufzeigen. Allerdings greifen die Partizipationsmöglichkeiten ineinander über und können nicht immer klar ab-

---

[6] *Leisner*, Öffentlichkeit der Regierung im Rechtsstaat, S. 121 ff.; vgl. ferner zur Einwirkung der „kritischen Öffentlichkeit": *Bartlsperger*, VVDStRL 33 (1975), 221 ff.

[7] Z. B. die Informationspflichten zwischen Behörden und Bürgern §§ 52 Abs. 2, 66 Abs. 2 HGO. §§ 6 Abs. 6, 71 Abs. 1, 83 Abs. 1 BBauG; vgl. auch W. *Stein*, Der Gemeindetag 1973, 260 ff. Zu den Auskunftspflichten der Verwaltung, vgl. *Pipkorn*, Diss. S. 14 ff.

[8] *Ossenbühl*, Gutachten, B 121; *Bartlsperger*, VVDStRL 33 (1975), 232 ff.

[9] Zu dieser Problematik vgl. insbes.: W. *Schmidt*, VVDStRL 33 (1975), 192 ff.; *Bartlsperger*, VVDStRL 33 (1975), 229 ff.; *Knöpfle*, DVBl. 1974, 707 ff., jeweils m. w. N.

[10] *Mayntz*, Funktionen der Beteiligung, S. 348; *Pankoke*, Liberal 1972, 357.

[11] In diesem Sinne: W. *Schmitt Glaeser*, VVDStRL 31 (1973), 210, der zudem darauf hinweist, daß diese mittelbare Möglichkeit der Beeinflussung bei der Staatswillensbildung einen Faktor darstellt. Vgl. auch *ders.*, AöR 97 (1972), 102 ff.; ferner *Rupp*, NJW 1972, 1543.

[12] *Scharpf*, Demokratietheorie, S. 78; ähnlich *Steffani*, Parlamentarische Demokratie, S. 39.

[13] Die Kriterien unmittelbar — mittelbar scheinen noch am besten geeignet, die verschiedenen Möglichkeiten der Einflußnahme auf den Gesamtwillensbildungsprozeß von einander zu trennen. Diese Trennung ist deswegen erforderlich, weil sich mittelbare und unmittelbare Einflußnahme sowohl in Intention als auch in Intensität erheblich unterscheiden. Diesen Unterschied übersieht *Walter*, VVDStRL 31 (1973), 154.

gegrenzt werden. Die wesentlichsten Partizipationsformen sind die Anhörung, die Erörterung und die Mitentscheidung[14].

Als Anhörung gilt die Befugnis der Beteiligten, ihre Meinung zum Gegenstand der Entscheidung kundzutun[15]. Durch die Anhörung, die als Einzelanhörung unmittelbar Betroffener — z. B. §§ 24, 25 EVwVerfG (1973)[16] — oder als Anhörung (potentiell) betroffener Gruppen[17] erfolgen kann, wird in erster Linie dem Informationsanspruch des staatlichen Entscheidungsträgers Rechnung getragen[18]. Anhörung ist aber auch durch die Gewährleistung des rechtlichen Gehörs[19] und durch die Erweiterung des Sachverstandes[20] motiviert. Im letzteren Fall wird die Beratung die bedeutendere Partizipationsform darstellen.

Von der Anhörung, bzw. Beratung nur quantitativ getrennt ist die Erörterung[21]. Hier steht die Darlegung der Informationen sowohl der Entscheidungsträger als auch der beteiligten Bürger oder Gruppen im Vordergrund. Im Verlauf der Darlegung wird sich ein Gespräch, eine Diskussion ergeben, die es ermöglicht, Gegenvorstellungen zu erheben oder Einwände zurückzuweisen[22]. Charakteristisch für die Er-

---

[14] Daneben gibt es noch Zwischenstufen, bei denen das Gewicht teils auf der niedrigeren, teils auf der höheren Stufe der Teilnahme liegt. Vgl. z. B.: die Beratung nimmt gem. § 5 Abs. 1 Fischgesetz (BGBl. I, S. 567, 1955) dieselben Funktionen wie die Anhörung ein — die Verwaltung macht sich hier das Fachwissen der beteiligte Industriezweige zu Nutzen. Dagegen soll die Teilnahme mit beratender Stimme gem. § 10 Abs. 4 HessUniG den ständigen Gedankenaustausch zwischen Präsident und Fachbereichen sicherstellen. Der Akzent dieser Beratung entspricht eher den Funktionen der Erörterung. Eine weitere Zwischenstufe ist das Vorschlagsrecht, das als z. B. Ergebnis einer Beratung (z. B. § 24 Abs. 4, S. 2, 4 GewO) zusätzliches Mittel einer effektiven Partizipationsform oder als Grundlage einer Entscheidung (z. B. § 40 Abs. 1 HessUniG) selbständiges Mittel der Partizipation sein kann. Vgl. auch *Kisker*, DÖV 1972, 520; *Knöpfle*, DVBl. 1970, 709.

[15] Vgl. *Walter*, VVDStRL 31 (1973), 153, Fn. 18.

[16] BT-Drucksache VII/910 = BR-Drucksache 227/73, S. 51 ff.

[17] Vgl. die Hearings zum Deutschen Bundestag: § 73 GeschO BT, dazu: *v. Beyme*, S. 168 ff., der zu Recht deren Effektivität bezweifelt. Entscheidungstheoretische Überlegungen müssen dazu führen, derartige Anhörungen möglichst frühzeitig auch zu führen. Dazu näheres unten 2.1.2. und 2.3. 2.

[18] *W. Schmitt Glaeser*, VVDStRL 31 (1973), 184; *Veld*, S. 361 ff.; *Kübler*, BadWürttVBl. 1972, 66 ff.; *Kube*, DÖV 1972, 118 f.

[19] So in erster Linie § 24 EVerwVerfG (1973); vgl. auch Begründung zu § 21 EVerwVerfG (1963), S. 123; *Forsthoff*, Lehrbuch, § 12, S. 235; *VGH Bad Württ.*, VwRspr. 2, 194; 2, 263; *VGH Kassel*, NJW 1956, 1940 mit Anm. von *Hamann; Haueisen*, DVBl. 1962, 881 ff.; *Dürig* in MDH, Art. 103 GG, Rdn. 92. Allerdings differiert die Begündung dieses Rechts erheblich. Im allgemeinen wird das Recht auf Anhörung aus rechtsstaatlichen Gründen erfolgen. So auch *VGH Kassel*, NJW 1956, 1940; *Haueisen*, DVBl. 1962, 881 ff.; *Ule/Becker*, S. 38 f.; *Schmidt-Aßmann*, DÖV 1974, 547.

[20] Vgl. die Anhörung von Beiräten und Ausschüssen z. B.: §§ 16 Abs. 3 S. 3, 24 Abs. 1 GewO; §§ 137 ff. BBauG; § 22 Abs. 2 S. 2 BVFG.

[21] *W. Schmitt Glaeser*, VVDStRL 31 (1973), 185.

[22] *Schütz/Frohberg*, Bundesbaugesetz, § 66 Anm. 3; praktische Beispiele finden sich vor allem im BBauG §§ 66 Abs. 1, 109 Abs. 1 S. 1, 112 Abs. 1. Vgl.

örterung ist die Einbeziehung der gewonnenen Informationen und betreffenden Vorschläge in den Verarbeitungsprozeß und der Zwang des Entscheidenden, sich mit diesen Vorstellungen auseinanderzusetzen[23]. Auch bei der Erörterung bleibt allerdings der formelle Entscheidungsbeschluß in der Hand des staatlichen Entscheidungsträgers.

Als intensivste Form der Partizipation gilt die Mitentscheidung[24], häufig als Mitbestimmung bezeichnet[25]. Der Begriff „Mitbestimmung" trifft das Wesen dieser Partizipationsform aber nicht korrekt, da jede Mitwirkung in gewisser Weise die letztlich zu treffende Entscheidung mitbestimmt[26]. Mitentscheidung bedeutet dagegen Teilhabe nicht (nur) an den Vorbereitungshandlungen, sondern auch am Entscheidungs*beschluß*. Diese Partizipationsform findet sich in den verschiedensten Bereichen staatlicher Tätigkeit in zahlreichen Varianten. Zu den wichtigsten gehören die vielfältigen Formen der Kooperation der verschiedenen staatlichen Organe[27], die Heranziehung von mitentscheidenden Sachverständigen[28], von Interessenvertretern[29] oder auch Repräsentanten und Ehrenbeamten[30] als Mitglieder der Körperschaften und Anstalten in deren innerorganisatorischen Bereichen[31].

Als Teilnehmer an staatlicher Machtausübung können sowohl Bürger und Bürgergruppen als auch andere vom Entscheidungsträger differierende staatliche Organe partizipieren. Insoweit läßt sich eine bürgerschaftliche und eine organschaftliche Partizipation unterscheiden[32]. Auch organschaftliche Beteiligung ist ein wichtiger Aspekt der Partizipation, doch soll hier eine Beschränkung auf die bürgerschaftliche Teil-

---

ferner § 69 Abs. 6 EVerwVerfG (1973); § 58 BRRG; §§ 94, 98 Abs. 1 Ziff. 1 und 2 BBG; § 62 Abs. 6 HGO. Vgl. auch *Langrod*, DVBl. 1961, 310.

23 *Kopp*, Verfassungsrecht und Verwaltungsverfahrensrecht, S. 188 f.

24 *W. Schmitt Glaeser*, VVDStRL 31 (1973), S. 185 f.; *Walter*, VVDStRL 31 (1973), 153 Fn. 18.

25 So z. B. *Leisner*, Mitbestimmung im öffentlichen Dienst, passim; *Kisker*, DÖV 1972, 520 ff.

26 So auch *Leisner*, Mitbestimmung im öffentlichen Dienst, S. 40.

27 Vgl. im BBauG §§ 14 Abs. 2, 19 Abs. 4, 31 Abs. 1 und 2, 36 Abs. 1; ferner §§ 12 Abs. 2, 53 Abs. 2 StBauFG. Speziell für Gemeinden: *Mäding*, AfK 1969, 1 ff.

28 Z. B. Fernseh- und Rundfunkräte, vgl. etwa §§ 5 ff. hess. RundfunkG i. d. F. vom 12. 10. 1970. Generell: *Ipsen*, Mitbestimmung im Rundfunk, S. 9 ff. §§ 12 Abs. 11, 14 Milch- und FettG.

29 *v. Beyme*, S. 60 ff.; *Steinberg*, PVS 1973, 39 ff.

30 Z. B. die Schöffen in der Gerichtsbarkeit: §§ 28 ff. GVG; §§ 20 ff. ArbGG; §§ 19 ff. VwGO; §§ 13 ff. SGG; §§ 16 ff. FGO; für die Ehrenbeamten vgl. auch § 21 HGO.

31 Hauptanwendungsgebiet dieser Partizipation ist der Bereich der Selbstverwaltung. Wichtige Beispiele finden sich in §§ 1 Abs. 1, 2 Gesetz über die Selbstverwaltung auf dem Gebiet der Sozialversicherung; §§ 62 ff. BRAO; §§ 3 ff. HessUniG; vgl. generell auch Art. 28 Abs. 2 GG.

32 Dazu *W. Schmitt Glaeser*, VVDStRL 31 (1973), 190.

habe vorgenommen werden, zumal auch im herkömmlichen Sinn Partizipation in der Regel nur als bürgerschaftliche Partizipation betrachtet wird. Durch die Einführung der organschaftlichen Partizipation als Beteiligung der staatlichen Organe untereinander auch zum Zwecke der Koordination und Kooperation und somit zur Steigerung der Leistungsfähigkeit[33], ergeben sich ferner durch die Bindung an die einheitlichen Staatsziele geringere Kollisionsmöglichkeiten zum Leistungsprinzip. Eventuelle Konfliktlagen, die sich ergeben sollten, könnten anhand der noch zu gewinnenden Lösungsstrukturen unter besonderer Berücksichtigung der spezifischen Zwecksetzung der staatlichen Organe auf das Verhältnis von Leistungsprinzip und organschaftlicher Partizipation übertragen werden.

Ähnlich verhält es sich mit der Einschaltung von Sachverständigen zur Erfüllung von Verwaltungsaufgaben in alleiniger Herrschaft. Hier handelt es sich genau genommen nicht mehr um eine *Beteiligung* an staatlichen Entscheidungen, vielmehr üben die Privaten selbst Hoheitsgewalt aus. Auch hier ist die Effektivierung gesellschaftlicher Ressourcen, also eine Leistungsmotivation, Grund dieser Sachverständigenpartizipation[34]. Der Schwerpunkt liegt also bei der Verwaltungshilfe durch Private[35]. Eine Kollision mit dem verfassungsrechtlichen Leistungsprinzip erscheint daher gering. Insoweit ist diesem Problemkreis nicht mehr nachzugehen[36].

Im Rahmen der bürgerschaftlichen Partizipation ist eine weitere Differenzierung erforderlich. Zunächst einmal ist diese Art der Teilnahme als Individualpartizipation denkbar, bei der der einzelne Bürger als spezifisch Interessierter oder Betroffener am Entscheidungsprozeß beteiligt wird[37]. Zum anderen ist aber auch die Beteiligung formierter oder formierbarer Interessen im Sinne einer Gruppenpartizipation möglich. Dieses wird in der Regel dort der Fall sein, wo institutionalisierte Mitwirkung aller wegen der Vielzahl der Betroffenen nicht durchführbar ist und die verschiedenen Interessen durch Vertreter

---

[33] *Kölble*, Sachverstand und Verantwortung, S. 49 ff.; *Reinermann*, DVBl. 1972, 101 ff.

[34] Vgl. insbes.: *Dagtoglou*, Der Private in der Verwaltung, S. 130 ff., mit umfangreichen Nachweisen. Der besondere Sachverstand ist hier Voraussetzung der Übertragung hoheitlicher Befugnisse.

[35] In diesem Sinne: *W. Schmitt Glaeser*, VVDStRL 31 (1973), 191; vgl. auch *Dagtoglou*, DVBl. 1972, 715.

[36] Dieses Thema war in letzter Zeit Gegenstand zahlreicher Diskussionen: vgl. *Dagtoglou*, Der Private in der Verwaltung; *Ossenbühl* und *Gallwas*, VVDStRL 29 (1971), 137 ff., 211 ff.; *Bethge*, Der verfassungsrechtliche Standort der staatlich gebundenen Berufe; *Dagtoglou*, DÖV 1970, 532 ff.; *Steiner*, DÖV 1970, 526 ff.; *Leisner*, AöR 93 (1968), 162 ff., 192 ff.; *Kopp*, DVBl. 1970, 724 ff.; *H. Sauer*, DVBl. 1970, 486 ff.

[37] *Dienel*, Bürgerinitiative und Selbstverwaltung, S. 29 ff.; *Pankoke*, Die Verwaltung 1971, 400 ff.

in den staatlichen Entscheidungsprozeß eingebracht werden müssen. Auf diese pluralistische Form von Partizipation ist wegen der Kollision von Partikular- und Gruppeninteresse noch zurückzukommen[38]. Zumindest stellt auch sie eine wichtige Form bürgerschaftlicher Teilnahme dar.

Bei der bürgerschaftlichen Partizipation werden verschiedene Kriterien zur Teilhabe an staatlicher Herrschaftsausübung herangezogen. Häufig gibt die Betroffenheit — sei es als spezifische Tangierung der Individualsphäre des Bürgers oder als Betroffenheit der Vertreter oder Sachwalter bestimmter Gruppeninteressen — das Recht, am staatlichen Verfahren teilzuhaben[39]. Aber auch der besondere Sachverstand[40], die besondere Informiertheit[41] oder gar die Neutralität, die eine objektive Vertretung des Gemeinwohls ermöglicht[42], können Beweggründe für eine partizipatorische Einbeziehung in den staatlichen Entscheidungsprozeß darstellen.

Wenn im folgenden Partizipation näher untersucht und in den verschiedenen Bezügen aufgeschlüsselt wird, so ist dieses notwendig, können sich doch hieraus wichtige Perspektiven für das verfassungsrechtliche Leistungsprinzip ergeben, bei dem es gerade nicht um rein technokratischen „out-put" oder gewinnbringende Leistung geht. Insoweit ist zu prüfen, was die Partizipation für die Verfassung und somit auch — im Rahmen der jeweiligen Aufgabe — für die Leistung erbringen kann.

2.1.2 Partizipation und Entscheidungsprozeß

Offen geblieben ist bislang die Frage, woran die Bürger, beziehungsweise die Bürgergruppen partizipieren sollen. Die Beantwortung wirft zunächst die Problematik des Entscheidungsprozesses auf. Im Anschluß daran, wird die Entscheidungsebene der Partizipation zu bestimmen sein.

Nach dem dezisionistischen Entscheidungsmodell[43], bei dem die gesellschaftlich relevanten Zusammenhänge menschlichen Handelns auf Ak-

---

[38] Vgl. unten 2.2.4.1.

[39] *Dagtoglou*, DVBl. 1972, 713; *Dienel*, Techniken bürgerschaftlicher Beteiligung, S. 152 f.; *Kube*, BadWürttVBl. 1973, 19; *Pankoke*, Liberal 1972, 357 f.; *Oberndorfer*, DÖV 1972, 532, sieht generell die Verwaltungsadressaten, als Partizipationslegitimierte an. Auch *Bartlsperger*, VVDStRL 33 (1975), 320, setzt sich für eine Ausdehnung des Betroffenen-Begriffs auf Interessierte und Engagierte ein.

[40] *Mayntz*, Funktionen der Beteiligung, S. 345 ff.

[41] *Dienel*, Techniken bürgerschaftlicher Beteiligung, S. 153; *ders.*, Partizipation an Planungsprozessen, S. 112 ff.; *ders.*, Bürgerinitiative und Selbstverwaltung, S. 29 ff.

[42] *Kisker*, DÖV 1972, 529; *Dienel*, Die Verwaltung 1971, 153.

[43] Zum Dezisionismus vgl.: *Carl Schmitt*, S. 24 ff.

tionen zurückgeführt wurden, die einer inhaltlichen rationalen Begründung nicht fähig, vielmehr in den unverbindlichen Bereich persönlicher Entscheidung verlegt waren, stellt sich die Entscheidung als punktueller Willensakt dar. Dieses Modell ist nicht brauchbar, weil weder das System, die Umweltverhältnisse noch die Interaktionen der verschiedenen Entscheidungsträger berücksichtigt werden[44]. Ansatzpunkt eines Entscheidungsmodells muß vielmehr die hohe Umweltkomplexität sein[45]. Denn gerade eine komplexe Umwelt erfordert eine differenzierte Systemkonstruktion[46], was wiederum zu einer Steigerung der Problemkomplexität führt. Notwendig ist ferner die Erkenntnis, daß auf Grund der hohen Umweltkomplexität die menschliche Informationsverarbeitungskapazität und Entscheidungsmöglichkeit begrenzt ist[47]. Die behavioristisch-rationale Entscheidungstheorie[48] versucht nun, diese reduzierte Verarbeitungskapazität durch Prozesse des Suchens und Lernens zu kompensieren[49] und durch kooperative Organisationsformen, die auf eine Gliederung und Verteilung des Arbeitsprozesses abzielen, Entscheidungen zu ermöglichen[50]. Wegen der Komplexität werden mit Hilfe auch von Systemtheorien analytische Strukturen zur Aufgliederung und Vorabschichtung bestimmter Problemlagen geschaffen. Durch die Einsetzung von Handlungsalternativen und deren Überprüfung und Vergleich auf Leistungsfähigkeit und Wirtschaftlichkeit wird die Komplexität schrittweise reduziert, bis eine Lösung gefunden ist[51]. Ent-

---

[44] Vgl. dazu auch *Naschold*, Entscheidungstheorie, Sp. 700 f.; generell zur Entscheidungstheorie: *H. Laux*, WiSt. 1975, 159 ff.

[45] *Barnard*, S. 38 ff.; *March/Simon*, S. 35 ff., 113 ff.

[46] *Ashby*, S. 7 ff.; *Naschold*, Organisation und Demokratie, S. 60. Hier zeigt sich die enge Verbindung von Umwelt, System und Entscheidung. Eine Entscheidungstheorie kann dabei nicht die Umwelt- und Systembeziehungen völlig negieren. Vgl. *H. A. Simon*, S. 142 ff.; *Naschold*, Systemsteuerung, S. 30 f. Eine Einführung in die Systemforschung und Systemanalyse findet sich auch bei *Krauch*, S. 27 ff. Zu der Frage, was Systemtheorie allerdings für die Rechtstheorie zu leisten vermag, vgl. 2.2.1.2., Fn. 34.

[47] *H. A. Simon*, S. 2 ff.; *Luhmann*, Funktionen und Folgen formaler Organisationen, S. 251 ff.

[48] Herrschende Meinung, vgl. *Barnard*, S. 65 ff.; *König*, Erkenntnisinteressen der Verwaltungswissenschaft, S. 264 ff.; *Lasswell*, S. 7 ff.; *Luhmann*, Theorie der Verwaltungswissenschaft, S. 47 ff.; weitere grundlegende Literatur bei *Naschold*, Entscheidungstheorie, Sp. 705 f. Zu den verschiedenen Modellen der Entscheidungstheorien: *Naschold*, Systemsteuerung, S. 31 ff.; *ders.*, Entscheidungstheorie, Sp. 700 ff. jeweils m. w. N.

[49] *Naschold*, Systemsteuerung, S. 50 ff.; *ders.*, Organisation und Demokratie, S. 82.

[50] *Barnard*, S. 101 ff.; *Luhmann*, Legitimation durch Verfahren, S. 208 f.; *ders.*, Theorie der Verwaltungswissenschaft, S. 51 f.

[51] *Luhmann*, Politische Planung, S. 66 ff. Hier kann nur eine generelle Aussage getroffen werden. Im einzelnen dienen aber diverse analytische Strukturen der Suche nach vernünftigen Entscheidungen. So z. B. die Methoden der Nutzen-Kosten-Analyse oder des Planning Programming Budgeting Systems. Vgl. dazu *Nagel*, Leistungsfähige Entscheidungen in Politik und Verwaltung, S. 1 ff.

scheidung gilt daher nicht nur als die ausdrückliche punktuelle Konkretisierung staatlichen Handelns, sondern zur Entscheidung zählen sämtliche Phasen, die bis zur tatsächlichen Verkündung führen[52]. Je komplexer das Problem dabei ist, desto differenzierter wird der Entscheidungsprozeß ablaufen. So fordert zum Beispiel eine Innovationsentscheidung eine wesentlich höhere Konfliktregelungskapazität als eine einfache Routineentscheidung[53]. Wegen der stufenweisen Abschichtung der Problemkomplexität[54], der arbeitsteiligen Informationsverarbeitung und der problemvariablen Handlungsalternativen kann es niemals zu einer einzigen richtigen Lösung kommen, vielmehr wird es sich immer nur um ein „brauchbares", „vertretbares" oder „befriedigendes" Ergebnis handeln[55].

Auch in der zeitlichen Dimension verläuft die Entscheidung in mehreren Phasen, die sich von dem Erkennen des Problems und seiner Definition über die Situationsanalyse, die Informationssammlung und -verarbeitung, die Formulierung der Alternativen mit deren anschließender Bewertung und Abwägung, die Rückfragung und Erweiterung der Information bis zur Beratung mit dem abschließenden Beschluß erstreckt[56]. In jeder dieser Phasen ist Partizipation notwendig und wich-

---

[52] Vgl. dazu auch *Dienel*, Die Verwaltung 1971, 159 f., der ebenfalls für einen weiten Entscheidungsbegriff plädiert.

[53] Insoweit ist *Naschold*, Organisation und Demokratie, S. 62 ff., 71 ff., Recht zu geben, auch wenn man seinen neuen Demokratiekonzeptionen für komplexe Organisationen nicht folgt.

[54] *Eckert*, S. 37, spricht hierbei von einem Reduktionsprozeß; vgl. auch *W. Schmidt*, AöR 96 (1971), 327 f.

[55] *Luhmann*, VerwArch. 51 (1960), 105; *ders.*, Theorie der Verwaltungswissenschaft, S. 68 f.; *König*, Erkenntnisinteressen der Verwaltungswissenschaft, S. 66 ff.; *Naschold*, Entscheidungstheorie, Sp. 702; *ders.*, Systemsteuerung, S. 13 ff.; *W. Schmidt*, AöR 96 (1971), 349 f.; *ders.*, VVDStRL 33 (1975), 204.

Den obigen Erkenntnissen entspricht auch die neuere Rechtsprechung, *GS*, NJW 1972, 1411 ff., die für eine Ermessensentscheidung im Rahmen des § 131 Abs. 1 AO eintritt und damit Raum für eine weite Entscheidungsbefugnis der Verwaltung als eigentlichem Träger des Informationsprozesses läßt. Ähnlich vorher: *Ule*, Zur Anwendung von unbestimmten Rechtsbegriffen, S. 323 ff.; *Bachof*, JZ 1955, 97 ff.; *ders.*, JZ 1956, 590 ff.; *Ossenbühl*, DÖV 1970, 84 f. Für eine volle Überprüfbarkeit setzten sich dagegen insbes.: *Rupp*, Grundfragen, S. 198 ff., und *Schmidt-Salzer*, Der Beurteilungsspielraum der Verwaltungsbehörden, S. 76 ff.; *ders.*, DVBl. 1970, 184 ff., sowie die h. M. in der Rechtsprechung ein: *BVerfG* E 15, 282 ff.; *BVerwG* E 2, 175 ff.; *BVerwG*, DVBl. 1970, 543 f.; *OVG Lüneburg*, DVBl. 1970, 182 f. jeweils m. w. N.

[56] Auch das Verfahren, das dem eigentlichen Entscheidungsbeschluß vorausgeht, gehört zur Entscheidung, ja es ist häufig sogar alleinbestimmend für den Entschluß. *Bettermann*, VVDStRL 31 (1973), 275 f., verkennt dieses, wenn er eine Partizipation im Verfahren, das der Entscheidungsbildung vorausgeht, ablehnt. Wie hier *W. Schmitt Glaeser*, VVDStRL 31 (1973), 195 f.; *Dagtoglou*, DVBl. 1972, 713 f.; *Dienel*, Die Verwaltung 1971, 159 f.; wohl auch *Grauhan*, S. 47 ff., der eine Beteiligung an der Vorbereitungsphase für notwendig hält.

tig[57]; denn es kann nicht von vornherein gesagt werden, welche Phase für den Entscheidungsbeschluß maßgebend ist[58]. So kann durch eine bestimmte Problemstellung, ausgewählte Informationen oder eine besondere Reduktion von Alternativen ein bestimmter Beschluß antezipiert werden, ohne daß noch in späteren Entscheidungsphasen maßgeblicher Einfluß ausgeübt werden kann. In der Regel wird gerade den Vorbereitungshandlungen ein hoher Stellenwert beizumessen sein, so daß besonders hier die Partizipationsstrategien Beachtung finden müssen[59]. Generell gilt jedoch, daß Partizipation als sequenzhafte Teilnahme an allen Entscheidungsphasen möglich und geboten sein kann[60]. Im übrigen können für die einzelnen Phasen, die nicht immer zwingend sind, wegen der vielgestaltigen Entscheidungsbedingungen keine festen technischen Regeln für die Teilhabe der Bürger aufgestellt werden[61]. Entscheidend wird das Verfahren, das unter grundgesetzverwirklichenden Gesichtspuntken ad-hoc für die einzelnen Problemlösungen festgelegt werden muß.

Ist bislang die Partizipation an Entscheidungen in ihren zeitlichen Dimensionen erfaßt, so muß nun gefragt werden, auf welcher Ebene der Entscheidung Partizipation anzusiedeln ist. Durch die Beschränkung der Partizipation auf die unmittelbare Teilhabe kommt eine Beteiligung am gesamten öffentlichen Volkswillensbildungsprozeß, insbesondere im Bereich des freien Meinungsaustausches in der Öffentlichkeit, nicht in Betracht[62]. Partizipationsebenen könnten daher der zentrale Staatswillensbildungsprozeß und/oder der sonstige normativ abgesteckte und verfahrensrechtlich gegliederte Bereich staatlicher Entscheidungsbil-

---

[57] *W. Schmitt Glaeser*, VVDStRL 31 (1973), 195, spricht plastisch von einer *phasendifferenzierten* Partizipation. Vgl. aber auch das von *Frido Wagener*, AfK 1970, 50 ff., aufgestellte Zwölf-Phasen-Modell der Planung, mit dem er noch weitere Differenzierungen vornimmt. Dazu: *Schmidt-Aßmann*, DÖV 1974, 545 f.

[58] *Brohm*, VVDStRL 30 (1972), 289 ff.; *W. Schmidt*, VVDStRL 33 (1975), 189 ff.; *Ossenbühl*, Gutachten, B 87, nimmt an, daß die Entscheidungen bereits im 1. Stadium der Planung fallen.

[59] *Mayntz*, Funktionen der Beteiligung, S. 349 f.

[60] *Dagtoglou*, DVBl. 1972, 714; *Naschold*, Organisation und Demokratie, S. 56; *Damkowski*, DÖV 1972, 89; Ossenbühl, Gutachten, B 90 f.

[61] *Luhmann*, Legitimation durch Verfahren, S. 207; *W. Schmitt Glaeser*, VVDStRL 31 (1973), 196 f. Der Nutzen dieser Analysen, Entscheidungsgrundlagen in einer Matrix aufzuzeichnen, um rational zu disponieren und in einem umfangreichen Prozeß zu verarbeiten, findet allerdings seine Grenze an der nicht berechenbaren menschlichen Individualität. Ähnlich auch *H. A. Simon*, S. 56 ff.

[62] Zu dieser Unterscheidung: *BVerfG* E 20, 56, 98 f. Vgl. auch *W. Schmidt*, VVDStRL 33 (1975), 200 ff., der zu Recht die Entscheidungsvorbereitung von der definitiven Entscheidung trennt und die Partizipation dem ersten Bereich zuweist. Allerdings darf dabei nicht übersehen werden, daß die Entscheidung faktisch schon im Vorbereitungsstadium programmiert und somit getroffen sein kann.

dung sein[63], wobei der Begriff Staat nicht als Autonomie zur Gesellschaft stehen soll, sondern staatliches Handeln das Wirken der im Wege politischer Einheitsbildung konstituierten Gewalten bezeichnet[64]. Allerdings wird sich eine unmittelbare Beteiligung am ehesten auf der Lokalebene realisieren lassen[65]. Auf die möglichen Partizipationsebenen braucht aber nicht näher eingegangen zu werden, da sich die Untersuchung nur mit der in der Praxis wichtigen Frage der bürgerschaftlichen Partizipation im Verwaltungsverfahren beschäftigen soll. Als Verwaltungsverfahren hat dabei jedes, auch als nicht förmliches Verfahren ausgestaltetes Verwaltungshandeln zu gelten, das zweckbestimmte öffentlich-rechtliche Tätigkeit zur Durchführung und Verwirklichung der durch Gesetzgebung und Regierung festgelegten Ziele und Entscheidungen des Gemeinwesens beinhaltet.

Vor allem in diesem Rahmen ist es daher erforderlich, Sinn und Zweck der Beteiligung an Hand der Verfassungsgrundentscheidungen offenzulegen, sowie den verfassungsrechtlichen Stellenwert der Partizipation zu bestimmen, der dann in Bezug zum verfassungsrechtlichen Leistungsprinzip zu setzen ist.

2.2 Partizipation als verfassungsrechtliches Problem

In der allgemeinen „Partizipationseuphorie" (*W. Schmitt Glaeser*) werden mit dem Ruf nach Teilhabe zahlreiche differenzierte Funktionserwartungen erhoben[1], ohne zu fragen, wie die Verfassung zur Partizipation steht und auf welche Grundentscheidungen sich die geforderte institutionalisierte Teilhabe zurückführen lassen kann. Soll aber die Partizipation gleichsam von ihrer negativen Seite in Relation zu dem verfassungsrechtlichen Leistungsprinzip gesetzt, bzw. ein Ausgleich zweier eventuell widerstreitender Prinzipien der Verfassung gesucht werden, so stellt sich allein die Frage nach grundgesetzverwirklichen-

---

[63] Eine Partizipation an *gesellschaftlichen* Teilbereichen, wie sie *Dagtoglou*, DVBl. 1972, 714, im Anschluß an *Eckert*, S. 41, fordert, ist trotz des engen Zusammenhangs von staatlichem und gesellschaftlichem Leben keine Frage staatlicher Herrschaftsausübung. Diese Aussage *Dagtoglous* ist allerdings nur unscharf, präzisiert er sie doch anschließend auf räumlich oder funktional differenzierte (staatliche) Entscheidungsebenen. Zu den Entscheidungsebenen der Partizipation generell: *Zundel*, S. 95 ff.

[64] *Hesse*, Grundzüge, § 1 II, S. 8 f.

[65] *Ossenbühl*, Gutachten, B 124.

[1] *Mayntz*, Funktionen der Beteiligung, S. 341; *Dagtoglou*, DVBl. 1972, 712; *W. Schmitt Glaeser*, VVDStRL 31 (1973), 181 f.; *Kube*, BadWürttVBl. 1973, 18; *Zeidler*, DVBl. 1973, 721 f.; *Ossenbühl*, Gutachten, B 121 f.; *W. Schmidt*, VVDStRL 33 (1975), 267 ff.

der Partizipation[2], die im rechtlichen und praktischen Raum Anwendung finden kann.

2.2.1 Teilhabe als demokratisches Phänomen

Die Diskussion um Partizipation weist in erster Linie Bezüge zur Auseinandersetzung um die Demokratie auf, ja sie stellt sich sogar als Frage nach der Demokratie selbst. Da aber auch das verfassungsrechtliche Leistungsprinzip im Rahmen des grundgesetzlichen Demokratiemodells seine Ausgestaltung und Konkretisierung findet, ist zu untersuchen, inwieweit die Partizipation ebenfalls eine demokratische Komponente beinhaltet.

2.2.1.1 Notwendigkeit demokratischer Partizipation

Ausgangspunkt der demokratischen Partizipationsproblematik ist zum einen das veränderte — pathologische — Verhältnis von Parlament und Verwaltung, das sich in der Verfassungswirklichkeit widerspiegelt. Der objektive Befund ist bekannt: Durch die zunehmenden Aufgaben, vor allem im Bereich der Daseinsvorsorge hat sich nicht nur die Komplexität der zu lösenden Probleme, sondern auch der Umfang der staatlichen Leistungstätigkeit erhöht[3]. Um sich nicht von der Verwaltung die Initiative aus der Hand nehmen zu lassen, wird das Parlament dem Zwang der Vollständigkeit unterworfen[4], und die Gesetze werden immer detaillierter. Da das Parlament als zentrales Regelungsinstrument jedoch auf einen derartigen Arbeitsprozeß nicht eingestellt ist, geht mit dem quantitativen Kompetenzgewinn durch die Leistungsgesetzgebung[5] ein qualitativer Funktionsverlust Hand in Hand[6]. Der Parlamentarier, von der Fülle der Gesetzesvorlagen überfordert, ist auf die Informationen und Orientierungsdaten der spezialisierten Ver-

---

[2] Ähnlich kritisch: *Kisker*, DÖV 1972, 528 m. Fn. 47; *Ipsen*, Mitbestimmung im Rundfunk, S. 61 ff.

[3] Vgl. aus der umfangreichen Literatur: *Forsthoff*, Lehrbuch, § 4, S. 59 ff.; *ders.*, Der Staat in der Industriegesellschaft, S. 105 ff.; *Badura*, DÖV 1968, 448 ff.; *Thiele*, Neue Anforderungen, S. 95; *Morstein Marx*, Stand der Verwaltungswissenschaft, S. 42 f.; *E. Becker*, Funktionsgerechte Verwaltung, S. 108; *ders.*, Wandlungen der öffentlichen Verwaltung, S. 22; *Weichmann*, Wandel der Staatsaufgaben, S. 39 ff.; *Bachof*, VVDStRL 30 (1972), 195 ff.; *Brohm*, VVDStRL 30 (1972), 263 ff., insbes. 266 ff.

[4] *Forsthoff*, Der Staat der Industriegesellschaft, S. 100; *Herzog*, Allgemeine Staatslehre, S. 268 f.

[5] *P. Häberle*, VVDStRL 30 (1972), 46 ff.; *ders.*, „Leistungsrecht" im sozialen Rechtsstaat, S. 453 ff.

[6] *Ellwein/Görlitz/Schröder*, S. 21 ff.; *Dichgans*, S. 65 ff.; *Ellwein*, Einführung in eine Regierungs- u. Verwaltungslehre, S. 201, ferner 202 ff.

waltung angewiesen[7], und nicht selten stellt sich parlamentarisches Handeln als Legalisierung eines von der Verwaltung bereits geschaffenen Faktums dar. Zwar bleibt alles staatliche Handeln an Recht und Gesetz gebunden, doch es ist nicht zu verkennen, daß sich die Verwaltung weitgehend selbst bestimmt und programmiert[8]. Folge ist, daß die Verwaltung an politischen Entscheidungen von parlamentarischer Funktion mitwirkt, faktisch zum Teil sogar mitentscheidet[9]. Dieses wirkt sich nicht nur zu Lasten einer demokratischen Legitimation aus, sondern kann auch die parlamentarische Kontrolle über Regierung und Verwaltung empfindlich stören und so eine demokratische Aufgabenerfüllung, wie sie das verfassungsrechtliche Leistungsprinzip fordert, verhindern. Als Heilmittel wird die Partizipation an staatlichen Entscheidungen gepriesen — als Frage der Ersatzlegitimation[10], zum Ausgleich des parlamentarischen Funktionsverlustes[11], zur zusätzlichen Kontrolle[12], als Korrektiv politisch ungedeckter öffentlicher Angelegenheiten[13] und generell als Demokratisierung der Demokratie[14].

Zum anderen wird Partizipation als Mittel zum Abbau von Herrschaft propagiert[15]. Durch Mitentscheidung sei eine herrschaftsfreiere Zusammenarbeit und rationalere Konfliktregelung möglich[16]. Die „reale Demokratie" soll dadurch ihrem Ziel nähergebracht werden[17]. Systemtheoretische Überlegungen werden durch den Einbau von Partizipationsstrategien gekrönt und konkrete analytische Untersuchungen weisen auf ein Partizipationsdefizit[18], auf die minimale Chance der Teil-

---

[7] *Ellwein*, Formierte Verwaltung, S. 55; *Thieme*, Verwaltungslehre, Rdn. 152 ff., S. 44 f.; *W. Schmitt Glaeser*, VVDStRL 31 (1973), 202.

[8] Insbesondere *Brohm*, VVDStRL 30 (1972), 267 ff., mit zahlreichen Nachweisen.

[9] *E.-H. Ritter*, JZ 1972, 110 f.; *Ellwein*, Einführung in die Regierungs- und Verwaltungslehre, S. 115 f.

[10] So etwa *Mayntz*, Funktionen der Beteiligung, S. 344; *Pankoke*, Die Verwaltung 1971, 396 ff.; ähnl. auch *Lecheler*, DÖV 1974, 442.

[11] *Steffani*, Parlamentarische Demokratie, S. 37; *E. W. Böckenförde*, Diskussionsbeitrag, VVDStRL 33 (1975), 133.

[12] *Kisker*, DÖV 1972, 524; *Herzog*, Demokratieprinzip in der öffentlichen Verwaltung, S. 495 f.; *Arnstein*, S. 194 ff.; *Bartlsperger*, VVDStRL 33 (1975), 229 ff.

[13] *Pankoke*, Liberal 1972, 360; ähnlich *v. Unruh*, DÖV 1974, 654 f.

[14] Vgl. hierzu *Hennis*, Demokratisierung. Zur Problematik eines Begriffes, S. 68 ff.; *Gehlen*, Demokratisierung, S. 197 ff.; *v. Pufendorf*, S. 6, 10; kritisch dazu: *Blümel*, „Demokratisierung der Planung" oder rechtsstaatliche Planung?, S. 9 ff.; auch *Kriele*, VVDStRL 29 (1971), 74 ff.

[15] *de Jouvenel*, Der Mensch und seine Arbeit, S. 70 ff.; *v. Pufendorf*, S. 7; kritisch dazu: *Ryffel*, Der demokratische Gedanke, S. 198 ff.; *Stich*, S. 355; *Luhmann*, Politikbegriffe und die „Politisierung" der Verwaltung, S. 213 ff.

[16] *Maihofer*, DUZ 1973, 677; *Leminsky*, Gewerkschaftliche Monatshefte 1973, 603; *Damkowski*, DÖV 1972, 88.

[17] *W. Brandt*, Die Alternative, S. 4; *v. Brünneck*, S. 164.

habe an der Herrschaftsausübung hin, in der Regel mit dem zwar nicht ausdrücklichen, aber dahinterstehenden Bedauern, die Macht nicht zu eigenen Zwecken nutzen zu können[19]. Vor allem sind es auch psychologische, moralische oder ethische Begründungen aus dem außerrechtlichen Bereich[20], die eine demokratische Selbstbestimmung fordern. Hier wird es notwendig, Partizipation zur rationalen Basis grundgesetzlicher Demokratieprinzipien zurückzuführen.

2.2.1.2 Demokratie und Grundgesetz

Ausgehend von der Einsicht, daß in der komplexen Industriegesellschaft eine permanente direkte Beteiligung unmöglich geworden ist[21], wird die Demokratie im Grundgesetz als „egalitär kontrollierte und legitimierte Repräsentation“[22] angesehen. Sedes materiae ist Art. 20 Abs. 2 GG, der bestimmt, daß alle Staatsgewalt vom Volke — und zwar vom Gesamtvolk ausgeht. Eine Aufhebung von Herrschaft ist nicht bezweckt, vielmehr ist Herrschaft konstituiert und soll kanalisiert und kontrolliert werden[23]. Plebiszitäre Modelle kennt das Grundgesetz, außer Art. 29 und 118 GG, die zudem nur das konkrete Problem der Neugliederung des Bundesgebietes, bzw. eines Teilbereichs regeln, insbesondere dort nicht, wo es sich um die demokratische Legitimation der vom Volk bestellten Organe handelt[24]. Durch die auf die Wahl beschränkte, periodisch wiederkehrende Beteiligung wird den Bürgern

[18] *Naschold,* Organisation und Demokratie, S. 9 ff.; *Steffani,* Parlamentarische Demokratie, S. 20, 33 ff.; ausgewogen *Scharpf,* Demokratietheorie zwischen Utopie und Anpassung, S. 54 ff.

[19] Mit dieser Intention wohl *Leminsky,* Gewerkschaftliche Monatshefte, S. 603 f. Die obige Analyse wird durch *Rammstedt,* ZfP 1970, 355, bestätigt. Vgl. ferner *Rupp,* NJW 1972, 1538 ff.; und *W. Schmitt Glaeser,* DÖV 1974, 152 ff.; sowie *ders.,* Der Staat 1974, 573 f.

[20] Vgl. z. B. die Beiträge von *Milbrath / W. W. Klein, Robert E. Lane, Robert A. Dahl, Almond/Verba* in *Zimpel,* Hrsg., Der beschäftigte Mensch, Beiträge zur sozialen und politischen Partizipation. Ferner *H. E. Bahr,* S. 92 ff.; *Boehm,* S. 129 ff.; *Lefringhausen,* S. 103 ff.; *Landfried,* S. 30 ff.

[21] *W. Schmitt Glaeser,* VVDStRL 31 (1973), 279, kennzeichnet diese Situation sehr plastisch, wenn er davon spricht, daß die Zeit der „Marktplatz-Demokratie“ vorbei sei.

[22] *Badura,* Bonner Kommentar, Art. 38 GG, Rdn. 29 m. w. N.; ferner *Zeidler,* DVBl. 1973, 719 f.

[23] *H. H. Klein,* Demokratie und Selbstverwaltung, S. 166 ff.

[24] *G. A. Ritter,* S. 188 ff.; ähnlich *Rupp,* NJW 1972, 1539; *Scharpf,* Demokratietheorie zwischen Utopie und Anpassung, S. 63 f.; *F. Mayer,* Selbstverwaltung und demokratischer Staat, S. 332; *Herzog,* Das Demokratieprinzip in der öffentlichen Verwaltung, S. 491 f. Es ist jedoch nicht zu verkennen, daß weitere (demokratische) Partizipationselemente eingeführt werden könnten und sollten, um das *plebiszitäre Defizit des Grundgesetzes* aufzufüllen; allerdings nicht mit dem Ziel demokratischer Legitimation. *Bartlsperger,* VVDStRL 33 (1975), 239 ff. m. w. N., führt eine unzureichende Repräsentation als Ausgangspunkt seiner Neuorientierung an.

allerdings nicht die Möglichkeit genommen, in sonstiger Art und Weise auf die Bildung der öffentlichen Meinung einzuwirken[25]. Unter dem Gesichtspunkt demokratischer Legitimation ist die Frage jedoch von der Verfassung abschließend geregelt: Eine (demokratische) Legitimationsleistung kann der Partizipation nicht zuerkannt werden. Auch abgeleitete Staastgewalt bedarf der — wenn auch mittelbaren — Autorisierung durch das *Volk in seiner Gesamtheit,* genauso wie die Notwendigkeit besteht, die Verantwortlichkeit aller Träger von Staatsgewalt gegenüber dem durch das Volk legitimierten Parlament sicherzustellen[26]. Jeder Versuch, die alleinige Legitimationsfunktion der Volkswahl durch Partizipation einzelner oder auch spezifisch betroffener Gruppen zu ersetzen, muß von vornherein wegen Verfassungswidrigkeit zum Scheitern verurteilt sein[27]. Insoweit weist die Partizipation keine Bezüge zur Demokratie auf und erscheint nicht verfassungsrechtlich geboten.

Auch eine zusätzliche, die grundsätzliche Bindung an den Gesamtwillensbildungsprozeß anerkennende, Legitimation durch Partizipation, etwa in Form der Teilhabe der Betroffenen an der organisationsinternen Willensbildung eines ausgegliederten sachbezogenen Verwaltungsbereichs, kommt nicht in Betracht[28].

Ausgangspunkt derartiger Überlegungen sind die sachbezogenen Verwaltungseinheiten insbesondere in Form der Körperschaften, Anstalten und Stiftungen des öffentlichen Rechts, die das Grundgesetz bei seiner Entstehung vorgefunden und aufgenommen hat (z. B. Art. 86, Art. 87 Abs. 2 und 3 GG)[29]. Doch mit der Anerkennung und Normierung von Selbstverwaltungskörperschaften ist noch nichts über die legitimierende Kraft ihrer Mit-

---

[25] *Herbert Krüger,* Allgemeine Staatslehre, S. 977 ff.; *Hesse,* Grundzüge, § 5 II 2, S. 61 ff.; vgl. auch *W. Schmitt Glaeser,* AöR 97 (1972), 60 ff., 276 ff. Die Einwirkung auf die öffentliche Meinung kann auch durch Partizipation geschehen, vgl. insbes.: *Kisker,* DÖV 1972, 524.

[26] *v. Simson,* VVDStRL 29 (1971), 13 ff.; *Kriele,* VVDStRL 29 (1971), 68 f.; *Hesse,* Grundzüge, § 3 I, S. 54 f.; *ders.,* VVDStRL 17 (1959), 19 f.; *BVerfG* E 33, 125, 158; ähnl. *Bartlsperger,* VVDStRL 33 (1975), 246.

[27] *W. Schmitt Glaeser,* VVDStRL 31 (1973), 210, 215; *E. H. Ritter,* JZ 1972, 111; *Zeidler,* DVBl. 1973, 719; *Ossenbühl,* Gutachten, B 12 ff. Auch kann der Geltungsbereich des Art. 28 Abs. 1 GG, der eine Legitimationskraft des Teilvolks für die ihnen zugewiesenen Aufgaben in ihrer Universalität kennt, nicht auf sonstige Organe staatlicher Gewalt erweitert werden, da dort vergleichbare Anknüpfungspunkte, insbesondere der territoriale Bezug, fehlen. Vgl. dazu: *Herzog,* Allgemeine Staatslehre, S. 220 ff.; *Köttgen,* Struktur und politische Funktion öffentlicher Verwaltung, S. 795; *Brohm,* Strukturen der Wirtschaftsverwaltung, S. 247 ff.

[28] Vgl. etwa *Brohm,* VVDStRL 29 (1971), 270 Fn. 69; *Dagtoglou,* DVBl. 1972, 716; *Bartlsperger,* VVDStRL 33 (1975), 226 ff.; auch *Pankoke,* Die Verwaltung 1971, 396, sieht Partizipation als legitimierendes Verfahren an; wohl auch *Scheuner,* Voraussetzungen und Form der Errichtung öffentlicher Körperschaften, S. 808. Ähnlich, aber differenzierter: *Maurer,* VVDStRL 31 (1973), 294.

[29] *Brohm,* VVDStRL 29 (1971), 269 f.; *Maurer,* VVDStRL 31 (1973), 293; *Dahlgrün,* S. 318.

glieder-Beteiligung gesagt. Zweck der Ausgliederung von Sachbereichen ist es, gesellschaftlichen Gruppen die Regelung der sie selbst betreffenden Angelegenheiten eigenverantwortlich zu übertragen[30] und somit gesellschaftlichen Sachverstand zu effektivieren und die Möglichkeit freier Grundrechtsausübung zu vergrößern[31]. Als demokratisches Mittel der Dezentralisation verfolgt die Ausgliederung ferner die Ziele der Überschaubarkeit und Transparenz der Entscheidungen sowie des Abbaus der Ferne von Normadressat und Normgeber[32]. Es ist keineswegs beabsichtigt, die sachbezogenen Verwaltungseinheiten vom Gesamtwillensbildungsprozeß loszulösen. Zur Verhütung von Machtmißbrauch und zur Gewährleistung der Freiheit des einzelnen muß die Ordnung des ausgegliederten Sachbereichs auf eine Willensentschließung der durch das Gesamtvolk gewählten Repräsentanten zurückgeführt werden[33]. Die Mitglieder der Teilbereiche haben keine den Mitgliedern des Gesamtvolkes vergleichbare Stellung, so daß eine durch sie erfolgte Legitimation zu einer Verselbständigung der Interessenbereiche führen könnte, die eine Auflösung der Struktur der Staatsgewalt nach sich zöge. Die eigentliche Funktion der Staatsgewalt, dem Gemeininteresse zu dienen und so politische Einheit zu bilden, ginge verloren. Ein sachbezogenes Verbandsvolk kann somit durch Partizipation keine zusätzliche demokratische Legitimationskraft vermitteln[34].

---

[30] *BVerfG* E 33, 125, 156 f.

[31] *Wentzel,* S. 147 ff., 208 ff.; *P. Häberle,* DVBl. 1972, 910 ff.

[32] *BVerfG* E 33, 125, 156 f.

[33] *Damkowski,* DÖV 1972, 88 f., spricht davon, daß andernfalls eine unvertretbare Einschränkung parlamentarischer Zuständigkeit vorliegt.

[34] In diesem Sinne *W. Schmitt Glaeser,* VVDStRL 31 (1973), 217 f.; *Zacher,* VVDStRL 33 (1975), 275, Diskussionsbeitrag. Für eine vorsichtige Ergänzung der Legitimation tritt *W. Schmidt,* VVDStRL 33 (1975), 214 f., ein.

Ein ähnliches Problem taucht bei den immer zahlreicher auftretenden Bürgerinitiativen auf. Deren Legitimation wird häufig aus der (begrenzten) Zahl der aktivierten Bürger abgeleitet, ohne zu bedenken, daß damit noch keine Verantwortlichkeit für eine Mitentscheidungsbefugnis festgelegt wird. Gleichwohl haben diese Initiativen einen legitimen Platz — allerdings nur im *Vorfeld* staatlicher Entscheidungen. Vgl. dazu jetzt *W. Schmidt* und *Bartlsperger,* VVDStRL 33 (1975), 192 ff., bzw. 229 ff.

Hilfsweise kann noch auf ein systemtheoretisches Argument verwiesen werden. Die Rationalität der Entscheidungsleistung wäre dort großen Gefahren ausgesetzt, wo die Verwaltung neben Entscheidungsbildung und Problemlösung noch zusätzlich selbständige politische Funktionen zur Legitimationsbeschaffung wahrnehmen müßte. Vgl. dazu *Luhmann,* Legitimation durch Verfahren, S. 151, 207; *ders.,* Theorie der Verwaltungswissenschaften, S. 74 ff. Die Systemtheorie als Theorie zur Deutung der prinzipiellen Verhaltensweisen sozialer Systeme und Subsysteme anhand von Systemmodellen, insbesondere unter Berücksichtigung der Umwelt (vgl. etwa *Naschold,* Systemsteuerung, S. 13 ff.; *Zangemeister,* S. 3 ff.; *Nagel,* Leistungsfähige Entscheidungen in Politik und Verwaltung durch Systemanalyse, S. 11 ff.; *Luhmann,* Grundrechte als Institution, S. 12 ff.) soll jedoch nicht weiter vertieft werden, da es sich hierbei im Vergleich zur Rechtstheorie um nebeneinander verlaufende Bereiche wissenschaftlicher Erkenntnis handelt. Abgesehen von dem fehlenden normativen Bezug scheint eine Einbeziehung systemtheoretischer Überlegungen in den juristischen Entscheidungsfindungsprozeß wegen mangelnder rationaler Methoden zur Verbindung beider Theorien nicht möglich. So läßt sich der Vorwurf einer rein willkürlichen oder zufälligen Auswahl systemtheoretischer Erörterungen in juristischen Begründungszusammenhängen nicht ohne weiteres widerlegen. Daher kann das obige Argument auch nur hilfsweise angeführt werden.

Somit ist unter dem Gesichtspunkt demokratischer Legitimation kein Raum für Partizipation. Das Parlament allein hat die durch das Gesamtvolk ermächtigte Kompetenz politischer Grundentscheidungen und die notwendige Einsicht des politischen Gemeinwesens[35]. Partizipation hat keine demokratische Legitimationswirkung.

2.2.1.3 Demokratische Partizipation

Die Ablehnung einer Legitimationswirkung der Teilhabe besagt jedoch noch nicht, daß Partizipation keine demokratische Funktion hat[36]. Grundgesetzliche Demokratie bedeutet neben der Legitimationsentscheidung des Art. 20 Abs. 2 S. 1 i. V. m. Art. 38 Abs. 1 GG ferner Gewährleistung von Menschenwürde[37], Aufdeckung von Konflikten und deren Lösung durch Konsens[38], Öffentlichkeit und Transparenz staatlicher Entscheidungen[39] sowie generelle Offenheit des politischen Prozesses[40]. Gerade letzteres eröffnet Möglichkeiten staatsbürgerlicher Einflußnahme, nicht zuletzt über die Grundrechte[41], wobei allerdings eine Abgrenzung von Partizipation und Grundrechten notwendig wird. Auch wenn Partizipation die Funktion der Grundrechts*sicherung* übernehmen kann[42], so ist doch Grundrecht und Partizipation ein *aliud*[43]. Grundlegendes über das Verhältnis von Grundrechten und Partizipation wurde bereits von *W. Schmitt Glaeser* gesagt[44]. Hier nur soviel:

---

[35] Vgl. *BVerfG* E 33, 125, 157 ff.; *P. Häberle*, DVBl. 1972, 913. Dabei soll nicht übersehen werden, daß die Legitimationskette von Entscheidungsträger zum Gesamtwillensbildungsprozeß häufig zu lang ist. Auch stellt sich das Problem der zunehmenden Autonomie der Verwaltung in unverminderter Weise. Dieses sind jedoch strukturelle Probleme von Parlament und Verwaltung. Eine andere — insbesondere unmittelbare rätedemokratische — Struktur des Staatswesens ist mit dem Grundgesetz nicht vereinbar, zumal Art. 20 Abs. 2 GG zwischen Ausgehen der Gewalt (als Legitimation) und Ausübung differenziert. Zur Neubestimmung von Parlament und Verwaltung, vgl. etwa: *Zeidler*, DVBl. 1973, 720; *Dagtoglou*, DVBl. 1972, 719, jeweils m. w. N.; *Ellwein/Görlitz/Schröder*, S. 237 ff.

[36] *v. Simson*, VVDStRL 29 (1971), 37; *Kopp*, Verfassungsrecht und Verwaltungsverfahrensrecht, S. 181 ff.; *W. Schmitt Glaeser*, VVDStRL 31 (1973), 221 ff.; ihm folgend *Ossenbühl*, Gutachten, B 127 f.

[37] *Dürig* in MDH, Art. 1 GG, Rdn. 17 ff.

[38] *Hesse*, Grundzüge, § 5 II 1, S. 57 ff.; *Dagtoglou*, DVBl. 1972, 719.

[39] *Kopp*, Verfassungsrecht und Verwaltungsverfahrensrecht, S. 191 ff.; ähnl. auch *König*, Verwaltungsreform und Demokratiediskussion, S. 288 ff.

[40] *Hesse*, Grundzüge, § 5 II 4, S. 65 ff.; *Herbert Krüger*, Allgemeine Staatslehre, S. 178 ff., sieht dieses als Prinzip der Nicht-Identifikation des Staates an.

[41] Vgl. hierzu insbesondere *P. Häberle*, VVDStRL 30 (1972), 86 ff., der im Rahmen der grundrechtssichernden Geltungsfortbildung den Akzent der Grundrechte auf den status activus processualis verlagert und somit die Mitwirkungs- und Teilhabefunktion hervorhebt.

[42] *Kisker*, DÖV 1972, 524.

[43] Dezidiert hierzu: *W. Schmitt Glaeser*, VVDStRL 31 (1973), 222.

[44] Ebd., 221 ff.

Grundrechte müssen in individueller Beliebigkeit stehen, während Partizipation als Teil staatlichen Verfahrens zu gelten hat. Grundrechte — insbesondere die sogenannten demokratischen, Art. 5 Abs. 1, 8 Abs. 1, 9 Abs. 1 GG, — garantieren die Teilhabe am Volkswillensbildungsprozeß, Partizipation ist dagegen auf den Staatswillensbildungsprozeß ausgerichtet[45].

Demokratische Dimensionen der Partizipation finden sich dagegen, wenn man die Menschenwürde, die Konsensbildung und die Transparenz staatlicher Entscheidungsprozesse betrachtet[46].

Die Gewährleistung der Menschenwürde verlangt, daß der Mensch nicht zum bloßen Objekt und Spielball staatlicher Macht wird[47]. Das erfordert zumindest, daß bei hoheitlichen Maßnahmen, die den einzelnen betreffen, dieser anzuhören ist[48]. Voraussetzung einer effektiven und erfolgversprechenden Partizipation und somit der Erfüllung einer demokratischen Aufgabe ist zunächst eine ausreichende Information[49]. Ferner muß sichergestellt werden, daß in jedem Fall die reale Chance des einzelnen besteht, auch unter Überwindung psychologischer Barrieren, tatsächlich an staatlichen Entscheidungen teilzuhaben, so daß das demokratische Erfordernis der Selbstbestimmung und Selbstentfaltung nicht von vornherein ausgeschlossen ist[50].

Auch die Aufdeckung von Konflikten und ihre Lösung durch Konsensbildung ist ein demokratisches Anliegen[51], und die Erfüllung dieser

---

[45] Dabei muß hier von einem *Nebeneinander* von Grundrechten und Partizipation ausgegangen werden. So auch *Rupp*, Demokratie und Wissenschaftsverwaltung, S. 612, der zudem darauf hinweist, daß Partizipation nicht der einzige Garant der Freiheit sein darf. Ähnl. *Rammstedt*, ZfP 1971, 357. Vgl. zudem *Kisker*, DÖV 1972, 524, der Partizipation *neben* die Grundrechte als deren Korrektiv hinstellt.

[46] *Dürig* in MDH, Art. 1 GG, Rdn. 17 ff. m. w. N.; *v. Pufendorf*, S. 10; ähnlich auch *W. Schmidt*, VVDStRL 33 (1975), 210 f.; vgl. auch *Maihofer*, DUZ 1973, 677, der neben die Humanität auch noch die Leistungsfähigkeit der Verwaltung stellt.

[47] *W. Schmitt Glaeser*, VVDStRL 31 (1973), 226, 228; *Ossenbühl*, Gutachten, B 124 ff.

[48] *Pipkorn*, DÖV 1970, 176; *Zeidler*, Der Staat 1962, 327; *Knöpfle*, DÖV 1974, 716; *Thieme*, Recht und Politik 1972, 70.

[49] Vgl. etwa die Strategien hierzu, die von einer Informationshilfe im Einzelfall über den Planungsanwalt bis zum Ombudsman reichen. Illustrativ der Überblick bei *Dienel*, Die Verwaltung 1971, 154 ff.; *Damkowski*, DÖV 1972, 89. Information des Bürgers gilt aber nicht nur als wichtige Bedingung wirksamer Partizipation, auch auf die mit der erhöhten Information verbesserte Verwaltungsleistung ist hinzuweisen. Vgl. etwa *Veld*, S. 361 ff.; *Kübler*, BadWürttVBl. 1972, 66 ff.; *Thieme*, Mängel im Verhältnis Bürger und Staat, S. 58; *Kube*, DÖV 1972, 118 f.; *ders.*, BadWürttVBl. 1973, 19 f.; *Breuckmann*, S. 224 f.

[50] *Kopp*, Verfassungsrecht und Verwaltungsverfahrensrecht, S. 40 f.; *Ryffel*, Der demokratische Gedanke, S. 202 ff.

[51] *Luhmann*, Theorie der Verwaltungswissenschaft, S. 73 ff.; *ders.*, Legitimation durch Verfahren, S. 151 ff.; *Hesse*, Grundzüge, § 5 II 1, S. 57 ff.

Aufgabe stellt sich als demokratische Aufgabe dar. Partizipation kann als Mittel der Problemsuche und Schaffung des Ausgleichs widerstreitender Interessen dienen. Dazu ist zunächst erforderlich, daß mögliche Konflikte aufgedeckt und erkannt werden. Die Öffentlichkeit verschafft die dazu notwendige Transparenz[52]. Partizipation liefert außerdem noch eine zusätzliche Kontrollfunktion[53]. Als konkrete Formen bieten sich sowohl die Anhörung als auch die Erörterung an, da die verschiedenen Interessen am besten im wechselseitigen Gespräch abgeklärt werden können. Im Vordergrund dieses Problemkreises liegt die Partizipation an Planungsprozessen[54]. Neben anderen noch zu behandelnden Funktionen der Beteiligung am Planungsprozeß treten hier die demokratischen Momente der Partizipation am stärksten hervor[55]. Dabei spielt nicht nur die Bauplanung[56] eine wichtige Rolle, auch Bildungs-[57], Finanz-[58], Wirtschaftsplanung[59] sowie Planung der Außenpolitik[60] oder der Verteidigungsstreitkräfte[61] sind bedeutende Anwendungsgebiete. Planung hat längst nationale Grenzen gesprengt, übergreifende supranationale Planungen gewinnen immer mehr an Bedeutung[62]. Wegen

---

[52] *Steffani,* Parlamentarische Demokratie, S. 35 ff.; *H.-E. Bahr,* S. 92 ff.; *Pflaumer,* Öffentlichkeit und Verwaltung, S. 58 ff.; *Landfried,* S. 34 ff.; *Zinn,* S. 82 ff.; generell zur Transparenz: vgl. unten 2.3.1.

[53] *Dagtoglou,* DVBl. 1972, 718; *Kisker,* DÖV 1972, 524; *Eckert,* S. 38 f.; *Knöpfle,* DVBl. 1974, 708.

[54] *Dienel,* Techniken bürgerschaftlicher Beteiligung an Planungsprozessen, S. 144 ff.; *ders.,* Die Verwaltung 1971, 151 ff. m. w. N.; *Wertz,* S. 284 ff.; *Mayntz,* Funktionen der Beteiligung, S. 341 ff.; *Scheuner,* Verfassungsrechtliche Probleme einer zentralen staatlichen Planung, S. 67 ff.; *Kaiser,* Exposé einer pragmatischen Theorie, S. 11 ff.; *Forsthoff,* Über Mittel und Methoden moderner Planung, S. 21 ff., sowie generell weitere Beiträge der von *Kaiser* herausgegebenen Reihe: Planung (Bände I bis VI). Allgemein zum Plan als verwaltungsrechtlichem Institut: *Imboden,* VVDStRL 18 (1960), 113 ff.; *Obermayer,* VVDStRL 18 (1960), 144 ff.; *Göb,* DÖV 1974, 86 ff. Zur Planung im Ausland, vgl. noch zusätzlich: *Dyckmann,* S. 125 ff.; *Solesbury,* S. 273 ff.

[55] Obwohl es auch hier an warnenden Stimmen vor allzu großen Partizipationshoffnungen nicht fehlt. Vgl. etwa *Blümel,* „Demokratisierung der Planung" oder rechtsstaatliche Planung?, S. 9 ff. Die weiteren Funktionen der Partizipation werden im einzelnen noch unter 2.2.2 und 2.2.3 zu erörtern sein.

[56] *Kube,* BadWürttVBl. 1973, 17 ff.; *Damkowski,* DÖV 1972, 82 ff.; *Lauritzen* (Hrsg.), Mehr Demokratie im Städtebau, mit Beiträgen von *Grauhan,* S. 37 ff.; *Pflaumer,* S. 58 ff., 225 ff.; *Schäfers,* S. 257 ff.; ferner *Mäding,* Verfahren der Stadtentwicklungsplanung, S. 319 ff.

[57] *Scheuner,* Verfassungsrechtliche Probleme einer zentralen staatlichen Planung, S. 67 ff.; *Cartellieri,* S. 391 ff.; *Staff,* DÖV 1973, 725 ff.

[58] *Grund,* S. 47 ff.; *Fischer-Menzhausen,* S. 73 ff.; *Krüger-Spitta,* S. 193 ff.

[59] *Ipsen,* Rechtsfragen der Wirtschaftsplanung, S. 63 ff.; *Gygi,* S. 113 ff.; *Wilhelm Weber/Ruppe,* S. 215 ff.; *Prest,* S. 263 ff.

[60] *Grewe,* S. 355 ff.; *Rostow,* S. 381 ff.

[61] *v. Schlieffen,* S. 29 ff.

[62] *E. Hirsch,* S. 11 ff.; *Friauf,* Probleme der Durchführung europäischer Gemeinschaftsplanung, S. 41 ff.; *Molitor,* S. 129 ff.; *Hahn,* Planung in der OECD, S. 203 ff.; *Seidl-Hohenveldern,* S. 281 ff.; *Kaiser,* Einige Aspekte deutschland- und weltpolitischer Planung, S. 461 ff.

dieser Vielzahl und Vielfalt von Planungen lassen sich Partizipationsformen wenig systematisieren. In allen Fällen soll jedoch nach einer eingehenden Information durch Partizipation in Form der Anhörung der betroffenen Bürger, bzw. Gruppen oder in Form des wechselseitigen Gesprächs der Entscheidungsprozeß durchsichtiger gemacht und die Möglichkeit der friedlichen Einigung widerstreitender Interessen im Wege der Konsensbildung wahrgenommen werden. Nicht die Wahrung von Individualpositionen ist alleinige Motivation, sondern die Beteiligung gilt auch dem Bürger als Vertreter des Gemeinwohls. Die Entfremdung des Menschen vom Staat kann durch die so gewonnene Bürgernähe abgebaut werden[63]. Hierzu dient auch die Dezentralisation in Form der Ausgliederung geeigneter überschaubarer Teilbereiche. Partizipation stellt sich als eine Komponente des grundgesetzlichen Demokratiegebotes dar. Der beteiligte Bürger handelt als Sachwalter öffentlicher Interessen oder als einzelner Vertreter seiner eigenen Angelegenheiten im Rahmen der Staatsorgane. Partizipation erweist sich in seiner demokratischen Funktion als Mittel der Verbindung des gesellschaftlichen mit dem staatlichen Willensbildungsprozeß, als Zuordnungselement von Staat und Gemeinwesen[64] und somit als Mittel demokratischer Aufgabenerfüllung.

2.2.2 Rechtsstaat und Partizipation

Neben der demokratischen Komponente der Partizipation wird häufig die rechtsstaatliche Funktion der Beteiligung betont. Weist aber die Teilhabe an Verwaltungsunterscheidungen auch rechtsstaatliche Bezüge auf, so ist dieses für ein Leistungsprinzip, das sich an den Grundentscheidungen der Verfassung orientiert, von Bedeutung. Die Frage nach einem Partizipationsverbot auf Grund des verfassungsrechtlichen Leistungsprinzips könnte sich dann als Problem kollidierender Verfassungsgüter stellen. Insoweit ist es wichtig, die rechtsstaatlichen Grundzüge aufzuarbeiten und die Funktion der Partizipation unter diesem Blickwinkel zu untersuchen.

Rechtsstaatlichkeit im Grundgesetz ist gekennzeichnet durch die Voraussetzungen der Rechtsklarheit und Rechtssicherheit sowie der Bindung staatlichen Handelns an das von der legitimierten Vertretung des Volkes gesetzte Recht[65]. Hinzu tritt die materielle Komponente der

---

[63] *Kopp*, Verfassungsrecht und Verwaltungsverfahrensrecht, S. 185; *Forsthoff*, Rechtsstaat im Wandel, S. 116; *Thieme*, Verwaltungslehre, Rdn. 274 f., S. 69.

[64] So in erster Linie W. *Schmitt Glaeser*, VVDStRL 31 (1973), 236; vgl. auch *Ossenbühl*, Gutachten, B 128 f.

[65] Vgl. oben 1.3.3; ferner *Scheuner*, Die neuere Entwicklung des Rechtsstaates, S. 251 ff. m. w. N.

Gerechtigkeit[66], verbunden mit der Gewährleistung der Grundrechte und der Garantie des Individualrechtsschutzes zur Verteidigung der persönlichen und politischen Freiheit der Bürger[67].

Doch der formale Anspruch des Rechtsstaats kann nicht immer erfüllt werden. Defizitäre Erscheinungen, insbesondere im Bereich des Gerichtsschutzes, werden immer häufiger. Ein lückenloser gerichtlicher Schutz, wie ihn Art. 19 Abs. 4 GG angestrebt hat, läßt sich schon wegen seiner Intention, eingetretenen Schaden wiedergutzumachen — repressiv — und nur ausnahmsweise Rechtsschutzverletzungen zu verhindern — präventiv —, kaum gewährleisten[68]. Ferner versagen gerade gegenüber den modernen Techniken und Instrumentarien der Verwaltung, der Regierung und des Parlaments die herkömmlichen Rechtsschutzmittel. So können durch Planungen Verletzungen der Rechtssphäre impliziert werden, ohne daß der einzelne mangels akuter Betroffenheit (fehlende Unmittelbarkeit) sich zur Wehr setzen kann[69]. Dieses gilt insbesondere für die Planung in den Bereichen der Bildung, Wirtschaft und Sozialpolitik, genauso wie in der übergeordneten Raumplanung[70]. Wird aber ein Rechtsschutzbedürfnis gegen einen Plan, z. B. einen Bebauungsplan als untergesetzliche Rechtsnorm, bejaht, so kann es wegen der Überlastung der damit befaßten Oberverwaltungsgerichte (Verwaltungsgerichtshöfe) Jahre bis zu einer rechtskräftigen Entscheidung dauern[71]. Ein Gerichtsschutz kann wegen der normativen Kraft der Wirklichkeit dem Bürger, der sich vollendeten Tatsachen gegenübergestellt sieht, nicht mehr ausreichend helfen[72]. Hier bietet sich eine zunehmende Inpflichtnahme des Bürgers zur Beteiligung an staatlichen Entscheidungen an, um derartige Folgen zumindest zu lindern und abzuschwächen. Partizipation gewinnt somit auch eine rechtsstaatliche Funktion[73].

---

[66] *Menger*, S. 17; *Bachof*, VVDStRL 12 (1954), S. 39 ff.; *Hesse*, Der Rechtsstaat im Verfassungssystem, S. 77 ff.; *Maunz/Dürig* in MDH, Art. 20 GG, Rdn. 59 ff.

[67] *Kopp*, Verfassungsrecht und Verwaltungsverfahrensrecht, S. 148 f. m. w. N.

[68] *Dürig* in MDH, Art. 19 Abs. 4 GG, Rdn. 1; *Bettermann*, Vorbeugender Rechtsschutz in der Verwaltungsgerichtsbarkeit, S. 185 ff.; *König*, DVBl. 1959, 192; *Bull*, NJW 1957, 1100 ff.; neuerdings auch *Schwarze*, S. 35 ff.

[69] *Blümel*, „Demokratisierung der Planung" oder rechtsstaatliche Planung?, S. 33 ff.; *Redeker*, NJW 1967, 1299; vgl. ferner *Kopp*, Verfassungsrecht und Verwaltungsverfahrensrecht, S. 2 ff.

[70] *Forsthoff*, Über Mittel und Methoden moderner Planung, S. 21 ff.

[71] Vgl. *Forsthoff*, VVDStRL 18 (1960), 184; *Bull*, NJW 1957, 1100 f.; *Redeker*, NJW 1967, 1299 f.

[72] *Blümel*, Raumplanung, vollendete Tatsachen und Rechtsschutz, S. 133 ff.; *Apelt*, VVDStRL 17 (1959), 240 f.; *Lerche*, JZ 159, 784; *Zeidler*, DVBl. 1960, 9 ff.

[73] *W. Schmitt Glaeser*, VVDStRL 31 (1973), 207, 240 ff.; *Spanner*, BayVBl. 1962, 158; *Ule*, DVBl. 1957, 601 f.; *Badura*, DÖV 1968, 454; *Blümel*, „Demokra-

Die rechtsstaatlichen Komponenten einiger Grundrechts- oder grundrechtsähnlicher Bestimmungen können dabei den Ausgangspunkt einer rechtsstaatlichen Beteiligung bilden. Die Normierung des rechtlichen Gehörs im Gerichtsverfahren gemäß Art. 103 Abs. 1 GG wird durch einzelne Bestimmungen aus dem Grundrechtsteil ergänzt, die eine Mitwirkung am Verwaltungsverfahren erfordern, z. B. Art. 6 Abs. 3, Art. 7 Abs. 3 S. 3, Art. 16 Abs. 1 S. 2 GG. Dieses ist in erster Linie eine Frage grundrechtlicher Freiheit, es ist aber auch Element eines rechtsstaatlichen Verfahrens[74]. Insoweit ist auch die in §§ 24 f. EVerwVerfG (1973) geforderte Anhörung verbunden mit dem Akteneinsichtsrecht im institutionalisierten Verwaltungsverfahren zu verstehen. Durch eine derartige Teilhabe soll zunächst der Individualrechtsschutz erweitert, weil vorgezogen werden[75], um somit Konfliktregelungen zu antezipieren und eventuelle Eingriffe in die Rechte der Bürger auszuschließen[76] oder zumindest eine dem einzelnen genehme und für die Verwaltung vertretbare Lösung zu finden[77]. Die Partizipation durch Anhörung stellt aber zu einseitig auf das alleinige Vorbringen von Bürgerinformation und das passive Anhören durch die Behörde ab. So wichtig und bedeutend die Bürgerinformation ist, so wenig ausreichend ist in diesen Fällen die Anhörung[78]. Um einen umfassenden Rechtsschutz und individuelle Gerechtigkeit zu gewährleisten, muß die staatliche Entscheidungsbehörde auch ihrerseits ihre Zielvorstellungen und Motivationen bekanntgeben, um dem Bürger die Möglichkeit zu eröffnen, auf diese Argumentation einzugehen und seine abweichenden Vorstellungen zu artikulieren. Ein solches Gespräch ist mehr als eine bloße Anhörung, es ist Diskussion und Erörterung[79].

---

tisierung der Planung" oder rechtsstaatliche Planung?, S. 9 ff., der der Partizipation nur rechtsstaatliche Funktion beimessen will. Zur rechtsstaatlichen Partizipation im Bereich der Überwachungsverwaltung, vgl. *Hanisch*, S. 136 ff.

[74] *Maunz* in MDH, Art. 6 GG, Rdn. 35; *ders.*, in MDH, Art. 16 GG, Rdn. 38 ff.; generell zum rechtlichen Gehör im Verwaltungsverfahren: *Behrendt*, Diss., der zudem vergleichend den französischen Rechtskreis heranzieht.

[75] *Kopp*, Verfassungsrecht und Verwaltungsverfahrensrecht, S. 149 ff.; auch *Lerche*, ZZP 65, 27 ff. Die Beteiligung am Verwaltungsverfahren darf aber nicht dazu führen, daß der gerichtliche Rechtsschutz verkürzt wird. Bedenklich daher die Entscheidung des *BVerwG*, DÖV 1973, 342 ff., in der wegen der vorherigen Beteiligung am Verwaltungsverfahren das Rechtsschutzbedürfnis für den vorbeugenden gerichtlichen Rechtsschutz verneint wird.

[76] *Damkowski*, DÖV 1972, 88; *Oberndorfer*, DÖV 1972, 530; auch *v. Pufendorf*, S. 7.

[77] *Kopp*, Verfassungsrecht und Verwaltungsverfahrensrecht, S. 130; *W. Schmidt*, VVDStRL 33 (1975), 207 ff. Insoweit entspricht die rechtsstaatliche Partizipation auch den Anforderungen einer modernen Entscheidungstheorie.

[78] In bezug darauf ist auch die Regelung des EVerwVerfG (1973) zu eng. Vgl. auch die Kritik bei *Kopp*, Verfassungsrecht und Verwaltungsverfahrensrecht, S. 80 ff. Bedenklich ist auch die Entscheidung des *BayVerfGH*, VwRspr. 24 Nr. 182, S. 769, 772, die ein subjektiv öffentliches Recht auf rechtliches Gehör im Verwaltungsverfahren ablehnt.

Neben dieser individualrechtsschützenden Eigenschaft der Partizipation kann Beteiligung des Bürgers an staatlicher Herrschaftsausübung auch dazu dienen, die Rechtmäßigkeit, Sachrichtigkeit und somit auch generelle Gerechtigkeit des Handelns der Träger öffentlicher Gewalt zu garantieren[80] und bezüglich der Bindung der Exekutive an das Recht eine Kontrollwirkung zu entfalten[81], damit die vom Rechtsstaat geforderte Leistung wirkungsvoll erbracht werden kann.

Zum einen werden durch die Beteiligung des Bürgers Informationen geliefert, die dazu dienen sollen, die Basis der Entscheidung zu verbreitern und somit alle relevanten Daten in die Entscheidung einzubeziehen[82]. Nur dadurch ist gewährleistet, daß die komplexe Umwelt im Entscheidungsprozeß berücksichtigt und die für die vertretbare Lösung erforderliche Abwägung sämtlicher Problemvarianten vorgenommen wird. Partizipation dient somit der Sachrichtigkeit staatlicher Herrschaftsausübung. Erhöhte Sachrichtigkeit führt aber auch dazu, den Einzelfall mit seinen Abweichungen zu beachten und für zunehmende Gerechtigkeit zu sorgen[83].

Zum anderen wirkt sich bürgerschaftliche Partizipation als Kontrollfunktion der Rechtmäßigkeit staatlicher Entscheidungen und somit als weiterer Garant rechtsstaatlicher Leistung aus[84]. Durch Offenlegung und dadurch erfolgte Durchschaubarkeit staatlicher Handlungsabläufe sowie durch Diskussion mit der Verwaltung hat der einzelne die Möglichkeit, sich selbst ein Urteil von der Rechtmäßigkeit des hoheitlichen Handelns zu bilden. Eine so transparent gewordene Exekutive wird ihrerseits auch darauf achten, sorgfältig und rechtmäßig zu arbeiten, um das Verhältnis zum Bürger nicht unnötigerweise zu belasten[85]. Die Tendenz zu egalitärer Behandlung kann so ebenfalls durch Partizipation gesteigert werden[86].

Diese Beteiligung einzelner wird in der Regel der Verfolgung von Einzelinteressen dienen. Zur Informationsgewinnung der Verwaltung und zur Gewährleistung eines vorgezogenen Rechtsschutzes ist dieses unumgänglich. Allerdings sollte man den Kreis der zu Beteiligenden nicht nur auf die rechtlich Betroffenen (etwa im Sinne des § 42 Abs. 2 VwGO)

---

[79] *W. Schmitt Glaeser*, VVDStRL 31 (1973), 247; *Kopp*, Verfassungsrecht und Verwaltungsverfahrensrecht, S. 155 ff.; *BVerwG*, NJW 1971, 1762 f. Generell für eine stärkere Beteiligung aus Rechtsgründen tritt auch *Schwarze*, S. 58 ff., ein.

[80] *Richard Kunze*, S. 232 ff.; *Ryffel*, Unparteilichkeit, S. 265.

[81] *Dagtoglou*, DVBl. 1972, 718; *Hollatz*, Der Landkreis 1971, 183.

[82] *Veld*, 361 ff.; *Breuckmann*, S. 224 f.

[83] *Kopp*, Verfassungsrecht und Verwaltungsverfahrensrecht, S. 129.

[84] Ebd., S. 120 f. m. w. N.

[85] *Offe*, Zukunftserwartungen und Strukturpolitik, S. 88.

[86] Differenziert dazu: *W. Schmitt Glaeser*, VVDStRL 31 (1973), 230 f.

beschränken, sondern Teilhabe dort gewähren, wo Interessen von den jeweiligen Problemen tangiert werden[87]. Zur objektiven Rechtmäßigkeitskontrolle ist es denkbar, die Institution des Ombudsmans einzuführen, der mit Akteneinsichts- und Kontrollrechten ausgestattet als Mittler zwischen Bürger und Staat fungiert[88]. Partizipation erweist sich somit als Element eines rechtsstaatlich geordneten Verfahrens. Rechtsstaatliche Beteiligung dient nicht allein dem Individualrechtsschutz, sondern führt auch ganz allgemein zu einer rechtmäßigen und gerechten staatlichen Herrschaftsausübung.

2.2.3 Die sozialstaatliche Komponente der Partizipation

Neben den demokratischen und rechtsstaatlichen Begründungen der Partizipation wird auch dem Sozialstaatsprinzip bei der verfassungsrechtlichen Grundlegung der Teilhabe Bedeutung beigemessen. Ebenso wie die demokratische und rechtsstaatliche Funktion könnte diese sozialstaatliche Komponente die verfassungsrechtliche Basis gerade dort finden, wo auch die Grundlegung und konkrete Gestaltung des Leistungsprinzips einen ihrer Ausgangspunkte findet. Insbesondere im Hinblick auf ein mögliches Partizipationsverbot auf Grund eben dieses Leistungsprinzips ist das Sozialstaatspostulat als Fundamentalnorm der Teilhabe zu untersuchen.

Das Sozialstaatspostulat des Grundgesetzes bedeutet in erster Linie die Forderung nach sozialer Gerechtigkeit, indem der sozialen Bedürftigkeit abgeholfen und soziale Gegensätze ausgeglichen werden sollen[89]. Die menschliche Individualität strebt nach Anerkennung gerade auf dem Gebiet der Daseinsvorsorge[90].

Vor dem Hintergrund des bereits erörterten sozio-ökonomischen Strukturwandels der Gesellschaft und des dadurch bedingten Funktionswandels des Staates vom liberalen Gesetzesstaat zum verteilenden,

---

[87] Ähnlich *Bartlsperger*, VVDStRL 33 (1975), 320; nicht so weitreichend: *Kopp*, Verfassungsrecht und Verwaltungsverfahrensrecht, S. 156 f., und *Blümel*, Masseneinwendungen im Verwaltungsverfahren, S. 560. *Schmidt-Aßmann*, DÖV 1974, 547, sieht überhaupt das Betroffenenkriterium als kritische Frage des Rechtsschutzes an.

[88] Dazu insbesondere: *Reigrotzki*, S. 218; ferner: *Thierfelder*, BadWürttVBl. 1973, 133 ff. m. w. N.; Probleme des Ombudsmans, in: Mensch und Staat 1973, S. 42 ff.; vgl. auch BT-Drucks. VI/3829, S. 33 ff. In Rheinland-Pfalz ist eine derartige Einrichtung bereits geschaffen. Vgl. FAZ Nr. 123 v. 19. 5. 1974, S. 12.

[89] Vgl. dazu oben 1.3.1 mit Fn. 1; generell dazu aus der Sicht der Rspr.: *Schreiber*, Das Sozialstaatsprinzip des Grundgesetzes, passim. Zum Sozialstaatsprinzip in der Literatur: vgl. die Beiträge in dem von *Forsthoff* herausgegebenen Band, Rechtsstaatlichkeit und Sozialstaatlichkeit, u. a. von *Forsthoff, Fechner, Bachof, Hans Huber, Menger, Gerber, Köttgen, Scheuner, Hesse, E. R. Huber u. a.*

[90] *Forsthoff*, Lehrbuch, Vorbem. vor § 20, S. 368 ff.

planenden, gestaltenden sozialen Leistungsstaat[91] gewinnt auch das Verhältnis des Bürgers zum Staat eine neue Dimension. Zudem muß beachtet werden, daß der moderne Sozialstaat — will er die an ihn gestellten Anforderungen erfüllen — nicht ohne funktionsgerechtes Agieren auskommt. Auch dieses kann sich auf das Verhältnis zum einzelnen, insbesondere bei der Inanspruchnahme individuellen Sachverstandes durch die Verwaltung auswirken.

2.2.3.1 Sozialgemäße individuelle Partizipation

Zwar ist es das Parlament, das im Leistungsstaat die sozialgestaltenden Leitsätze aufstellt, doch die eigentliche Aufgabe der Erbringung, Verteilung sowie Bestimmung der Modalität der Leistung fällt der Verwaltung zu, die heute mehr denn je zum Leistungsträger und somit auch zum Träger des Sozialstaatsprinzips geworden ist[92]. Abgesehen von den elementaren und existenznotwendigen Daseinsvorsorgeleistungen, wie zum Beispiel die Versorgung mit Wasser, Strom und Gas, vergrößert sich das Angebot an Leistungen der öffentlichen Hand[93], das schon lange bis in den Bereich der Intimsphäre hineinreicht[94]. Mit dem wachsenden Angebot steigt aber auch die Abhängigkeit des einzelnen vom Staat und seinen Leistungen[95], auf die der Bürger nicht nur im Interesse einer besseren Lebensqualität angewiesen ist[96]. Hinzu kommt die Tendenz des Staates, den Bürger bis in die Privatsphäre zu versorgen, zu umsorgen und zu verplanen[97]. Durch die steigenden Auf-

---

[91] Vgl. oben 1.3.1; *Morstein Marx*, Stand der Verwaltungswissenschaft, S. 42 f.; *Badura*, DÖV 1968, 446 ff.; *Frido Wagener*, Neubau der Verwaltung, S. 3 ff.; *Thiele*, Neue Anforderungen, S. 89 f.; *Bülck*, S. 63.

[92] *Forsthoffs* Analyse von 1938, Die Verwaltung als Leistungsträger, trifft heute mehr denn je zu. Vgl. ferner *E. Becker*, Wandlungen der öffentlichen Verwaltung, S. 22 ff., 36 f.; *Bülck*, S. 52; *Herzog*, Wissenschaftliche Entwicklung, S. 21; *Guilleaume*, Die Verwaltung 1971, 177 ff.; einen ausführlichen Überblick über die Entwicklung liefert *Forsthoff*, Lehrbuch, § 4, S. 59 ff.

[93] Hier sind in erster Linie die sozialen Schutzgesetze wie Jugendarbeitsschutzgesetz, Mutterschutzgesetz, Kündigungsschutzgesetz, Kranken- und und Sozialversicherungsgesetze und das Sozialhilfegesetz zu nennen. Aber auch das Wohnungsgeldgesetz, die Arbeits- und Ausbildungsförderunggesetze sowie die Vermögensbildungsgesetze gehören zu den Leistungen des sozialen Rechtsstaats.

[94] Diese Leistungen, deren Inanspruchnahme in das Belieben der Empfänger gestellt ist, werden z. B. im Bereich der Familienplanungsberatung oder der Gesundheitsvorsorgeuntersuchung geboten.

[95] *Scheuner*, DÖV 1969, 586; *ders.*, Die neuere Entwicklung des Rechtsstaates, S. 261; *Thieme*, Verwaltungslehre, Rdn. 265 ff., S. 67 f.; *Badura*, DÖV 1968, 455 f.; *Thiele*, Neue Anforderungen, S. 94; *Zurhausen*, S. 61 ff.; auch *Habermas/v. Friedeburg*, S. 32.

[96] Auch dieses Verhältnis ist von *Forsthoff*, Die Verwaltung als Leistungsträger (1938), treffend als Schrumpfung des beherrschten Lebensraums bei Ausdehnung des effektiven Lebensbereichs gekennzeichnet worden.

[97] *Stich*, S. 359 f.; *Hennis*, PVS 1965, 427 f.; *Forsthoff*, Rechtsstaat im Wandel, S. 116; *Knöpfle*, DVBl. 1974, 709 f.; *Schmidt-Aßmann*, DÖV 1974, 542 f.

gaben wächst zudem die Komplexität der Verwaltung. Der Bürger steht dem mächtigen, alleslenkenden Verwaltungsapparat hilflos gegenüber[98]. Die mit der Komplexität verbundene lokale und qualitative Ferne hat zusätzlich zur Folge, daß individuelle Bedürfnisse nicht mehr erkannt werden und daß durch Ausschütten undifferenzierter Leistungen soziale Ungerechtigkeiten auftreten[99]. Die aktive Einbeziehung des Bürgers in den staatlichen Entscheidungsprozeß könnte hier die verlorengegangene soziale Gerechtigkeit und die Anerkenung der menschlichen Individualität wiederherstellen[100].

Das Sozialstaatsgebot des Grundgesetzes trifft selbst keine Aussage über eine Beteiligung des Bürgers. Immerhin ist es denkbar, daß sich eine Sicherung der aufgestellten Forderungen schon aus einer Fortschreibung der Grundrechte als soziale Grundrechte, verbunden mit dem status activus processualis als verfahrensrechtliche Absicherung der leistungsrechtlichen Seite ergeben[101]. Der Sozialstaat vermag auf diese Weise den Erfordernissen des modernen Leistungsstaates gerechter werden. Der individuellen Lebensbehauptung und der gruppenmäßigen Interessenwahrung werden so konkrete Ausübungsmöglichkeiten geschaffen[102]. Übersehen werden darf jedoch nicht, daß der Sozialstaat nur sinnvoll ist, wenn er auch das Anliegen des Rechtsstaats — die Erhaltung persönlicher Freiheit — wahrt. Bleibt die „praktische Grundrechtssozialisierung" (*P. Häberle*) das einzige Mittel des Leistungsstaates, so besteht zumindest die große Gefahr der Zerstörung individueller Freiheit und Vergesellschaftung letzter autonomer Privatbereiche zugunsten kollektiven Grundrechtsgebrauchs[103]. Auch das soziale Grundrecht ist nicht mit Partizipation zu identifizieren[104], vielmehr bedarf es der Ergänzung durch Teilhabe zur Effektivierung des freiheitlichen Leistungsstaates.

Partizipation kann zum einen als Ausgleich für den Verlust personeller Autonomie dienen[105]. Hinter dem Erkennen der differenzierten Bedürfnisse der Bürger und dem Abbau der Ferne der Verwaltung zum

---

[98] *Morstein Marx*, Stand der Verwaltungswissenschaft, S. 43; *E. Becker*, Der Gemeindetag 1963, 348 ff.; *Vogel*, VVDStRL 24 (1966), 177 f.; *Kopp*, Verfassungsrecht und Verwaltungsverfahrensrecht, S. 209 f.; *Forsthoff*, Rechtsstaat im Wandel, S. 116, 123.

[99] *Zeidler*, DÖV 1972, 445; *v. Pufendorf*, S. 10.

[100] Ähnl. schon *Lorenz von Stein*, Verwaltungslehre Bd. 1, 2. Aufl., (1869), S. 29 f.; *Bülck*, S. 58; *Badura*, DÖV 1968, 447 f.

[101] Vgl. hierzu grundlegend: *P. Häberle*, VVDStRL 30 (1972), 80 ff.; aus dem neueren Schrifttum: *Wiegand*, DVBl. 1974, 657 ff.

[102] *Badura*, DÖV 1968, 448.

[103] Vgl. dazu *W. Schmitt Glaeser*, VVDStRL 30 (1972), 172; zu ähnlichen Tendenzen des BVerfG in der Rechtsprechung zu Art. 5 Abs. 1 GG: *ders.*, AöR 97 (1972), 116 ff.

[104] Vgl. oben 2.2.1.3; *W. Schmitt Glaeser*, VVDStRL 31 (1973), 221 ff.

[105] *Ellwein*, Dienstleistungen für alle, S. 117; *Kube*, DÖV 1972, 120.

einzelnen steht der Gedanke, daß der Staat die Pflicht hat, für das wirtschaftliche und soziale Wohl seiner Bürger Sorge zu tragen. Dieses findet auch seinen Ursprung in den Normen Art. 1 und Art. 3 GG als Verwirklichung eines dem Grundgesetz zugrunde liegenden humanen Menschenbildes und als Verbot der Privilegierung einzelner oder Mißachtung einzelner Interessen[106]. Derartige Überlegungen enthält zum Beispiel auch Art. 7 Abs. 4 Satz 4 GG, in dem durch die Verfassung dem Staat die Sorgepflicht für eine Bevölkerungsgruppe überantwortet wird[107]. Auch weitere, einfachgesetzliche Regelungen, die als Programmsätze oder Generalklauseln der Konkretisierung bedürfen, weisen auf die Pflicht des Staates hin, zu gewährende Leistungen an den individuellen und auch kollektiven Bedürfnissen der Bürger auszurichten[108]. Wie soll aber der Staat eine Individualität berücksichtigen, die er nicht kennt? Notwendigerweise muß hier ein Bürgerkontakt hergestellt werden, um die Interessen und Bedürfnisse der Bürger aufzunehmen, zu verarbeiten und schließlich in konkrete Leistungsausschüttungen umzusetzen[109]. Der Bürger als Informant und Datenlieferant allein wird diesem Prinzip nicht gerecht. Hinzu muß die Möglichkeit treten, die vorzutragenden Informationen in zu begründende Vorschläge umzuformen[110]. Sozialstaatliche Partizipation zielt somit in erster Linie auf eine individuelle Daseinsgestaltung. Gewiß kommt man um eine Pauschalierung gewisser Leistungen gerade der Massenversorgung nicht umhin[111]. Die Besonderheiten des Einzelfalles müssen auch hier beachtet werden. Greift aber der zu regelnde Sachverhalt oder die zu erbringende Leistung in die Intimsphäre des Bürgers ein, so ist eine Beteiligung des Betroffenen an den Leistungsmodalitäten erforderlich, die bis zur Mitentscheidungsbefugnis reicht. Es gilt der Satz: Je näher der fragliche Sachverhalt zur menschlichen Intimsphäre steht, desto mehr Mitwirkungsmöglichkeiten müssen dem Betroffenen gegeben werden[112].

---

[106] Ähnl. *Minssen*, S. 169.

[107] Vgl. dazu *Maunz* in MDH, Art. 7 GG, Rdn. 78; *Heckel*, S. 285 f.

[108] Vgl. etwa § 1 Abs. 4 BBauG; § 1 Abs. 1 RaumOG; § 1 Abs. 1 WohngeldG; § 1 Abs. 1 u. 2 BundessozialhilfeG; § 1 LAG; § 1 StBauFG; § 1 BAföG; § 1 ArbeitFördG; demgegenüber sehr zurückhaltend § 1 Erstes Wohnungsbaugesetz und § 1 Wohnungsbau- und Familienheimgesetz.

[109] *Kopp*, Verfassungsrecht und Verwaltungsverfahrensrecht, S. 201 ff., 216 ff.; *Herbert Krüger*, Allgemeine Staatslehre, S. 775; *Thiele*, Neue Anforderungen, S. 94; *Hüttl*, Wirtschaftlichkeit, S. 282 f.; *Badura*, DÖV 1968, 452 f.; *Kube*, DÖV 1972, 120; *Duppré*, Funktionsgerechte Verwaltung, S. 11 ff.

[110] *W. Schmitt Glaeser*, VVDStRL 31 (1973), 252 ff.

[111] So auch *BVerfG* E 26, 16, 37. Für das Steuerrecht vgl. *Isensee*, Steuer und Wirtschaft 1973, 199 ff. Allerdings ist auch der neueste Entwurf des Verwaltungsverfahrensgesetzes (BT-Drucks. VII/910) nicht auf Massenverfahren eingestellt. Vgl. dazu: *Redeker*, DVBl. 1973, 747, und *Blümel*, Masseneinwendungen im Verwaltungsverfahren, S. 539 ff.

[112] *W. Schmitt Glaeser*, Mißbrauch und Verwirkung von Grundrechten, S. 221; *ders.*, VVDStRL 31 (1973), 254, mit dem praktischen Beispiel aus dem BundessozialhilfeG.

Insoweit kann von einer sozialstaatlich gebotenen maßgerechten Leistung gesprochen werden, an deren Ausgestaltung der einzelne Empfänger je nach Intensität und Zielrichtung der staatlichen Eingriffs-, Regelungs- oder Leistungsmaßnahme mitzuwirken befugt ist. Das „sozialstaatliche Maßgebot als individualisierendes Korrektiv" (*W. Schmitt Glaeser*) der Massenerscheinungen sozialen Lebens gewinnt durch sozialstaatliche Partizipation Konturen. Nur auf diesem Wege erscheint die sozialstaatliche Leistung gesichert.

2.2.3.2 Partizipation zur Erhöhung des Sachverstandes

Die an Umfang und Komplexität zunehmenden Leistungen des modernen Sozialstaats machen eine funktionsgerechte und wirkungsvolle Handlungsweise erforderlich[113]. Dieses setzt insbesondere erhöhten Sachverstand und Sachnähe voraus. Bürgerschaftliche Partizipation ist hierbei ein genauso wichtiges Mittel zur qualitativen Verbesserung der Verwaltungsentscheidung[114] wie die optimale Ausnutzung der Fachkräfte des Staates, nicht zuletzt durch die Einhaltung des Leistungsprinzips[115]. Doch auf die Dauer kann die Verwaltung wegen der finanziellen Überbelastung und der zusätzlichen Aufblähung des ohnehin schon riesigen Verwaltungsapparates die zur Bewältigung des fachlichen Engagements benötigten Experten allein nicht bestellen[116]. So ist der Staat darauf angewiesen, gesellschaftliche Außenressourcen zu aktivieren und den bürgerlichen Experten in die Verwaltungsentscheidung zur Verbesserung der Leistung und zur Entlastung der Verwaltung einzubeziehen[117]. Dieses kann durch eine Beteiligung sowohl neutraler Sachverständiger als auch Vertreter spezifischer Interessen geschehen. In beiden Fällen handelt es sich um eine Partizipation mit sozialstaatlicher Affinität[118].

---

[113] *VerfGH Rheinl.-Pfalz*, DÖV 1969, 563; *Hess VGH*, DVBl. 1968, 259, 261; *Frido Wagener*, Neubau der Verwaltung, S. 5 ff.; *Duppré*, Funktionsgerechte Verwaltung, S. 14; *Isensee*, Subsidiaritätsprinzip und Verfassungsrecht, S. 312; *Kopp*, Verfassungsrecht und Verwaltungsverfahrensrecht, S. 188. Zu der Notwendigkeit einer Verwaltungsreform aus diesen Gründen: *Frido Wagener*, ebd.; ferner *Badura*, DÖV 1968, 454; *Stern*, DÖV 1968, 855.

[114] *Dienel*, Die Verwaltung 1971, 153; *ders.*, Bürgerinitiative und Selbstverwaltung, S. 17 f.; *Kube*, BadWürttVBl. 1973, 20.

[115] Vgl. dazu oben 1.2.2.4.3.

[116] *Köttgen*, Struktur und politische Funktion öffentlicher Verwaltung, S. 793; *Duppré*, Sachverstand und Verantwortung, S. 14 f.; *Morstein Marx*, AöR 87 (1962), 143.

[117] *Mayntz*, Funktionen der Beteiligung, S. 346 f.; *Zurhausen*, S. 73; *Meinhold*, S. 122 ff.; *Kölble*, Sachverstand und Verantwortung, S. 49 ff.; *Morstein Marx*, AöR 87 (1962), 143; *Müller-Heidelberg*, S. 107 ff.; auch *Zinn*, S. 89 f.; *Ossenbühl*, Gutachten, B 134 ff.; *Laux*, Der Landkreis 1975, 190 f.

[118] Dieser Problemkreis soll hier nicht vertieft werden (vgl. schon den Hinweis unter 2.1.1). Der Schwerpunkt liegt hier auf der *Verwaltungshilfe* durch Private.

2.2.4 Partizipation im Rahmen der Verfassung

Partizipation erscheint somit in den drei verfassungsrechtlichen Dimensionen der Demokratie, des Rechtsstaats und des Sozialstaats, die drei verschiedene Intentionen verfolgen und denen verschiedene Beteilungsformen zuzuordnen sind[119]. Als wesentliche Ergebnisse lassen sich dabei herauskristallisieren: Partizipation hat keine legitimierende Wirkung auch nicht auf dem Wege über eine zusätzliche Legitimation durch ein Verbandsvolk. Dagegen hat Partizipation komplementäre demokratische Funktion, wenn es um Transparenz des staatlichen Willensbildungsprozesses, um Schaffung eines Konsenses zwischen Staat und Bürger und um Gewährleistung der Menschenwürde durch Beteiligung von Bürgern und Bürgergruppen geht. Eine Partizipation in Form der Anhörung wird hier in der Regel ausreichen. Die rechtsstaatliche Komponente der Partizipation übernimmt vor allem eine antezipierte Rechtsschutzfunktion. Die Beteiligung, die die Form der beratenden Mitwirkung annehmen sollte, dient zudem der Sicherstellung der Individualgerechtigkeit. Der Sozialstaat dagegen kann eine Teilnahme des Bürgers bis zur Mitentscheidung gebieten. Selektive Bürgernähe und individuelle sozialgemäße Versorgung sind die Intention sozialstaatlicher Partizipation. Hinzu tritt die Beteiligung des Bürgers zur Hebung des Sachverstandes der öffentlichen Hand — auch eine Partizipation mit sozialstaatlicher Affinität.

In allen verfassungsrechtlichen Ausgestaltungen tauchen Bezüge der Partizipation zum verfassungsrechtlichen Leistungsprinzip auf, das seine Grundlegung auch in eben diesen Verfassungsgrundwerten findet. Ebensowenig wie bei der Erfüllung von verfassungsrechtlichen Aufgaben unter dem Primat des Leistungsprinzips nicht nur eine isolierte Verfassungsentscheidung Beachtung finden kann, können die Modelle verfassungsrechtlich gebotener und erlaubter Partizipation nicht losgelöst voneinander betrachtet werden. Sie stehen im Verhältnis der Zuordnung zueinander[120]. Jedenfalls scheint die verfassungsrechtliche Partizipation in erster Linie Individualpartizipation zu sein, die nicht den zentralen Willensbildungsprozeß betrifft[121]. Die Beteiligung an der konkreten Verwaltungsentscheidung tritt in den Vordergrund[122]. Soll eine

---

[119] Insoweit ist der Einwand *Püttners*, VVDStRL 31 (1973), 273 f., Partizipation könne nur *eine* Funktion haben, unzutreffend. Partizipation ist auch nicht nur ein demokratisches Phänomen; so aber wohl auch *Thieme*, Recht und Politik 1972, 69 f.

[120] *W. Schmitt Glaeser*, VVDStRL 31 (1973), 257 f., im Anschluß an *Hesse*, Grundzüge, § 8, S. 110 ff.

[121] So auch *Eckert*, S. 37; *Mayntz*, Funktionen öffentlicher Beteiligung, S. 353.

[122] Hierbei müssen dann nach jeweiliger Aufgabe Verfassungsbezug und Orientierungsgesichtspunkte herausgearbeitet werden. Eine ähnliche wirk-

mögliche Kollision der Partizipation mit dem verfassungsrechtlichen Leistungsprinzip untersucht werden, so ist auch die Bedeutung der *Partizipation an Verwaltungsentscheidungen* stärker zu thematisieren.

2.2.4.1 Pluralismus und Partizipation

Gleichwohl ist die *generelle* Anerkennung der Partizipation eine Folge der Tatsache, daß die Gemeinwohlverwirklichung in jeder staatlichen Entscheidung auf sämtlichen Ebenen erneut getroffen werden muß und nicht von vornherein und für alle Fälle bestimmt werden kann[123]. Vielmehr ist zur inhaltlichen Festlegung dieser Frage ein offenes, ein pluralistisches Verfahren notwendig, das die Möglichkeit effektiver Einflußnahme aller interessierter Gruppen und Bürger am Entscheidungsprozeß auf zentraler Ebene oder in engeren Problembereichen zuläßt[124]. Dabei sollen die Vielfalt und auch die Gegensätzlichkeit im Volk sowie die Vielzahl der sozialen Gebilde im Rahmen der Mitwirkung bei der politischen Einheitsbildung und Schaffung der rechtlichen Ordnung Berücksichtigung finden[125]. „Das pluralistische Gemeinwohlverständnis wird somit zum Legitimationsgrund für Partizipation" (*W. Schmitt Glaeser*). Dieser Satz, so richtig er auch ist, bedarf der Ergänzung, läßt er doch nicht die Gefahren erkennen, die sich für die Partizipation gerade aus der pluralistischen Konzeption ergeben können. Bei einer Vielzahl von Entscheidungen zumeist auf den höheren überregionalen Willensbildungsebenen ist wegen der Vielzahl der Betroffenen eine direkte Beteiligung kaum noch möglich. Daher ist im Normalfall eine Zusammenfassung der Interessen erforderlich, die sich organisieren und am Entscheidungsprozeß durch eigene Funktionäre, die nicht unbedingt mit Betroffenen identisch sein müssen, beteiligt werden[126]. Die Anerkennung dieser organisierten Interessengruppen und ihrer Organe als legitimierte Vertreter der betroffenen Bürger sowie deren Beteiligung gelten als wesentliche Elemente des Pluralismus[127].

---

lichkeitsorientierte Begründung für die Reduktion der Komplexität von öffentlichen Einrichtungen gibt *Ellwein*, Einführung in die Regierungs- und Verwaltungslehre, S. 71 f.

[123] *v. Simson*, VVDStRL 29 (1971), 13 ff.; *Hesse*, Grundzüge, § 5 II 4, S. 65 ff.; *P. Häberle*, Öffentliches Interesse, S. 498 ff.

[124] *v. Simson*, VVDStRL 29 (1971), 29 f.; *Scharpf*, Demokratietheorie zwischen Utopie und Anpassung, S. 29 ff. Dabei soll aber nicht die Gemeinwohlkonkretisierung in offene, von dem Staat unabhängige Gruppen verlegt werden. So abwegig *H. E. Bahr*, S. 102.

[125] *Dahl*, S. 22 ff.; *Hesse*, Grundzüge, § 5 I, S. 55.

[126] Vgl. insbes. *v. Beyme*, S. 85 ff., 165 ff.; *J. Hirsch*, Die öffentliche Funktion der Gewerkschaften, S. 5 ff.; *Schmölders*, Das Selbstbild der Verbände, S. 96 ff.

[127] *Kisker*, DÖV 1972, 520; *Fraenkel*, Der Pluralismus als Strukturelement, Verh. des 45. DJT, S. 8 f.; ferner *ders.*, Deutschland und die westlichen Demokratien, S. 21; *ders.*, Reformismus und Pluralismus, S. 315 ff.

Denn der demokratisch freie und offene politische Prozeß muß der Verfolgung unterschiedlicher Interessen eine Möglichkeit zur Abklärung einräumen; nur so kann es zu einem für alle tragbaren Kompromiß kommen[128]. Insoweit soll das pluralistische Konzept, da es noch am ehesten den Bedingungen eines modernen Gemeinwesens entspricht, nicht zur Diskussion gestellt werden[129]. Gerade auf der zentralen Ebene der Willensbildung ist dieses heute die einzige Chance für den einzelnen, seine konkreten Individualinteressen in den Gesamtwillensbildungsprozeß einzubringen[130].

---

[128] Auch hier werden Bezüge zur modernen behavioristisch-rationalen Entscheidungstheorie deutlich. Vgl. auch *Brohm*, VVDStRL 30 (1972), 263, der durch die Pluralisierung (der Verwaltung) die staatliche Aufgabenerfüllung gewährleistet sieht.

[129] Eine nähere Auseinandersetzung mit dem Pluralismus kann an dieser Stelle nicht erfolgen. Jedoch sollen die zum Teil erheblichen Bedenken gegen den Pluralismus nicht negiert werden. Durch den Pluralismus besteht die Gefahr eines übermäßigen Einflusses der Interessengruppen in Fragen, die insbesondere dem Parlament zugewiesen sind, sowie einer dadurch bedingten Verzahnung hoheitlicher Entscheidungsträger mit gesellschaftlichen Kräften. Vgl. grundlegend *J. Kaiser*, Die Repräsentation organisierter Interessen, S. 181 ff.; etwa auch *Brohm*, VVDStRL 30 (1972), 263; *Kisker*, DÖV 1972, 523; *Ellwein*, Die großen Interessenverbände und ihr Einfluß, S. 22 ff.; *Varain*, S. 305 ff.; *Offe*, Das pluralistische System von organisierten Interessen, S. 368 ff. Ferner wird nicht verkannt, daß die objektive Gemeinwohlverwirklichung bei übermächtigen Interessengruppen schwierig wird. Auch ist es wichtig, allen Versuchen entgegenzutreten, die über den Pluralismus auf eine Beeinträchtigung der Einheit der Staatsgewalt durch die Berücksichtigung von Einzelinteressen und intermediären Kräften abzielen. Die Gemeinwohlorientierung öffentlichen Handelns darf nicht durch Gruppenegoismus abgelöst werden. Vgl. auch *W. Schmitt Glaeser*, VVDStRL 31 (1973), 220; *Oppermann*, VVDStRL 33 (1975), 39 ff.; *v. Unruh*, DVBl. 1972, 16 ff.; *Thieme*, Verwaltungslehre, Rdn. 290 ff., S. 72 ff.; *W. Schmidt*, VVDStRL 33 (1975), 194; *Heubl*, Der Landkreis 1971, 367 f. Unter dem Gesichtspunkt des Rechtsschutzes: *Kisker*, DÖV 1972, 526 f.; generell zur Pluralismuskritik: *Kohl*, passim, insbes. S. 12 ff., S. 29 ff. m. z. N.; *Bartlsperger*, VVDStRL 33 (1975), 228 f.; ferner *Sontheimer*, Zur neueren Kritik an der Theorie der pluralistischen Demokratie, S. 25 ff.; *Scharpf*, Demokratietheorie zwischen Utopie und Anpassung, S. 29 ff.; vgl. auch die Beiträge von *Steffani*, Monistische oder pluralistische Demokratie, S. 482 ff., und *Wolfgang Müller*, Der Pluralismus — die Staatstheorie des Reformismus, S. 395 ff., in der Festschrift für *Ernst Fraenkel*, Klassenjustiz und Pluralismus.

Da jedoch der Pluralismus die Einbeziehung sämtlicher Einzelinteressen und deren Gewichtung im gesamtgesellschaftlichen Willensbildungsprozeß erlaubt, entspricht dieses Konzept heute noch am ehesten den Voraussetzungen einer grundgesetzverwirklichenden sozialen Demokratie samt ihren leistungsstaatlichen Aufgaben und wird allein der Offenheit der Verfassung gerecht (*J. Kaiser*, Die Repräsentation organisierter Interessen, S. 338 ff.; *Mäding*, Verfahren der Stadtentwicklungsplanung, S. 322 ff.; *Köttgen*, Mandat, Methoden, Instrumente planender Verwaltung, S. 14 ff.; *W. Schmitt Glaeser*, VVDStRL 31 [1973], 214; *Ashby/Ross*, S. 7 ff.; *Eckert*, S. 37).

[130] *Kisker*, DÖV 1972, 521, 527; *Dahl*, S. 23 ff., bezeichnet den Pluralismus als moderne Form der Gewaltenteilung. Genauso im Anschluß an *Carl Schmitt*: *W. Weber*, Spannungen und Kräfte, S. 57 ff., ähnlich *H. Peters*, Die Gewaltentrennung in moderner Sicht, S. 111 f.

Doch dem pluralistischen Gemeinwohlverständnis intendiert die Gefahr eines Umschlags des offenen, freien Entscheidungsprozesses. Die durch den Pluralismus geförderte Gruppenpartizipation kann die Freiheitsgarantie, die auch die Partizipation übernommen hat, nicht immer erfüllen und die Individualität durch die Gruppenmacht nivellieren[131]. Soll Partizipation aber Autonomiesurrogat und somit Element persönlichkeitsdifferenzierter Zuordnung von Leistungen bleiben, so darf die Gruppenmacht nicht die personale Freiheit zugunsten der kollektiven Freiheit der Gruppe aufsaugen. In den Interessenvertretungen, die sich als wirksame Macht organisieren, besteht nur selten die reale Chance der Mitglieder an der Mitgestaltung der Interessenartikulation, und allzu häufig werden individuelle Wünsche nicht beachtet[132]. Verselbständigte handfeste Gruppeninteressen treten an die Stelle von Einzelinteressen, und aus der Freiheit des einzelnen wird die Freiheit einzelner Funktionäre. Hier ist neben einer grundrechtssichernden Binnenstruktur auch eine ergänzende interne Individualpartizipation als Korrektiv erforderlich[133].

Des weiteren gewinnt im pluralistischen Gemeinwesen das Verhältnis der Gruppen untereinander Bedeutung. Um auch kleineren Interessenvereinigungen und sonstigen gesellschaftlich relevanten Gruppen die Möglichkeit der Einflußnahme zu geben, ist eine strukturelle Absicherung im partizipativen Verfahren notwendig, um eventuellen Freiheitsmißbrauch und Oligarchisierungstendenzen großer Interessengruppen entgegen zu wirken[134].

Der grundsätzliche Wert der Partizipation liegt somit zwar in der pluralistischen Gemeinwohlbezogenheit. Doch gerade hier zeigt sich auch die Ambivalenz der Partizipation. Pluralistisches Gemeinwohlverständnis darf nicht dazu führen, daß die Individualität durch die Kraft der Gruppenteilhabe nivelliert und aufgesogen wird. Hier liegt die Bedeutung der Individualpartizipation, die als institutionalisiertes Korrektiv dem einzelnen die Möglichkeit geben muß, seine Individualität in den Entscheidungsprozeß einzubringen[135].

[131] *Offe*, Zukunftserwartungen und Strukturpolitik, S. 84; *Kisker*, VVDStRL 31 (1973), 277; sehr zurückhaltend: *Dagtoglou*, DVBl. 1972, 716 f.

[132] Skeptisch ebenfalls: *v. Schrötter*, Die Verwaltung 1971, 127 ff.; auch *Oberndorfer*, DÖV 1972, 535, sieht die Interessen der Mitglieder als Grenze der Partizipationsbefugnisse der Gruppe an.

[133] In diesem Sinn: *Thieme*, Recht und Politik 1972, 70; vgl. ebenso *Pankoke*, Die Verwaltung 1971, 402 ff., der die Gefahren erkennt, allerdings daraus keine Konsequenzen zieht.

[134] *Steinberg*, PVS 1973, 50; *Kisker*, DÖV 1972, 528; ähnlich *Dagtoglou*, DVBl. 1972, 716 f.; *Luhmann*, Politikbegriffe und die „Politisierung" der Verwaltung, S. 227. Diese Gefahren werden von Gruppenmitgliedern seltener wahrgenommen, weil sie zunächst nicht die individuelle Existenz betreffen. Vgl. *Pankoke*, Die Verwaltung 1971, 400 f.

[135] In diesem Sinn auch *Stich*, S. 350.

2.2.4.2 Verwaltungsentscheidungen als Hauptanwendungsfeld der Partizipation

Zwar kann die verfassungsverwirklichende Partizipation in allen Ebenen der Entscheidung angesetzt sein und bis zur Beteiligung über Gruppen am zentralen Gesamtwillensbildungsprozeß reichen. Partizipation setzt insoweit eine Nähe zu den wichtigen Entscheidungen voraus[136]. Ihre Bedeutung verringert sich jedoch keineswegs, je weiter man sich in der Hierarchie der Entscheidungsebene vom zentralen politischen Steuerungsprozeß entfernt[137]. Gerade die für den einzelnen bedeutsamen Fragen wurzeln häufig in der persönlichen Interessensphäre. Nicht ohne Grund geht daher die sozialstaatliche Partizipation im Rahmen des Verwaltungsverfahrens nicht nur in ihrer Intensität bis zur weitreichenden Mitentscheidung, sondern wird zum Zentrum der Partizipation überhaupt[138]. Hier im Bereich der „Mikroplanung" und Leistungsverteilung ist keine Teilnahme über Delegierte nötig, die Probleme sind noch nicht so komplex, daß eine Vielzahl von Meinungsbildungs- und Entscheidungsprozessen notwendig wäre. Der Bürger ist stärker motiviert, da es um eigene Interessen geht[139]. Er kann sich besser informieren und hat genauere Sachkenntnis, was auch dazu beiträgt, psychologische Hemmnisse der Partizipation abzubauen. In dem Maße, in dem sich die Verwaltungsentscheidung als Gegenstand der Partizipation vom reinen Gesetzesvollzug entfernt, wächst zudem die Bedeutung der Teilnahme der Betroffenen am Entscheidungsprozeß[140], da hier noch reale Möglichkeiten einer tatsächlichen Einflußnahme gegeben sind. Das Verwaltungsverfahren wird zum Hauptanwendungsbereich der Partizipation. Der Bürger bringt durch seine Beteiligung nicht nur seine Individualität in die staatliche Entscheidung ein, sondern hilft gleichzeitig dem staatlichen Handeln, sich an Sachrichtigkeit und Sachgerechtigkeit zu orientieren[141]. Partizipation gerade an Verwaltungsentscheidungen ist somit *auch* Mittel zur Sicherung personaler Freiheit[142] und zur Erfüllung leistungsstaatlicher Aufgaben.

---

[136] *Dienel*, Partizipation an Planungsprozessen, S. 110 f.

[137] So aber *Mayntz*, Funktionen der Beteiligung, S. 343 f.

[138] Vgl. dazu *W. Schmitt Glaeser*, VVDStRL 31 (1973), 257; wohl auch *Brohm*, VVDStRL 30 (1972), 280 f.

[139] So auch *Dienel*, Partizipation an Planungsprozessen, S. 109 ff.; *Kube*, DÖV 1972, 119 f.

[140] *Brohm*, VVDStRL 30 (1972), 279; *Bartlsperger*, VVDStRL 33 (1975), 246.

[141] *Kube*, BadWürttVBl. 1973, 23.

[142] *Rupp*, Demokratie und Wissenschaftsverwaltung, S. 612.

2.3 Partizipation als verwaltungsorganisatorisches Problem

Partizipation hat einen verfassungsrechtlichen Bezug und ist kein Selbstzweck, kein Wert an sich[1]. Die Beteiligung läßt sich auf die wichtigsten Grundentscheidungen der Verfassung zurückführen und entfaltet insbesondere im Bereich der Daseinsvorsorge eigenständige Bedeutung[2]. Hier rückt die sozialstaatliche Komponente in den Vordergrund, während bei der ordnenden und eingreifenden Verwaltung die Partizipation weitgehend rechtsstaatlichen Charakter annimmt. Partizipation erweist sich als funktionaler Begriff, der seine Bedeutung aus den verschiedenen Orientierungsgesichtspunkten rechtlicher sowie tatsächlicher Art und den differenzierten Bezugssystemen gewinnt[3]. Daher ergeben sich je nach Aufgabe unterschiedliche Merkmale der Partizipation, die auch dem auf wirksame Aufgabenerfüllung ausgerichteten Leistungsprinzip dienen. Gemeinsam bei aller Partizipation bleibt jedoch der Bezug zu staatlichen Aufgaben in institutionalisierten Verfahren. Dennoch lassen sich weitere generelle Probleme — insbesondere struktureller und organisatorischer Art — aufzeigen, die für alle Partizipationsformen unabhängig von der zu erfüllenden Aufgabe gelten und die auch im Hinblick auf ein mögliches Partizipationsverbot Beachtung finden müssen.

2.3.1 Problemtransparenz

Voraussetzung einer effektiven Beteiligung an staatlichen Entscheidungen, bei denen der einzelne eine echte Möglichkeit der Einflußnahme gewinnen soll, ist die Durchsichtigkeit und Durchschaubarkeit hoheitlichen Handelns[4]. Dieses erfordert zunächst die Darstellung der zur Entscheidung anstehenden Probleme. Auch die den Lösungsalternativen vorangehenden umfangreichen Informationssammlungen und ihre Verarbeitung durch die Entscheidungsträger müssen zumindest in Grund-

[1] *W. Schmitt Glaeser*, VVDStRL 31 (1973), 197 f.

[2] Ähnlich wohl auch *Brohm*, VVDStRL 30 (1972), 293, der angesichts der veränderten Funktion auf neue Strukturen und noch zu entwickelnde Verfahren der Verwaltung hinweist.

[3] *Ellwein*, Einführung in die Regierungs- und Verwaltungslehre, S. 71 f.; *Dienel*, Die Verwaltung 1971, 154 f.; auch *Ryffel*, Der demokratische Gedanke, S. 199.

[4] *Steffani*, Parlamentarische Demokratie, S. 20; *Dienel*, Die Verwaltung 1971, 155 f.; *ders.*, Bürgerinitiative und Selbstverwaltung, S. 27 f.; *Breuckmann*, S. 223 ff.; *Schmidt-Aßmann*, DÖV 1974, 546. Nicht ohne Grund bezeichnet *Pflaumer*, Öffentlichkeit und Verwaltung in München, S. 225 ff., die Öffentlichkeit neben der Information und Effizienz als kritischen Punkt jedes Partizipationsmodells. Andererseits ist die Verwaltung ebenso auf die Öffentlichkeit angewiesen: *Offe*, Zukunftserwartungen und Strukturpolitik, S. 84. *P. Häberle*, VVDStRL 30 (1972), 128 ff., betrachtet die Öffentlichkeit zudem als Grundrechtsschutz im Leistungsstaat.

zügen dergestalt offengelegt werden, daß eine Nachvollziehbarkeit durch den Bürger möglich ist und die rationale Basis der Entscheidungsvarianten erkennbar wird. Zur Erreichung von Problemtransparenz ist es ferner notwendig, dem Bürger den Einblick sowohl in die finanziellen Kosten im Vergleich zu den erwarteten Nutzen als auch in die zeitlichen Dimensionen der Entscheidung zu vermitteln[5]. Weiterhin führt auch die Durchschaubarkeit der Folgen der Entscheidung (insbesondere Folgelasten und Folgekosten) zu einer gesteigerten Problemsicht.

Ist damit der Umfang der Transparenz skizziert, so ergibt sich zudem noch das Erfordernis des spezifischen Zuschnitts dieser Information auf die zu beteiligenden Personen[6]. Denn vielfach entstehen schon hier — quasi im Vorfeld der Partizipation — Schwierigkeiten, die eine erfolgversprechende Beteiligung erheblich hemmen können. So versteht zum Beispiel im Bauplanungsverfahren ein Architekt oder Planer die Zeichen des vorliegenden Planes; dem betroffenen Bürger bleiben die Entwürfe häufig unverständlich. Gerade bei den Planern ergibt sich dazu noch eine besondere für den Außenstehenden schwer zu verstehende Sprache, die ebenfalls eine Barriere wirkungsvoller Partizipation sein kann[7]. Insoweit kann es schon aus Gründen der Problemtransparenz geboten sein, von seiten der Verwaltung Erläuterungen abzugeben und klärende Gespräche bezüglich des Partizipationsgegenstandes zu führen. Der Verwaltung stellen sich neue Aufgaben, zusätzliche Instrumentarien erscheinen notwendig. Die erforderliche aktive Partizipationshilfe kann durch verschiedene neue Strategien verwirklicht werden, die von der generellen Öffentlichkeitsarbeit der Verwaltung über den Planungsanwalt bis zum Gegenexperten reichen[8].

Die Öffentlichkeitsarbeit dient neben der Selbstdarstellung der Verwaltung zunächst der Vermittlung entscheidungsrelevanter Daten[9]. Darüber hinaus sollen Problemzusammenhänge zur Sprache gebracht und geklärt werden. Dies erfordert auch eine neue Beziehung der Verwaltung zu den Kommunikationsmedien. Gezielte Öffentlichkeitsarbeit kann generell als Voraussetzung effektiver Partizipation gelten[10].

---

[5] *Dienel*, Die Verwaltung 1971, 156; für den Bereich kommunaler Bebauungsplanung, vgl. *Kube*, DÖV 1972, 120 f.; für das Handeln der Regierung: *von Oertzen*, Transparenz im Planungsprozeß, S. 13 ff.

[6] *Damkowski*, DÖV 1972, 89; *Jungk*, S. 62; *Dienel*, Die Verwaltung 1971, 167.

[7] *Dienel*, Bürgerinitiative und Selbstverwaltung, S. 25 f.; *Kube*, DÖV 1972, 120; *ders.*, BadWürttVBl. 1973, 21; *Damkowski*, DÖV 1972, 88.

[8] Vgl. generell dazu *Dienel*, Die Verwaltung 1971, 162 ff.; *Torbohm*, Der Städtetag 1969, 269 f.

[9] *Dienel*, Techniken bürgerschaftlicher Beteiligung, S. 151 f.; *Zinn*, S. 89; *Kube*, DÖV 1972, 120.

[10] *Pankoke*, Die Verwaltung 1971, 418 f.

Der Planungsanwalt soll als Vertreter beteiligter Bürgergruppen die Interessen der Betroffenen wahrnehmen und gegenüber der Planungsbehörde verteidigen[11]. In der Regel wird es sich hierbei um nicht organisierbare Interessen oder um solche „unterprivilegierter" Bevölkerungsgruppen handeln, die allein nicht in der Lage sind, ihre Wünsche und Vorstellungen zu artikulieren[12]. Wichtig ist, daß der Planungsanwalt die Folgen staatlichen Handelns unter dem spezifischen Blickwinkel einer Interessengruppe betrachtet[13].

Der Gegenexperte soll demgegenüber sämtliche Folgen der Entscheidung für das Gemeinwohl berücksichtigen[14]. Er sorgt dafür, daß die Entscheidungen der Verwaltung nicht einseitig verlaufen, vielmehr betroffene oppositionelle Gruppen gefördert und Alternativvorschläge eingebracht werden[15]. Auch kann die Einrichtung der Institution des Gegenexperten den Austausch von Informationen unter den einzelnen Entscheidungsträgern fördern.

Neben diese Möglichkeiten aktiver Partizipationshilfe kann das verfahrensrechtlich abgesicherte Recht des Bürgers auf behördliche Auskunft oder Akteneinsicht treten[16], das allerdings nur dann zu gewähren ist, wenn der Bürger ein berechtigtes Interesse nachweisen kann, das sowohl vom Bürger als auch vom Allgemeinwohl her zu bestimmen ist. Auch wenn die Mittel der Problemtransparenz noch nicht direkt zur Partizipation gezählt werden können, so handelt es sich doch um wichtige und notwendige Vorbereitungshandlungen erfolgversprechender Beteiligung[17], ohne die die Partizipation ihre verfassungsrechtlichen Funktionen nicht erfüllen könnte. Indem die relevanten Daten be-

---

[11] Grundlegend *Davidoff*, S. 156 ff.; *Peattie*, S. 189 ff.; *Mayntz*, Funktionen der Beteiligung, S. 346; *Dienel*, Die Verwaltung 1971, 162 f.; vgl. auch den *Städtebaubericht* der Bundesregierung, BT-Drucks. VI/1497, S. 51 f.; Kritik aus der Praxis am Planungsanwalt übt *Herlyn*, S. 237 ff. Anders als der Planungsanwalt übt der Ombudsman keine der Vorbereitung von Partizipation dienende Funktion aus. Vielmehr gilt die Einrichtung des Ombudsmans der objektiven Kontrolle der Verwaltung und soll Rechtsschutzfunktion im vorgerichtlichen Feld übernehmen, ähnlich dem Wehrbeauftragten der Bundeswehr.

[12] *Mayntz*, Funktionen der Beteiligung, S. 346; *Peattie*, Überlegungen zur Anwaltsplanung, S. 190 f.

[13] *Davidoff*, S. 157 f.; *Zinn*, S. 96 ff.

[14] *Dienel*, Die Verwaltung 1971, 170.

[15] Ebd., S. 170 f.

[16] Vgl. dazu *Kopp*, Verfassungsrecht und Verwaltungsverfahrensrecht, S. 40 f.; generell dazu die Dissertationen von *Krieger* und *Pipkorn;* vgl. ferner *Pipkorn*, DÖV 1970, 171 ff.; *Ule/Becker*, S. 46; *Brohm*, VVDStRL 30 (1972), 279; *W. Stein*, Der Gemeindetag 1973, 260 ff.; aus der Praxis der Gesetzgebung vgl. etwa §§ 52 Abs. 2, 66 Abs. 2 HGO, §§ 6 Abs. 6, 71 Abs. 1, 75, 83 Abs. 1, 133 Abs. 1 S. 3, Abs. 4 S. 2, 143 Abs. 5 BBauG, § 90 BBG, § 56 BRRG.

[17] *Pankoke*, Die Verwaltung 1971, 418; *Städtebaubericht*, BT-Drucks. VI/1497, S. 39 ff.; *Breuckmann*, S. 224 f.

kanntgemacht und auch Möglichkeiten aktiver Partizipationshilfe durch die Verwaltung geschaffen werden, wird sichergestellt, daß alle Betroffenen nicht nur formal die Chance gleicher Einflußnahme gewinnen und Beteiligung nicht auf eine bloße Akklamation hoheitlichen Handelns reduziert wird, sondern daß im Sinne einer materialen Gleichheit die einzelnen die Möglichkeit zur Partizipation auch tatsächlich wahrnehmen und einen wirklichen Beitrag zur staatlichen Entscheidung beisteuern[18]. In diesem Zusammenhang stellt sich das Problem der Transparenzverträglichkeit. Nicht immer fördert die frühzeitige, bedingungslose Offenlegung aller Daten die Qualität der Entscheidung. Neben der generellen Gefahr des plebiszitären Überspielens der verfassungsrechtlichen Funktionen einer repräsentativen Demokratie durch „Öffentlichkeit"[19], werden auch gewisse Krisenplanungen, z. B. der Verteidigung oder der Polizeiverwaltung, nicht in allen Fällen der Öffentlichkeit vorgelegt werden können[20], damit nicht die Erfüllung der spezifischen Aufgabe gefährdet wird. Eine Parallele zu einem Partizipationsverbot auf Grund des verfassungsrechtlichen Leistungsprinzips wird sichtbar.

2.3.2 Partizipation als Frage des Verfahrens

Die verfassungsverwirklichende Partizipation als Bestandteil des Entscheidungsprozesses erweist sich in erster Linie als Problem eines geordneten Verfahrens[21]. Dabei kommt es darauf an, die Partizipation dergestalt zu formalisieren, daß das Verfahren sowohl auf den personellen Einzugsbereich als auch auf den jeweiligen sachlichen Bezugsrahmen ausgerichtet wird. Bei den personellen Kriterien der Teilnahme spielt in erster Linie der Grad der Betroffenheit durch staatliche Maßnahmen eine Rolle[22]. Allerdings kann auch bei allgemeiner öffentlicher Resonanz eine Beteiligung geboten sein, ohne daß eine spezifische Betroffenheit vorliegt[23]. Es bedarf daher für die Teilnahme nicht unbedingt einer vermeintlichen zukünftigen Rechtsverletzung, und insoweit ist die Betroffenheit weiter zu fassen als die Klagebefugnis etwa

[18] Generell dazu *Heller*, Rechtsstaat oder Diktatur?, S. 8 ff.; *BVerfG* E 8, 51, 68 ff.; *BVerfG* E 22, 83, 86 ff.; *Ryffel*, Der demokratische Gedanke, S. 202 ff.

[19] Die Gefahr der politischen „pressure groups" besteht vornehmlich im Bereich des Hochschulwesens. Generell dazu *Oberndorfer*, DÖV 1972, 536.

[20] Vgl. dazu *Kube*, BadWürttVBl. 1973, 22; *Breuckmann*, S. 224; ähnl. *Dürig*, VVDStRL 33 (1975), 291, Diskussionsbeitrag. Vgl. auch unten 3.3.4.

[21] *Dienel*, Die Verwaltung 1971, 156 ff.; *ders.*, Bürgerinitiative und Selbstverwaltung, S. 26 ff.; *Guilleaume*, Die Verwaltung 1971, 183 f.

[22] *Brohm*, VVDStRL 30 (1972), 280; *Kube*, BadWürttVBl. 1973, 22; *König*, Öffentliche Verwaltung und Demokratie, S. 198.

[23] *Dienel*, Bürgerinitiative und Selbstverwaltung, S. 28 ff.; *Pankoke*, Die Verwaltung 1971, 396 ff. In diesem Sinn auch *Kisker*, DÖV 1972, 524, 528; *Damkowski*, DÖV 1972, 89.

im Sinne des § 42 Abs. 2 VwGO. Vielmehr kann die Berührung bürgerschaftlicher Interessen ausreichender Grund für die Beteiligung sein. Ebenso können Erfahrung und Sachverstand Grundlage einer Teilnahme am staatlichen Willensbildungsprozeß sein[24]. Auch hinsichtlich des sachlichen Bezugsrahmens erweist sich die Partizipation als funktionaler Teil staatlichen Verfahrens und ist von der jeweiligen zu erfüllenden Aufgabe abhängig[25]. Analog zu der behavioristisch-rationalen Entscheidungstheorie stellt sich nicht die Frage nach optimaler Partizipation, sondern man wird auch hier den vernünftigen, gebotenen vertretbaren Kompromiß wählen, um zu *sachgerechten Ergebnissen* zu kommen[26]. Unterschiedliche Bereiche der Verwaltung erfordern dazu ein entsprechend unterschiedliches Verfahren. Ein offenes, partizipationsgeeignetes Verfahren ist zum Beispiel im Bereich der Bauplanung oder der fürsorgenden Tätigkeit möglich. Dagegen bleibt im Bereich mit detaillierten durchnormierten Regelungen wenig Spielraum für Partizipation. Wegen der tendenziellen, bereits erfolgten Vorentscheidung durch die Norm ist der Raum effektiver Einflußnahme gering. Minder partizipationsgeeignet erscheinen zum Beispiel auch die Bereiche der Eingriffs-[27] oder Bundeswehrverwaltung.

Partizipation ist nicht beschränkt auf die in der Bestandsaufnahme genannten Verfahren in Form der Anhörung, Erörterung und Mitentscheidung. Doch können diese herkömmlichen Beteiligungsformen Gewähr für ausreichende und wirksame Partizipation bieten, wenn die Voraussetzungen gleicher Teilhabe vorhanden sind. Ansonsten wird Partizipation zur Beteiligung einiger politisch Aktiver und kann nie zur Konkretisierung des Gemeinwohls führen[28]. Neben den Bedingungen der Transparenz sind auch bezüglich des Verfahrens Voraussetzungen für eine tatsächliche Wahrnehmung der Partizipationschance zu schaffen. Dieses kann sowohl durch Erprobung neuer Verfahren als auch durch Bereitstellung neuer Teilnahmemodalitäten geschehen. Diese Aufgabe ist dem einfachen Gesetzgeber zugewiesen, der die neuen Strategien — und dieser an sich selbstverständliche Grundsatz kann nicht oft genug wiederholt werden — an der Verfassung auszurichten hat. So kann beispielsweise ein Plebiszit, wie es häufig als Mitentschei-

[24] Insbesondere *Zeidler*, DÖV 1973, 727, weist auf die Schwierigkeiten der Festlegung sachorientierter Berechtigung der Teilhabe hin.

[25] *W. Schmitt Glaeser*, VVDStRL 31 (1973), 197 f., 229.

[26] *Kube*, BadWürttVBl. 1973, 22.

[27] Vgl. zur Partizipation im Bereich der Überwachungsverwaltung: *Hanisch*, S. 109 ff.

[28] *Scharpf*, Demokratietheorie zwischen Utopie und Anpassung, S. 42 ff.; *König*, Verwaltungsreform und Demokratiediskussion, S. 289. Zur Notwendigkeit der Beteiligung aller relevanten gesellschaftlichen Gruppen, insbes.: *Kisker*, DÖV 1972, 528; vgl. auch *Gehlen*, Demokratisierung, S. 184 ff.; *N. Johnson*, S. 155.

dungsform propagiert wird[29], wegen der grundlegenden Entscheidung des Grundgesetzes für eine repräsentative Demokratie keine Grundlage für eine demokratisch legitimierende Partizipation auf zentraler Willensbildungsebene sein.

Bei der Schaffung der Voraussetzungen egalitärer Partizipation entstehen neue Aufgaben für die Verwaltung, die ihrerseits neue Strukturen und Instrumentarien bedingen[30]. Dieses soll an Hand eines Beispiels erläutert werden[31]:

Neben der städtebaulichen Sanierung sieht das Städtebauförderungsgesetz vom 27. Juli 1971 auch Maßnahmen vor, um eine städtebauliche Entwicklung weiterzuführen (§§ 53 ff.) und neue Siedlungseinheiten zu schaffen. In der Regel bezieht sich die Entwicklungsplanung auf Gebiete, die noch landwirtschaftlich genutzt werden. Schon hier stellt sich die Frage nach der Auswahl der am Planungsverfahren zu beteiligenden Personen. Offensichtlich reicht die Mitwirkung der zunächst direkt betroffenen Grundstückseigentümer nicht aus, da hier weitreichendere Interessen von Bedeutung sind. Von den Entwicklungsmaßnahmen betroffen werden ebenso die direkt angrenzenden Siedlungen und Dörfer, die durch die zu planenden Änderungen unmittelbar auch Auswirkungen hauptsächlich infrastruktureller Art auf ihren Lebenskreis spüren. Aber auch künftige Bewohner der zu schaffenden Siedlungseinheiten werden eine Einflußnahme auf die Gestaltung ihres neuen Lebensmittelpunktes anstreben. Da die Entwicklungsmaßnahmen überörtlichen Strukturverbesserungen dienen sollen, sind auch die Gebietskörperschaften, in erster Linie die Gemeinden, in deren Gebieten die Siedlung geplant ist, betroffen. Ihnen sind ebenso Möglichkeiten der Mitwirkung zu geben. Für die planende Verwaltung ergibt sich somit zunächst die Aufgabe festzustellen, welche Personen, Gruppen oder Körperschaften zu beteiligen sind. Alsdann muß eine Selektion des sehr großen Kreises von Beteiligten vorgenommen werden[32]. Diese schwie-

[29] S. o. unter 2.2.1.2; vgl. auch die Darstellung bei *Landfried*, S. 34 f.; *Dienel*, Die Verwaltung 1971, 157, sieht zwar die tatsächlichen Gefahren der Plebiszite, erkennt aber nicht deren rechtliche Unzulässigkeit als Legitimationselement unter der Geltung des Grundgesetzes.

[30] Vgl. hierzu: *Grauhan*, S. 53 ff.; *v. Pufendorf*, S. 12 f.; *Zurhausen*, S. 80; ähnl.: *W. Schmidt*, VVDStRL 33 (1975), 209. Die Komplexität der Planung und die Schwierigkeiten der Mitwirkung der Bürger stellt auch *Schmidt-Aßmann*, DÖV 1974, 544 ff., heraus.

[31] *Göb*, DÖV 1974, 86 ff., zeigt wegen der vielfältigen Faktoren, die in jede Planung eingebracht werden müssen, die Grenzen der Stadtentwicklungsplanung auf. Generell zur Entwicklungsplanung: *Ossenbühl*, Gutachten, B 30 ff. m. z. N.; *Frido Wagener*, AfK 1970, 47 ff.; *ders.*, DVBl. 1970, 93 ff.; *Schmidt-Aßmann*, DÖV 1974, 541 ff. *Wegener*, DÖV 1975, 365 ff., zweifelt am Nutzen der Entwicklungsplanung und befürchtet irreale Programme. Dagegen: *Frido Wagener*, DÖV 1975, 370 ff.

[32] Die Auswahl der Beteiligten stellt große Probleme. Auch in der Literatur ist man sich nicht einig. Hier reichen die Vorschläge von Auslosen

rige Aufgabe kann durch einen auf freiwilliger Basis erfolgten Zusammenschluß zu einer Entwicklungsgemeinschaft (§ 60)[33] vereinfacht werden, da diese Gruppe dann über ihre gewählten Organe am Planungsprozeß beteiligt wird. Ähnlich komplizierte Aufgaben werden dem Entwicklungsträger gestellt, wenn die Vorbereitungshandlungen anlaufen. Nach einer umfangreichen Informationssammlung und -ordnung sind zunächst Grobanalysen erforderlich, auf denen mögliche Alternativen basieren, die dann mit den übergeordneten Zielen der Raumordnung, der Landesplanung und der Entwicklungsplanung abgestimmt werden. Häufig muß der Entwicklungsträger Planungsbüros einschalten, da er selbst nicht über genügend Fachkräfte verfügt. Mitarbeit von Bürgern aus anderen Entwicklungsgebieten kann sich aufschlußreich zur Vermeidung von Fehlern auswirken. Gelingt es dem Entwicklungsträger zu einer Kooperation mit den Betroffenen zu gelangen, so kann dieses in einigen Fällen zu einer unstreitigen, freiwilligen Bodenneuordnung führen. Kooperation, auch in Form des einigenden Gesprächs, will aber gelernt sein. Neue gruppendynamische Erkenntnisse müssen genutzt werden[34], um psychologische Hemmnisse der beteiligten Bürger abzubauen und um zu dauerhaften Lösungen zu gelangen. Andererseits ist nicht nur der Kontakt mit den Betroffenen erforderlich, vielmehr wird die Gemeinwohlbindung der Planung insbesondere durch die Öffentlichkeit manifestiert[35]. Bevor die Entwicklungsalternativen im Rückkoppelungsprozeß gemeinsam mit den Betroffenen reduziert werden, um zu einer vertretbaren Lösung zu kommen, müssen die Entwicklungskonzepte bezüglich ihrer rechtlichen und wirtschaftlichen Durchführbarkeit untersucht werden. Auch eine Finanzanalyse sowie soziologische Untersuchungen bezüglich der Standortqualität sind notwendig zu erfüllende Aufgaben, bevor der städtebauliche Entwicklungsbereich förmlich festgelegt werden kann[36].

Insgesamt ergibt sich nicht nur ein erweiterter Arbeitsaufwand der Verwaltung, sondern auch die üblichen Methoden des Verwaltungshandelns müssen überdacht und korrigiert werden[37]. Neue Formen der

---

(*Walter*, VVDStRL 31 [1973], 168 f.) über Auswahl nach dem Geburtsdatum (*Dienel*, Bürgerinitiative und Selbstverwaltung, S. 31) und Bestimmung der Partizipanten durch die Verwaltung bis zur Wahl der zu Beteiligenden durch die Gesamtheit der Betroffenen.

[33] Vgl. den Gesetzesentwurf der Bundesregierung über die Sanierungs- und Entwicklungsgemeinschaften, BR-Drucks. 142/73.

[34] *Feger*, S. 251 ff.; *Brocher*, S. 12 ff.; *Dienel*, Die Verwaltung 1971, 173.

[35] *P. Häberle*, Öffentliches Interesse, S. 402 ff.

[36] Vorsichtige Zweifel bezüglich der Erfüllung der durch das Städtebauförderungsgesetz anfallenden Aufgaben durch die Verwaltung und der Realisierung der Partizipationsmöglichkeiten äußert auch *Schäfers*, S. 260 ff.; ähnlich *Potthast/Sembritzki*, Der Städtetag 1973, 599 ff.; *Kube*, DÖV 1972, 121 f., und *Göb*, DÖV 1974, 86 ff.

Zusammenarbeit mit dem Bürger und der Träger öffentlicher Verwaltung untereinander, bessere Koordination und auch volks- und betriebswirtschaftliche Konzepte müssen genutzt werden, um den erhöhten Anforderungen gerecht zu werden[38]. Ebenso erforderlich erscheinen neue Informationssysteme der Verwaltung[39]. Doch die Umstrukturierung und Neuorientierung der Verwaltung allein genügt nicht. Der Bürger muß auch lernen, mit den neuen verwaltungsrechtlichen Instrumentarien umzugehen und seine Partizipationschancen zu nutzen[40]. Das ist um so schwerer, als bei dem bereits vorhandenen, relativ begrenzten Partizipationspotential der Bürger geringe Neigung verspürt, von sich aus teilzunehmen[41]. Die mangelnde Ausnutzung des Partizipationsangebots geht häufig auf fehlende Information, unzureichende Sachkenntnis oder Bildung und Desinteresse zurück. Zwar lebt die Demokratie von einem gewissen Maß an Apathie der Bevölkerung[42]. Doch wenn die Mehrzahl der Betroffenen sich passiv verhält und gänzlich schweigt, besteht die Gefahr, daß die Interessen der wenigen, die um so deutlicher zu Wort kommen, mit dem Gemeinwohl identifiziert werden. Hier erweist sich die Notwendigkeit, einen weiten Kreis von Partizipanten zu mobilisieren und auch neue Motivationen für Partizipation zu ergründen, um eine möglichst breite Basis aktiver Mitarbeit und Zustimmung zu gewinnen[43]. Nur so ist gewährleistet, daß Partizipation

---

[37] So auch der Tenor von *Offe*, Zukunftserwartungen und Strukturpolitik, S. 84; generell *v. Pufendorf*, S. 12 f.; *Dienel*, Die Verwaltung 1971, 175 f.

[38] Vgl. etwa *Laux*, DVBl. 1972, 167 ff.; *ders.*, Der Landkreis 1975, 188 ff.; *Forsthoff*, Über Mittel und Methoden moderner Planung, S. 27 ff.; *Guilleaume*, Die Verwaltung 1971, 184 f.; *Mäding*, AfK 1969, 3 ff.; *Kube/Kübler*, BadWürtt VBl. 1972, 129 ff.; *Dienel*, Bürgerinitiative und Selbstverwaltung, S. 26; *ders.*, Die Verwaltung 1971, 184 f.; *Mäding*, AfK 1969, 3 ff.; *Kube/Kübler*, BadWürtt DVBl. 1973, 869 ff.; *ders.*, Verwaltungspraxis 1973, 129 ff.

Unter dem Gesichtspunkt des Planning Programming Budgeting Systems: *O'Cofaigh*, S. 361 ff.; *Kübler*, BadWürttVBl. 1973, 113 ff.; *Thiele*, DVBl. 1973, 876 ff.; *Reinermann*, DVBl. 1972, 101 ff.; *Schönfelder*, ZBR 1971, 157 ff.; *Strebel*, BadWürttVBl. 1972, 145 ff.; ausgewogen hierzu: *E. H. Ritter*, JZ 1972, 108 f.

[39] *Heitz*, S. 217 ff.; *Städtebaubericht*, BT-Drucks. VI/1497, S. 52 ff.; Ansätze sind bereits gemacht. Vgl. etwa die Kommunale Gemeinschaftsstelle für Verwaltungsvereinfachung, die ihren Mitgliedern umfangreiches Informations- und Beratungsmaterial zur Verfügung stellt.

[40] *Städtebaubericht*, BT-Drucks. VI/1497, S. 53 f.; insoweit sind auch bildungsplanerische Konsequenzen zugunsten einer erhöhten Bürgerbeteiligung erforderlich; vgl. *Dienel*, Partizipation an Planungsprozessen, S. 114 ff.; *v. Pufendorf*, S. 9; *Pankoke*, Die Verwaltung 1971, 412.

[41] Vgl. zum Apathieproblem: *W. Schmitt Glaeser*, VVDStRL 31 (1973), 239 f.; *v. Beyme*, S. 188 ff.; *Schellhoss*, S. 15 f.; *Mündler*, Gewerkschaftliche Monatshefte 1953, 21 ff.; *Lasswell*, The Analysis of Political Behavior; *Scharpf*, Demokratietheorie zwischen Utopie und Anpassung, S. 33 ff.; *Rupp*, NJW 1972, 1540.

[42] *Morris-Jones*, S. 25 ff.

[43] *Mayntz*, Funktionen der Beteiligung, S. 342; *Dienel*, Die Verwaltung 1971, 164 ff.; *Kube*, DÖV 1972, 120 f.

nicht zur Durchsetzung eigener Interessen aus persönlichem Egoismus dient, sondern als Mittel pluralistischer Gemeinwohlkonkretisierung sämtliche vorhandenen Informationen und Meinungen in den betreffenden Entscheidungsprozeß einbringt[44]. Das Erfordernis egalitärer Partizipation erfüllt sich ferner nur dann, wenn dem einzelnen der gleiche Stellenwert seiner Einflußnahme auf den staatlichen Entscheidungsprozeß gewährt wird wie den sonstigen Beteiligten, bei denen derselbe Partizipationssachverhalt zugrunde lag[45].

Als ebenfalls generelles verwaltungsorganisatorisches Problem stellt sich die Frage nach dem Zeitpunkt der Beteiligung. Partizipation ist nicht nur beschlußorientiert, vielmehr in allen Phasen der Entscheidung möglich. Ihr tatsächlicher Einfluß auf die Gesamtentscheidung wächst mit der Bedeutung der betreffenden Phase. Häufig ist bereits die Vorbereitungsphase oder spätestens das Ausarbeiten von Alternativlösungen grundlegend für die Entscheidung, so daß schon hier die Möglichkeit der Beteiligung zu gewähren wäre, damit Partizipation sich nicht in der Korrektur des Details erschöpft, sondern echte Einflußchancen beinhaltet[46]. Eine punktuelle Teilnahme wird den Intentionen der Partizipation nicht gerecht. Eine gesamtentscheidungsorientierte Betrachtungsweise erfordert, daß die Beteiligung in einer Phase der Entscheidung weitere vorangehende oder nachfolgende Teilhabemöglichkeiten nicht ausschließt[47].

2.4 Leistung und Partizipation

Der Aufwand für die allein durch den Einbau von Partizipationsformen bedingten Aufgaben und veränderten Strategien der Verwaltung scheint erheblich zu sein. Und doch wird in dem Verhältnis von Leistung und Partizipation zumeist keine Antinomie erblickt. Vielmehr ist die Diskussion um die Partizipation sehr darauf bedacht, die positiven Auswirkungen der Teilhabe hinsichtlich der Leistungsfähigkeit und Wirksamkeit der öffentlichen Hand in den Vordergrund zu stellen[1].

---

[44] *Luhmann*, Politikbegriffe und die „Politisierung" der Verwaltung, S. 227.

[45] Vgl. dazu schon oben 2.2.1.3.

[46] *Mayntz*, Funktionen der Beteiligung, S. 348; *Damkowski*, DÖV 1972, 89; *Kube*, BadWürttVBl. 1973, 19; *ders.*, DÖV 1972, 120 f.; *Stich*, S. 365 ff.; *Ossenbühl*, Gutachten, B 94 ff.

[47] So auch *W. Schmitt Glaeser*, VVDStRL 31 (1973), 195 f., 239. Vgl. zusätzlich: oben 2.1.2.

[1] Vgl. etwa *Morstein Marx*, Stand der Verwaltungswissenschaft, S. 36 f.; *Franz Mayer*, Geschäftsgang, S. 309; *Langrod*, DVBl. 1961, 309 f.; *Breuckmann*, S. 224 ff.; *Veld*, S. 362; *Kopp*, Verfassungsrecht und Verwaltungsverfahrensrecht, S. 204 ff.; *Dienel*, Die Verwaltung 1971, 174; *v. Brünneck*, S. 164. Auch *P. Häberle*, AöR 98 (1973), 626, sieht in Teilhabe eher einen Korrelatbegriff zu Effizienz, ohne die negativen Auswirkungen der Teilhabe auf die Leistungsfähigkeit der Verwaltung zu erwähnen.

Auch die verfassungsrechtliche Grundlegung hat ergeben, daß Partizipation als Mittel zur sachgerechten Aufgabenerfüllung Bezüge zum Leistungsprinzip aufweist.

So wird durch Partizipation zweifelsfrei die Information der entscheidenden Behörde größer. Damit wächst die Chance, daß die staatlichen Maßnahmen auf eine rationalere Basis gestellt werden[2]. In einigen Fällen erhöht Beteiligung den Sachverstand oder verringert die Komplexität von Problemen[3]. Durch Teilhabe der späteren Entscheidungsbetroffenen werden Konflikte antezipiert, das Protestpotential verkleinert und somit die Durchsetzbarkeit der Entscheidung beschleunigt[4]. Ebenfalls positiv auf die Leistung des Staates kann sich die Partizipation bei der Aufhebung von Entfremdungsgesichtspunkten auswirken, so daß der Bürger das staatliche Handeln auch als sein eigenes Tun begreift[5]. All diese Folgen wirkungsvoll eingesetzter und dosierter Partizipation können eintreten und sich günstig auf die Effizienz staatlicher Verfahren auswirken. Insofern weist auch die Bundesregierung den Einwand, „daß solche Gesetzesänderungen, die zu einer wirksameren Mitarbeit des Bürgers im Planungsprozeß führen, nur Verzögerungen bewirken und das Ergebnis der Pläne auch sachlich nicht verbessern", als nicht überzeugend und unzutreffend zurück[6].

Doch empirische Untersuchungen über Effizienzgewinne durch Partizipation fehlen bislang[7]. Im Gegenteil: Die wenigen vorliegenden Berichte über praktische Erfahrungen mit Partizipation lassen erkennen, daß dort, wo die Forderung nach Teilhabe ernsthaft verwirklicht wird, auch gewisse Abstriche an der Leistungsfähigkeit staatlichen Handelns in Kauf genommen werden müssen[8]. Gewiß darf man Partizipation

---

[2] *Kube*, DÖV 1972, 118 f.; *ders.*, BadWürttVBl. 1973, 18 f.; *Laux*, Der Landkreis 1975, 188.

[3] *Dienel*, Die Verwaltung 1971, 153; *Veld*, S. 360 ff.

[4] *Pflaumer*, Öffentlichkeit und Verwaltung in München, S. 229; *Kube*, BadWürttVBl. 1973, 21 f.; *Damkowski*, DÖV 1972, 88; *Kübler*, BadWürttVBl. 1972, 66 ff.

[5] *Dagtoglou*, DVBl. 1972, 716; ähnlich *Offe*, Zukunftserwartungen und Strukturpolitik, S. 87; *Kopp*, Verfassungsrecht und Verwaltungsverfahrensrecht, S. 188.

[6] Vgl. *Städtebaubericht*, BT-Drucks. VI/1497, S. 54.

[7] In diesem Sinne ebenso *Leisner*, Mitbestimmung im öffentlichen Dienst, S. 17; *Püttner*, S. 78 f.; *N. Johnson*, S. 159 f. Auch *Dienel*, Techniken bürgerschaftlicher Beteiligung, S. 155, gesteht ein, daß die Effektivität von neuen Beteiligungsverfahern durch kontrollierte Experimente noch ermittelt werden muß. Aufgrund empirischer Beobachtungen wird allerdings unter dem Gesichtspunkt der „Demokratisierung" mehr Partizipation gefordert, ohne dabei aber die Leistungsfähigkeit und Funktionstüchtigkeit der Verwaltung zu beachten. Vgl. etwa *Schäfers*, S. 257 ff. m. z. N.

[8] *Herlyn*, S. 235 ff.; *Schäfers*, S. 260 ff.; *Bürgerinformation 2*, Hrsg. Magistrat der Stadt Marburg, Mai 1972, S. 22 f.; vorsichtig optimistisch der *Skeffington-Report*, Hrsg. Ministry of Housing and Local Government, People

nicht von vornherein als leistungshemmend ansehen[8]. Ein solcher Befund kann auch durch die verfassungsrechtliche Analyse als widerlegt gelten[9]. Doch selbst bei einer weiten aufgabenspezifischen Auslegung des Effizienzbegriffes, der demzufolge nicht nur rein technokratisch den wirtschaftlich größten Erfolg bei optimaler Ausnutzung der Mittel beinhaltet, sondern auch rechtsstaatliche und soziale Komponenten sowie Problemlösungskapazität, Konfliktregelungspotential und Innovationsfähigkeit als wichtige Faktoren einbezieht[10] und ferner auf einer humanen Leistung basiert[11], kann nicht geleugnet werden, daß zum Beispiel erhebliche personal- und kostenintensive Bemühungen erforderlich sind, um verfassungsgerechte Partizipation zu verwirklichen[12]. Denkbar erscheint es jedenfalls, daß die Sicherstellung staatlicher Aufgabenerfüllung eine Einschränkung von Partizipation erfordert. Es soll hier keine Gegenrechnung von positiven und negativen Auswirkungen der Partizipation auf die staatliche Leistung aufgestellt werden[13]. Vielmehr soll nur unter dem in der Partizipationsliteratur bislang zu wenig beachteten Aspekt der tendenziell negativen Folgen der Partizipation auf die Leistungs- und Funktionsfähigkeit staatlichen Handelns gefragt werden, ob und inwieweit das verfassungsrechtliche Leistungsprinzip als Grundsatz optimaler effizienter Aufgabenerfüllung der Partizipation an Verwaltungsentscheidungen Einhalt gebieten und zu Teilhabeverboten führen kann[14].

---

and Planning. Report of the Commitee on Public Participation in Planning, London 1969. Allerdings ist gerade in Großbritannien die Partizipationstendenz zugunsten einer Stärkung der Behördenleitung und der dadurch erhofften Steigerung der Effizienz rückläufig. Dieses resultiert auch aus dem Vertrauen in eine faire und unparteiliche Verwaltung sowie in das „representative and reponsible government". Vgl. dazu allgemein: *N. Johnson*, S. 156 ff.

[9] So aber *Luhmann*, Legitimation durch Verfahren, S. 208 f., 213 ff.; kritisch dazu auch *W. Schmidt*, AöR 96 (1971), 335 f.

[10] *Damkowski*, DÖV 1972, 88; *Oberndorfer*, DÖV 1972, 530.

[11] Vgl. oben 1.3.

[12] *Galabert*, S. 169 ff., 194. Auch besteht die Gefahr der Desintegration, vgl. dazu *Dienel*, Die Verwaltung 1971, 153 f. Zudem erhöht sich der Konfliktregelungsbedarf in gleichem Maße wie das Konfliktregelungspotential wächst: *Mayntz*, Funktionen der Beteiligung, S. 348. Ähnlich auch *König*, Verwaltungsreform und Demokratiediskussion, S. 281 f.; *Herzog*, Möglichkeiten und Grenzen des Demokratieprinzips, S. 492 ff. Auch Kurzfristigkeit und Krisensituationen können der Partizipation Grenzen setzen. Vgl. *Dienel*, Partizipation an Planungsprozessen, S. 104; auch § 24 Abs. 2 Ziff. 4 EVerwVerfG (1973).

[13] Ausgewogen hierzu *Kisker*, DÖV 1972, 523 mit Fn. 17. Vgl. auch *S. Verba*, S. 76: „Participation has its benefits for the policy maker, but it also has its costs; under some circumstances, governmental effectiveness may go down."

[14] Der Hinweis *Eckerts*, S. 37, daß in einer Demokratie auch legitime Formen der Abwehr von Partizipation bestehen müssen, findet hier besondere Beachtung.

3. Verfassungsrechtliches Leistungsprinzip und Partizipationsverbot

Die Untersuchung über die Beteiligung an Entscheidungen im Verwaltungsverfahren hat gezeigt, daß sich der Sinn und die Bedeutung der Partizipation erst im Verfassungsgefüge erschließt und daß Teilhabe durch die Verfassungsgrundentscheidungen für die Demokratie, den Rechtsstaat und die Sozialstaatlichkeit nicht nur verständlich, sondern grundsätzlich auch geboten erscheint. Und doch stellt sich Partizipation in seinen tatsächlichen Ausformungen vornehmlich als verwaltungsorganisatorisches Problem dar. Ähnlich verhält es sich mit dem verfassungsrechtlichen Leistungsprinzip, das als Organisationsschema zur bestmöglichen Erfüllung und Verwirklichung grundgesetzlicher Aufgaben gilt. Da also beide Grundsätze nicht nur enge verfassungsrechtliche Bezüge aufweisen, sondern auf derselben (verfassungsrechtlichen) Ebene angesiedelt sind und sogar von denselben Verfassungsgütern bestimmt werden, läßt sich bei einer bloßen Betrachtung nebeneinander weder eine Vorentscheidung finden, noch kann abstrakt festgestellt werden, in welchem Verhältnis sie zueinander stehen. Es besteht keine Möglichkeit, von vornherein festzulegen, ob sich Partizipationsverbote auf Grund des verfassungsrechtlichen Leistungsprinzips ergeben. Deshalb ist zunächst eine Gegenüberstellung möglicher Kollisionsfälle notwendig. Im Anschluß daran sind geeignete Maßstäbe zur Wertung der verschiedenen Grundsätze zu suchen, an Hand derer konkrete Fälle lösbar erscheinen. Dabei wird es sich zeigen, ob und in welchen Fällen die effiziente Erfüllung der jeweiligen Aufgabe ein Partizipationsverbot erfordert und ob sich dafür gewisse Grundtypen herauskristallisieren.

3.1 Negative Auswirkungen der Partizipation auf das verfassungsrechtliche Leistungsprinzip

Für die Darstellung allein interessant sind die Behinderungen und möglichen negativen Auswirkungen der Partizipation im Verwaltungsverfahren auf ein Leistungsprinzip als Grundsatz optimaler Erfüllung der jeweiligen Aufgabe. Verschiedene Gesichtspunkte der Abschwächung der spezifischen Leistungsfähigkeit der staatlichen Entscheidungen kommen in Betracht.

3.1.1 Nachteile in bezug auf ein leistungsfähiges Verfahren

3.1.1.1 Quantitative Mängel

Unter diese Gruppe der Kollision von Partizipation und Leistungsprinzip sollen die Fälle zusammengefaßt werden, in denen ein *Zuviel* an Partizipation negative Auswirkung auf die Entscheidung haben kann, so daß letztendlich nicht mehr von einer vertretbaren Lösung im Rahmen sachgerechter Aufgabenerfüllung gesprochen werden kann. In erster Linie erweist sich dieses als praktisches Problem. Es stellt sich die Frage, ob alle Betroffenen am Entscheidungsprozeß beteiligt werden sollen, auch wenn dadurch erhöhter Zeit- und Arbeitsaufwand eine Entscheidung erheblich verzögern[1]. Derartigen quantitativen Teilnahmeerwartungen intendiert die Gefahr des Umschlags in einen qualitativen Mangel der Entscheidung. Durch verspätete Entscheidung und Überforderung der Verwaltung wegen umfangreicher und langandauernder Beteiligungsprozesse kann sich die Qualität der Aufgabenerledigung erheblich mindern[2].

Zum einen kann die in erster Linie demokratisch motivierte Beteiligung weiter Bevölkerungskreise oder vieler Gruppenvertreter eine Hemmung des Arbeitsablaufes und Verschleppung des Entscheidungsprozesses bewirken. Beispielsweise ist dieses der Fall gewesen, als gemäß § 25 HessUniG i. d. F. vom 12. 5. 1970[3] von verschiedenen Gruppen der Universität Vertreter in die Fachbereichskonferenz gewählt wurden, deren Stärke sich nach der Anzahl der zum jeweiligen Fachbereich zugehörigen Professoren richtete. So entschieden zum Beispiel an der Philipps-Universität in Marburg am Fachbereich Gesellschaftswissenschaften 76 Vertreter in „allen Angelegenheiten des Fachbereichs" (§ 24 Abs. 1 HessUniG i. d. F. vom 12. 5. 1970), im Fachbereich Humanmedizin waren es sogar 241 Mitglieder, die eine Repräsentation der am Fachbereich vertretenen Gruppierungen darstellten. Noch problematischer gerade im Hinblick auf die sachgemäße Aufgabenerfüllung kann sich die Beteiligung der Betroffenen an den Möglichkeiten auswirken, die das StBauFG bietet. In dem in Marburg zur Altstadtsanierung festgelegten Gebiet wohnten

---

[1] Aus der Sicht des amerikanischen Verfahrens, das erheblich mehr Möglichkeiten der Teilhabe bietet als das deutsche, vgl. *Scharpf*, Die politischen Kosten des Rechtsstaates, S. 22 ff. Generell: *Blümel*, Masseneinwendungen im Verwaltungsverfahren, S. 547.

[2] Insbesondere *Redeker*, DVBl. 1973, 744 ff., weist darauf hin, daß selbst der neueste Entwurf eines Verwaltungsverfahrensgesetzes (1973) nicht auf Massenverfahren eingestellt ist. Vgl. auch *Blümel*, Masseneinwendungen im Verwaltungsverfahren, S. 544 ff. mit weiteren Beispielen. *Knöpfle*, DÖV 1974, 709, spricht von der Erschwerung der Aufgaben der Verwaltung durch Ausdehnung der Partizipation.

[3] HessGVBl. I 1970, S. 324 ff.; jetzt geändert durch Neufassung vom 6. 12. 1974, HessGVBl. I 1974, 603 ff.

Ende 1973 6383 Bürger, die gemäß § 4 Abs. 1 und Abs. 2 zu beteiligen waren. Neben dieser Anzahl direkt Betroffener wirkt sich die Sanierung aber auch noch auf die an das festgelegte Gebiet grenzenden Anwohner und auf die in dem Sanierungsbereich berufstätigen Personen aus. Zudem ist zu bedenken, daß für eine derartige Sanierung etwa zwanzig Jahre zu veranschlagen sind und in der Zwischenzeit neue Betroffene in den Entscheidungsprozeß integriert werden müßten. Durch eine Beteiligung aller Betroffenen kann hier der Entscheidungsprozeß empfindlich verlangsamt werden[4]. Es besteht die Gefahr, daß die Datengrundlagen schon veraltet sind, bis es zum Entscheidungsbeschluß kommt. Ebenso wird die Konsenssuche durch die große Anzahl der Teilnehmer erheblich erschwert, wenn nicht unmöglich gemacht, und die Chance zur Verwirklichung der Planungskonzepte verringert sich wegen der Veränderung tatsächlicher Umstände zunehmend, so daß insgesamt die Erfüllung der Aufgaben in Frage gestellt sein könnte. Fraglich ist, ob hier ein Verbot der Partizipation aufgrund dieser möglichen negativen Auswirkungen auf die leistungsgemäße Aufgabenerfüllung geboten erscheint.

Neben diese Folgen der Teilhabeberechtigung vieler tritt noch eine weitere Schwierigkeit. Durch die vermehrte Partizipation wird ein wesentlich höherer Verwaltungsaufwand notwendig, der zusätzliche sachliche und personelle Mittel der Verwaltung erfordert, um den Partizipationserfordernissen gerecht zu werden und Beteiligung nicht als kraftlose, rechtlich unverbindliche Entscheidungshilfe auszugestalten. Neue Instrumentarien der Partizipation müssen entwickelt werden. Doch der Verwaltung sind durch die Zuweisung von beschränkten Haushaltsmitteln und die Verpflichtung, alle gestellten Aufgaben sachgerecht zu erfüllen, Grenzen gesetzt. Könnte sich aus der Beschränkung von Verwaltungsmitteln ein Partizipiationsverbot ergeben?

3.1.1.2 Mangelnde Verantwortlichkeit

Durch die Vielzahl der Teilnehmer ergeben sich noch weitere Schwierigkeiten, die die aufgabenspezifische Leistung negativ beeinflussen und sich leistungshemmend auf die staatliche Entscheidung auswirken können. Durch die Partizipation nehmen so viele Meinungen auf den Entscheidungsprozeß Einfluß, daß niemand genau weiß, welchen Stellenwert seine Aussage gewinnt. Die demokratische Aufgabe, Selbstbestimmung durch Mitbestimmung zu fördern, wird auf diese Weise kaum erreicht. Gleichzeitig entsteht dadurch ein Verlust des Bewußtseins, die

[4] *Blümel,* Masseneinwendungen im Verwaltungsverfahren, S. 547. Demgegenüber strebt die Novelle zum BBauG, BT-Drucks. VII/2496, S. 36, noch eine personelle und zeitliche Ausweitung der Beteiligung am förmlichen Verwaltungsverfahren an.

konkrete Entscheidung auch verantworten sowie dafür einstehen zu müssen — und sei es auch in finanzieller Hinsicht bei Schadensersatzansprüchen oder Regreßforderungen im Falle einer falschen Entscheidung. Durch den Mangel an konkreter Verantwortlichkeitszuweisung kann Partizipation dabei einen nachteiligen Einfluß, insbesondere auf die Leistungs- und Funktionsfähigkeit im Rahmen der Rechtssicherheit und Rechtsklarheit staatlichen Handelns ausüben[5], zumal auch in den seltensten Fällen die Partizipanten gezwungen werden, ihre Vorstellungen auf ihre praktische Durchsetzbarkeit zu überprüfen. Der Mangel an konkreter Zuweisung der Verantwortlichkeit gilt in besonderem Maße für die Beteiligung von Behörden; er kann sich aber auch bei der Teilnahme von Bürgern negativ auf die zu erfüllende Aufgabe auswirken. Könnte ein Partizipationsverbot die ursprüngliche Verantwortungszuweisung und damit die Erhaltung der zweckspezifischen Aufgabenerfüllung wieder herstellen?

3.1.1.3 Fehlende Koordination

Ebenfalls durch die Partizipation verschiedener Bürger und Gruppen kann sich eine weitere tendenziell negative Auswirkung auf das Verfahren ergeben. Durch das Nebeneinanderlaufen mehrerer Informationsprozesse und das Interessenclearing auf verschiedenen Ebenen der Entscheidung kommt es häufig nicht zu der erforderlichen Abstimmung der unterschiedlichen Meinungen und Entscheidungsgrundlagen[6]. Mangelnde oder unzureichende Koordination verzögert aber nicht nur den Zeitablauf der Entscheidung, sondern kann zu einer erheblichen Qualitätsminderung führen und so die optimale Erfüllung der jeweiligen Aufgabe in Frage stellen. So sind zum Beispiel bei der Altstadtsanierung nicht nur die speziellen Sanierungsmaßnahmen, sondern auch Gesichtspunkte der Verkehrsplanung, der übergeordneten Stadt- und Regionalplanung sowie haushaltsrechtliche Fragen im Entscheidungsprozeß zu berücksichtigen. Verschiedene nebeneinanderlaufende Partizipationsstränge zur Erhöhung des Sachverstandes können sich auch nachteilig auf die demokratisch gebotene Transparenz der Entscheidung sowie auf die Übersichtlichkeit der Organisation im Interesse der Rechtsklarheit auswirken. Beide Gesichtspunkte können in der Regel auch als Bedingungen eines aufgabenbezogenen Leistungsprinzips gelten. Ist hier ein Partizipationsverbot das geeignete Mittel, um in diesen Fällen das verfassungsrechtliche Leistungsprinzip zu gewährleisten?

---

[5] *Geiger*, S. 243; ähnlich auch *Dürig* in MDH, Art. 3 GG, Rdn. 155 a; *Reschke*, Mitbestimmung und Mitwirkung in öffentlichen Institutionen, S. 130.

[6] *Bürgerinformation 1*, Hrsg. Magistrat der Stadt Marburg, März 1972, S. 12.

3.1.2 Qualitative Mängel durch Partizipation

Während es bei den obigen Kollisionsgruppen um die Auswirkungen und Folgen von *zuviel* Partizipation geht, die auf dem Wege über das Verfahren auf die Entscheidung Einfluß nehmen und die optimale Aufgabenerfüllung in Frage stellen, sind jetzt die direkten Auswirkungen der Partizipation auf die Entscheidungs*qualität* zu untersuchen[7].

Die Qualität kann vermindert sein, wenn Entscheidungen, die in hohem Maße Sachverstand, Erfahrung und Befähigung erfordern, durch die Beteiligung von Bürgern herbeigeführt und getroffen werden, die diese Voraussetzungen nicht besitzen. Einerseits werden diese am Entscheidungsprozeß Betroffenen überfordert[8], mit der Folge psychologischer Nachwirkungen, andererseits wird unter Berufung auf demokratische Partizipation eine Entscheidung geliefert, in deren Verarbeitungsprozeß bestimmte Informationen und Problemlagen nur unzureichend oder falsch bewertet werden. Neben der mit der Überforderung verbundenen Verzögerung des Entscheidungsprozesses kann durch das mangelnde Verständnis komplizierter Sachfragen und übergeordneter Zusammenhänge und Folgen nicht mehr von einer brauchbaren, vertretbaren Entscheidung gesprochen werden, wie sie das leistungsstaatliche Leistungsprinzip erfordert[9]. Optimale Aufgabenerfüllung bedeutet aber nicht Verzicht auf demokratische, rechtsstaatliche oder sozialstaatliche Grundsätze, die im Hinblick auf die jeweilige konkrete Aufgabe zu untersuchen sind. Eine gebotene demokratische Aufgabenstellung kann daher durchaus Grund für reduzierte Effizienz staatlichen Handelns sein, da Selbstbestimmung, Konsenssuche, Transparenz und Konfliktregelung die entscheidenden Faktoren darstellen können. Auch die rechtsstaatliche oder sozialstaatliche Zielsetzung einer Aufgabe kann durch Partizipation eine rein ökonomische Leistungsfähigkeit mindern, um soziale Gerechtigkeit zu verwirklichen. Gleichwohl lassen sich durch die Berücksichtigung sachfremder und sachwidriger Erwägungen infolge der Teilhabe Nichtqualifizierter dort negative Auswirkungen feststellen, wo auch im Interesse der Demokratie oder des sozialen Rechts- und Leistungsstaates sachliche leistungsbezogene Entscheidungen notwendig sind. Da das oben skizzierte Leistungsprinzip sich auf verfassungsrechtliche Grundentscheidungen zurückführen läßt und erst Gestalt und Inhalt durch sie gewinnt, handelt es sich hierbei nicht nur um

---

[7] Vgl. W. *Schmitt Glaeser*, VVDStRL 31 (1973), 240 m. Fn. 263; *Dienel*, Partizipation an Planungsprozessen, S. 104 f.

[8] *P. Häberle*, VVDStRL 30 (1972), 130; *H. Schäfer*, DVBl. 1972, 406; *Pflaumer*, Öffentlichkeit und Verwaltung in München, S. 229.

[9] Nicht so differenziert: *v. Unruh*, DÖV 1974, 655. *Brohm*, VVDStRL 30 (1972), 281, weist zudem noch auf die mangelnde Einsicht mancher Bürger in den Nutzen der Beteiligung hin.

eine bloße Frage des verwaltungspolitischen Vorfeldes[10], sondern kann sich als Gefahr für die Struktur der Staatsorganisation und deren wirkungsvolle Aufgabenerfüllung erweisen.

Als Beispiel ist zunächst wiederum das Planungsverfahren etwa im Bereich der Bauplanung zu nennen. Neben einer notwendig breiten Beteiligung als Basis zur Information der Verwaltung und Interessenabklärung der betroffenen Bürger, die insbesondere durch demokratische Elemente der Partizipation geboten erscheint, sind noch komplizierte Problemzusammenhänge, insbesondere mit übergeordneter Planung zu werten[11]. Infrastrukturelle Maßnahmen auch wirtschaftspolitischer Art sowie sonstige gesamtwirtschaftliche Erwägungen, die der einzelne allein zu stellen kaum in der Lage ist, machen erhöhten Sachverstand für die Planungsentscheidungen notwendig, um so dem Faktor der Sachrichtigkeit bei der bestmöglichen Erfüllung der Bauplanungsaufgabe Rechnung zu tragen.

Von herausragender Bedeutung erscheint die Beachtung des sachbezogenen Leistungsprinzips bei staatlichen Entscheidungen wie Prüfungen, bei denen besondere Qualifikationen nachgewiesen werden sollen. Dieses kann sowohl im Bereich des Handwerks, zum Beispiel bei Gesellen- oder Meisterprüfungen, als auch im Schul- und Hochschulbereich der Fall sein. Wird hier eine mitentscheidende Partizipation von Fachunkundigen zugelassen, so kann nicht mehr objektiv über die Qualifikation entschieden werden. Gerade diese Qualifikationen sind aber wichtige Nachweise zum Beispiel bei dem derzeit geltenden Laufbahnsystem im öffentlichen Dienst. Ein unqualifizierter Träger hoheitlicher Gewalt lähmt die Leistungsfähigkeit staatlichen Handelns erheblich. Hat also der an derartigen Prüfungen zu Beteiligende selbst nicht die durch die Prüfung nachzuweisende Qualifikation, so ist nicht gewährleistet, daß seine Entscheidung die wahrzunehmende Aufgabe optimal erfüllen kann. Qualitative Mängel der Entscheidungen durch Partizipation Sachunkundiger könnten daher ein Verbot ihrer Beteiligung gebieten, um dem verfassungsrechtlichen Leistungsprinzip zur Geltung zu verhelfen.

3.1.3 Funktionelle Mängel

Unter dem Gesichtspunkt der funktionellen Mängel sollen die Kollisionsfälle zusammengefaßt werden, bei denen durch Partizipation die optimale Erfüllung der konkreten Aufgabe im Hinblick auf ihre besondere Eigenart in Frage gestellt wird. Umfassende Partizipation kann gerade der Funktion der staatlichen Aufgabe entgegenlaufen.

---

[10] So aber *Leisner*, Mitbestimmung im öffentlichen Dienst, S. 38 f.

[11] Aus diesem Grunde spricht *E. H. Ritter*, JZ 1972, 110, auch davon, daß nur der Planung betreiben könne, der das notwendige Fachwissen habe. Ähnlich *Kube*, DÖV 1972, 119.

Zunächst könnte die notwendige Kurzfristigkeit einer Sachentscheidung die Teilnahme von interessierten oder betroffenen Bürgern und Gruppen verbieten[12]. Es besteht die Gefahr, daß durch Partizipation der zeitliche Aufwand der zu erfüllenden Aufgabe vergrößert und die gebotene schnell zu treffende Entscheidung verhindert wird. Dieses kann der Fall sein, wenn beispielsweise eine Frist beachtet werden muß. Aber auch in Krisensituationen, in denen Gefahr in Verzug ist, könnte die Teilnahme negative Auswirkung auf das notwendig schnelle staatliche Handeln haben. Partizipation kann sich hier als Hemmnis der Schlagkraft der Verwaltung erweisen[13].

Des weiteren könnte sich dort eine Partizipation verbieten, wo staatspolitische Notwendigkeiten eine Geheimhaltung erforderlich machen[14]. Dieses könnte etwa im Bereich der Bundeswehr in Fragen der Verteidigung, im Bereich der Polizeiverwaltung oder in bestimmten Gebieten der Außenpolitik der Fall sein. Bei letzteren Kollisionsmöglichkeiten handelt es sich allerdings nur in begrenztem Maße um Verwaltungsentscheidungen. Auch das generelle Befehl-Gehorsam-Prinzip, das als Grundlage einer jeden Armee dient, widersetzt sich einer Partizipation dem Grunde nach. Partizipation stellt hier die spezifischen Aufgaben in Frage und scheint deren optimale Erfüllung zumindest zu erschweren.

3.2 Kriterien der Bewertung von Leistungsprinzip und Partizipation

3.2.1 Möglichkeit einer pauschalen Güterabwägung?

Bei der Lösung der Kollisionen ist zunächst zu fragen, ob sich in dem oben offengelegten Bezug von Leistungsprinzip und Partizipation zu der Verfassung eine unterschiedliche Wertung oder Gewichtung ergibt. In diesem Fall wären damit in der Regel auch schon Kollisionsfälle zwischen der Beteiligung und dem aufgabenbezogenen Leistungsprinzip zumindest vorentschieden. Denn hat die Verfassung bezüglich eines Prinzips bereits Prioritäten gesetzt, so ist dieses natürlich auch im Kollisionsfall vorzuziehen.

Geht man davon aus, daß Leistung als Funktion der jeweiligen Aufgabe zu gelten hat und das Leistungprinzip als Organisationsschema einer raschen und wirksamen, funktionsspezifischen Aufgabenerfüllung dient, so erscheint dieses nicht nur als struktureller, formaler Grund-

---

[12] *Kube*, BadWürttVBl. 1973, 22.

[13] *Dürig*, VVDStRL 33 (1975), 291, Diskussionsbeitrag.

[14] *Kube*, BadWürttVBl. 1973, 22. Hierzu zählt aber auch das Problem des Amtsgeheimnisses, vgl. etwa *Thieme*, VVDStRL 33 (1975), 284, Diskussionsbeitrag.

satz eines richtig verstandenen Gewaltenteilungs- und -trennungssystems. Das Leistungsprinzip gewinnt mit dem jeweiligen Bezug zu den konkreten Grundwerten der Verfassung und ihrer spezifischen Effizienz, insbesondere den mit den leistungsstaatlichen Aufgaben verbundenen Wertungen der Grundrechtseffektivierung, der Sicherung persönlicher Freiheit und Gewährleistung sozialer Gerechtigkeit, auch materialen Charakter auf verfassungsrechtlicher Grundlage[1]. Von wesentlicher Bedeutung erweisen sich hierbei die Verfassungsgrundentscheidungen für die freiheitliche Demokratie, den Rechtsstaat und den Sozialstaat.

Ebenso erscheint Partizipation auf den ersten Blick als ein rein strukturelles Problem der Verwaltungsorganisation und des Verwaltungsverfahrens. Doch auch hier gewinnt die Teilhabe an staatlichen Entscheidungen materialen Gehalt im Rahmen der bei der verfassungsorientierten Betrachtungsweise offengelegten Bezüge zur Demokratie, dem Rechtsstaat und der Sozialstaatlichkeit[2].

Jedoch sind sowohl Partizipation als auch Leistungsprinzip keine unantastbaren Verfassungsgebote und absoluten Höchstwerte, sondern gewinnen erst mit den Grundentscheidungen hinreichenden Gehalt und Konturen und müssen dort zurücktreten, wo diese Grundentscheidungen andere Maßnahmen gebieten[3]. Die spezifische Aufgabe kann daher eine Hervorhebung genauso wie eine Rückstufung des einen oder anderen Grundsatzes im konkreten Fall bedingen. Insoweit kann auch nicht von der Vorrangigkeit eines Prinzips aus Gründen erhöhter Verfassungsrelevanz gesprochen werden. Partizipation und Leistungsprinzip stehen vielmehr in einem ambivalenten Verhältnis zur Verfassung. Beide Prinzipien werden durch die Verfassung zugleich gefördert, aber auch begrenzt[4].

Insoweit ist auch keine pauschale Güterabwägung der von der Verfassung besonders geschützten Rechtsgüter zulässig, die a priori in

---

[1] Vgl. dazu oben 1.3.

[2] Dazu oben 2.2.

[3] Auch *Zeidler*, DVBl. 1973, 727, warnt vor der übereilten Feststellung technischer Sachzwänge.

[4] Der Einwand *Eckerts*, S. 37, die Demokratie benötige auch legitime Formen der Abwehr von Partizipation, ist daher nur teilweise richtig. *Eckert* erwähnt zwar kurz die Ambivalenz der Partizipation, verkennt aber die sonstigen Bedeutungsinhalte der Teilhabe rechts- und sozialstaatlicher Art. Zudem weist dieses Argument einen starken Bezug zu der Theorie von der „streitbaren Demokratie" auf, die einen Mißbrauch der Freiheiten des Grundgesetzes zum Kampf gegen diese Ordnung nicht in Kauf nimmt (vgl. etwa *BVerfG* E 28, 36, 48 f.). Doch soll die Demokratie durch Partizipation weder in Frage gestellt noch bekämpft werden. Insoweit spielt auch die Problematik der Partizipationsverbote nicht in diesen Themenkreis hinein. Allgemein zur Lehre von der streitbaren Demokratie: *W. Schmitt Glaeser*, Mißbrauch und Verwirkung von Grundrechten, S. 70 ff.; *Bulla*, AöR 98 (1973), 340 ff. jeweils m. z. N.; *Oppermann*, VVDStRL 33 (1975), 21 f.

einer abstrakten Wertung einem Grundsatz den Vorrang einräumt, beziehungsweise diesem Rechtsgut in der Wertung größeres Gewicht beimißt. So nahe es auch liegt, die von der Verfassung unabänderlich festgelegten und jeder Verfassungsänderung entzogenen Grundentscheidungen des Art. 79 Abs. 3 GG in einer Vorwertung zur Geltung zu bringen und besonderen Stellenwert zu geben, um dann erst den Einzelfall daran zu messen[5], so wenig brauchbar kann sich hier diese Methode erweisen. Sowohl das verfassungsrechtliche Leistungsprinzip als auch die Partizipation sind zumindest in den in Art. 20 Abs. 1 GG niedergelegten Grundsätzen des demokratischen und sozialen Bundesstaates und der in Art. 1 Abs. 1 GG normierten Menschenwürde tendenziell erfaßt. Beide Prinzipien erweisen sich nicht nur als strukturelle Ausgestaltung, sondern sind insoweit auch Element der Verwirklichung dieser Verfassungsgrundentscheidungen. Daher führt eine auf dieser Grundlage vorgenommene Rahmenentscheidung nicht zu vertretbaren Lösungsstrukturen.

Während das Leistungsprinzip verfassungsrechtlichen Ursprungs im Rahmen der jeweiligen Aufgabe durch die Beachtung des Allgemeininteresses in der Regel das Individualwohl zu verwirklichen sucht — zum Beispiel durch die optimale Erfüllung leistungsstaatlicher Aufgaben, die dann dem einzelnen zugute kommen —, gewinnt die Partizipation ihre Bedeutung in erster Linie dort, wo es um die Interessen des einzelnen geht, die dann in den das Gemeinwohl verwirklichenden staatlichen Entscheidungsprozeß eingebracht werden. Auch wenn Partizipation zudem objektive Elemente der demokratischen Kontrolle, Rechtmäßigkeit und sozialen Gerechtigkeit beinhaltet, liegt doch die wesentliche Bedeutung der Teilhabe in ihrem individualen Bezug. Dennoch läßt sich das Verhältnis Leistungsprinzip-Partizipation nicht auf die vereinfachte Formel der Gegenüberstellung von Allgemeinwohl und Indivualinteresse reduzieren. Zum einen ist auch dadurch noch keine Wertung oder Vorentscheidung getroffen, da das Individualinteresse nicht ohne weiteres dem Gemeinwohl zu weichen hat, beziehungsweise das Individualinteresse nicht a priori Vorrang besitzt. Zum anderen können Kollisionen auch dort bestehen, wo beide Prinzipien gemeinwohlverwirklichend eingesetzt werden sollen. Auch aus diesem Gesichtspunkt ergibt sich weder eine Vorrangigkeit der Partizipation noch des verfassungsrechtlichen Leistungsprinzips.

Zugunsten einer konkreten Bewertung muß daher hier auf abstrakte Abwägungen verzichtet werden[6]. Es ist auf allgemeine Regeln der Ver-

[5] Dieser Gedanke erscheint bei *W. Schmitt Glaeser*, WissR 1974, 186 f., der damit vertretbare Ergebnisse für die Grenzziehung des Art. 5 Abs. 3 GG gewinnt. Diese Vor-Abwägung ist aber — wie hier — dann unanwendbar, wenn beide kollidierenden Rechtsgüter ihre Wurzel in Verfassungssätzen haben, die durch Art. 79 Abs. 3 GG geschützt sind.

fassungsauslegung zurückzugreifen, da die Verfassung diese Fragen nicht eindeutig entscheidet[7].

3.2.2 Verfassungsinterpretation

3.2.2.1 Offenes Verfahren zur Verfassungskonkretisierung

Ausgangspunkt der Interpretation muß die Erkenntnis sein, daß die Verfassung in vielfältigen Bereichen von inhaltlicher Weite ist und sich nicht als Ordnung der völligen Regelung staatlichen sowie menschlichen Lebens versteht[8]. Vielmehr ermöglicht und fordert die Offenheit der Verfassung durch Konkretisierung und Aktualisierung einzelner Verfassungssätze rechtliche Ordnung und politische Einheit in einem ständigen, nie ganz abgeschlossenen Prozeß zu bilden[9]. Auch hier wird *entsprechend entscheidungstheoretischen Erwägungen* niemals eine absolute, sondern immer nur eine relative Richtigkeit der Entscheidung zu erreichen sein[10]. Durch die nur zum Teil tauglichen und unvollständigen Anhaltspunkte ermöglichen die herkömmlichen Interpretationsregeln der Verfassungskonkretisierung, wie objektive, subjektive, grammatikalische, systematische, teleologische oder historische Auslegungsmethode, allein nur bedingt brauchbare Ergebnisse, die zudem in der Praxis verfassungsrechtlicher Interpretation — wie *Hesse* überzeugend nachgewiesen hat[11] — noch widersprüchlich gehandhabt werden. Hauptmangel dieser Auslegungsmaßstäbe, die ferner bei der Kollision von Leistungsprinzip und Partizipation keine Lösung vermitteln würden, ist das Fehlen einer alle Regeln verbindenden und ordnenden Methode, die auch die wirklichen tatsächlichen Bedingungen im Hinblick auf die Offenheit der Verfassung und die notwendige Konkretisierung bewußt oder unbewußt nicht geregelter Problemlagen beachtet.

Zur Konkretisierung der Verfassung wird also ein *offenes Verfahren* notwendig, das Bezug auf die Verfassung und den jeweiligen Interpretationsgegenstand nimmt, dabei sich aber einer ständigen Diskussion, Erweiterung und auch Modifikation nicht verschließt. Ein derartiger Denkvorgang, der sowohl erkennende als auch wertende Momente

---

[6] Vgl. *P. Häberle*, AöR 98 (1973), 631, der davor warnt, die Effizienz auf Kosten der anderen Rechtsgüter zu verabsolutieren. Ähnl. *Schmidt-Aßmann*, DÖV 1974, 543 f., der sich für eine Kollisionslösung unter Anwendung des rechtsstaatlichen Instrumentariums einsetzt. Vgl. auch *Laux*, Der Landkreis 1975, 187 f.

[7] In diesem Sinne: *P. Häberle*, AöR 98 (1973), 630.

[8] *Hesse*, Grundzüge, § 1 III, S. 11 ff.; *Ehmke*, VVDStRL 20 (1963), 55 ff.

[9] *Hesse*, Grundzüge, § 1 II, S. 5 f.

[10] *Esser*, Vorverständnis und Methodenwahl, S. 152.

[11] Grundzüge, § 2 II 2, S. 23 ff.; vgl. auch *Friedrich Müller*, Juristische Methodik, S. 22 ff.

enthält, wird als topisches Verfahren bezeichnet[12]. Damit wird sich nicht gegen ein dogmatisches System gewandt, vielmehr impliziert die Bejahung der topischen Methode die Erkenntnis, daß ein System in der Regel nichts Vollständiges, Endgültiges sein kann[13]. Das topische Verfahren erfordert die Heranziehung verschiedener problembezogener Gesichtspunkte zur Konkretisierung, mit Hilfe derer Interpretationsgesichtspunkte formuliert und Argumente für und gegen die betreffende Auslegung abgewogen werden können[14]. Diese Topoi, an Hand derer die Entscheidungen getroffen werden sollen, erweisen sich als Problemlösungsvorschläge, die, wenn sie auch nicht eine Entscheidung herbeiführen, doch wertvolle Diskussionsgrundlagen zur Lösung des Problems darstellen[15]. Die Schwierigkeit dieser Methode liegt darin, geeignete Topoi zur Verfassungsinterpretation zu finden. Die Auslegung, die problemspezifisch erfolgt, gebietet die Berücksichtigung nur der Gesichtspunkte, die sach- und problembezogen erscheinen[16]. Dieses können geschriebene Rechtsprinzipien sein — zum Beispiel freiheitliche Demokratie, Sozialstaatlichkeit oder Gleichheit —; es kann sich aber auch um dogmatisch entwickelte Grundsätze wie etwa Bundestreue, gemeindefreundliches Verhalten[17] oder öffentliches Interesse[18] handeln. In diesen Rahmen sind auch die herkömmlichen Interpretationsregeln einzufügen, deren Heranziehung im Einzelfall nicht durch ein starres Auslegungsschema geboten erscheint, vielmehr sich aus problembezogenen Gesichtspunkten ergeben muß[19].

Auch die topische Methode als Interpretationsregel ist an gesetztes Recht gebunden und darf nicht zu einer Änderung oder Durchbrechung der Verfassung führen. Durch diese notwendige Einschränkung, verbunden mit der erforderlichen Problembezogenheit der Auslegungsgesichtspunkte, ist dieses offene Verfahren in erheblicher Weise vor Willkür geschützt[20]. Für die Verfassungsauslegung sind die Aufgabe

---

[12] *Viehweg*, S. 15 ff.; *Ehmke*, VVDStRL 20 (1963), 55 ff. m. w. N.; *Peter Schneider*, VVDStRL 20 (1963), 1 ff. m. w. N.; *Kriele*, Theorie der Rechtsgewinnung, S. 114 ff.; *Esser*, Vorverständnis und Methodenwahl, S. 151 ff.; speziell für den Bereich des Privatrechts: *Esser*, Grundsatz und Norm, S. 218 ff.

[13] *Kriele*, Theorie der Rechtsgewinnung, S. 122 ff., 150; *Esser*, Vorverständnis und Methodenwahl, S. 153.

[14] *Zippelius*, Einführung in die juristische Methodenlehre, S. 64 f.

[15] *Kriele*, Theorie der Rechtsgewinnung, S. 146 ff., 153.

[16] *Hesse*, Grundzüge, § 2 III 2, S. 27 f.; *Friedrich Müller*, Normstruktur und Normativität, S. 56 ff.; *Zippelius*, Einführung in die juristische Methodenlehre, S. 63 ff.

[17] Vgl. dazu *Macher*, S. 172 ff.

[18] *P. Häberle*, Öffentliches Interesse, S. 184 ff., 499 ff., 626 ff.; *ders.*, AöR 95 (1970), 86 ff. passim, insbes. S. 106 ff.; auch *Stolleis*, VerwArch. 65 (1974), 1 ff.

[19] Hesse, Grundzüge, § 2 III 2, S. 27; *Kriele*, Theorie der Rechtsgewinnung, S. 151; *Esser*, Vorverständnis und Methodenwahl, S. 158.

der Verfassung, rechtliche Ordnung und politische Einheit zu schaffen, und die notwendige Konkretisierung des Inhalts von Verfassungsnormen unter Einbeziehung der wirklichen Lebensverhältnisse bereits richtungsweisend im Hinblick auf mögliche und brauchbare Topoi. Auch hierbei wird deutlich, daß von einer Freiheit der Wahl von Auslegungsgesichtspunkten nicht gesprochen werden kann. Aus dem Verständnis und der Funktion der Verfassung lassen sich „Rechtsfindungsregeln" (*Esser*) entnehmen, die im Rahmen der topischen Verfassungsauslegung zur Problemlösung führen.

3.2.2.2 Regeln der Verfassungsauslegung

Als wichtiger Grundsatz der Interpretation gilt das Prinzip der Einheit der Verfassung[21]. Hierin kommt zum Ausdruck, daß die betreffende Auslegungsfrage nicht als Einzelproblem aufzufassen ist, sondern in dem „auf die Einheit des politischen Gemeinwesens gerichteten Ordnungszusammenhang" zu interpretieren ist[22]. Insbesondere muß die Interpretationsfrage in Übereinstimmung mit den wichtigen Grundentscheidungen gesetzt werden, um so Kollisionen zu vermeiden[23]. In bezug zur Aufgabe der Verfassung, die politische Einheit herzustellen und zu erhalten, ist auch der integrative Bestandteil dieses Auslegungsprinzips zu sehen. Im Rahmen des gesetzten Rechts wird den Auslegungsmöglichkeiten der Vorrang eingeräumt, die eher zur politischen Einheit der Verfassung verhelfen.

Als weitere bedeutende Auslegungsregel verfassungsrechtlicher Natur, die gerade in Kollisionsfällen zweier Rechtssätze, wie hier des aufgabenspezifischen Leistungsprinzips und der Partizipation, und der dahinter stehenden Grundentscheidungen zur Anwendung gelangt, erweist sich die Zuordnung der unterschiedlichen Grundsätze im Sinne eines gegenseitigen Ausgleichs, zur Herstellung der „praktischen Konkordanz" (*Hesse*). Dieses bedeutet zunächst, daß im konkreten Fall versucht wird, die kollidierenden Rechtsgüter zu analysieren, um sie dann in Beziehung zueinander zu setzen und ihnen so zur optimalen Geltung zu verhelfen[24]. Natürlich sind dabei Abstriche und Begrenzungen des

[20] *Friedrich Müller*, Juristische Methodik, S. 72 ff.; *ders.*, Normstruktur und Normativität, S. 59, weist zudem noch auf die große Dichte der Topoi in der Verfassung hin.

[21] *Ehmke*, VVDStRL 20 (1963), 73 ff.; *Hesse*, Grundzüge, § 2 III 2, S. 28; vgl. auch den Überblick bei *Friedrich Müller*, Juristische Methodik, S. 153 ff.

[22] *Ehmke*, VVDStRL 20 (1963), 77; vgl. auch *Esser*, Vorverständnis und Methodenwahl, S. 155 ff.

[23] *P. Häberle*, Die Wesensgehaltgarantie des Art. 19 Abs. 2 GG, S. 35, spricht von der ganzheitlichen Auslegung der Verfassung.

[24] *Hesse*, Grundzüge, § 2 III 2, S. 28 f.; jüngst wieder *P. Häberle*, AöR 98 (1973), 631; auch *v. Simson*, VVDStRL 29 (1971), S. 42 f., insbesondere Leitsatz 2b, stellt auf eine erforderliche Konkordanz zwischen Aufrechterhaltung

einen oder anderen Rechtsgutes erforderlich. Diese Grenzziehungen dürfen jedoch nicht weitergehen, als zum Zweck der Herstellung praktischer Konkordanz notwendig ist. Insoweit gilt auch der Verhältnismäßigkeitsgrundsatz bei der Zuordnung der Rechtsgüter. Diese auf dem Verfassungsprinzip des Übermaßverbotes staatlichen Handelns[25] beruhende Beschränkung im Rahmen der praktischen Konkordanz beinhaltet nicht nur die Wahl eines angemessenen Mittels zu einem bestimmten Zweck, sondern wird noch ergänzt durch den Grundsatz der Erforderlichkeit, der die Wahl des Mittels unter mehreren gebietet, das die geringst einschneidenden Folgen hervorruft[26]. Gerade bei der Abwägung kollidierender Interessen, die auch die völlige Beschränkung eines Rechtsgutes zugunsten eines anderen notwendig machen kann, gewinnt das Übermaßverbot als zentrales Eingriffsbegrenzungselement auch Einfluß auf die Verfassungsauslegung[27].

Konkret auf die vorliegenden Kollisionsfälle bezogen ergeben die vorangegangenen Ausführungen, daß das verfassungsrechtliche Leistungsprinzip ein Verbot der Partizipation nur dann gebieten kann, wenn die Möglichkeit optimaler Verwirklichung beider Rechtssätze, beziehungsweise der dahinter stehenden Verfassungsgüter, nebeneinander nicht besteht, vielmehr die Aufrechterhaltung des Leistungsprinzips in bezug auf die konkrete Aufgabe notwendig und ein Verbot der Partizipation das dazu erforderliche Mittel ist. In eventuellen Bereichen der Negativkataloge von Mitentscheidungen ist weiterhin zu untersuchen, ob nicht mindere Partizipationsformen aufrechterhalten werden können[28].

3.3 Konkrete Bewertung

3.3.1 Lösung der Kollisionen durch Zuordnung von Verfassungssätzen

Anhand dieser Grundsätze der Verfassungsauslegung ist nun zu prüfen, ob die Möglichkeit besteht, Leistungsprinzip und Partizipation gleichermaßen zur Geltung zu bringen oder ob im Einzelfall ein Verbot der Teilhabe auf Grund des aufgabenspezifischen Leistungsprinzips geboten erscheint.

---

zentraler Entscheidungsfähigkeit einerseits und Partizipation und Kontrolle andererseits ab.

[25] Dazu grundlegend: *Lerche*, Übermaß und Verfassungsrecht, S. 19 ff.

[26] *Hesse*, Grundzüge, § 2 III 2, S. 29, weist nur auf die Verhältnismäßigkeit der Grenzziehungen hin, bedenkt aber nicht, daß gerade im Rahmen der praktischen Konkordanz Eingriffe in Rechtsgüter des einzelnen vorgenommen werden können, die sich an dem gesamten Übermaßverbot staatlichen Handelns orientieren müssen.

[27] *Lerche*, Übermaß und Verfassungsrecht, S. 184.

[28] *v. Beyme*, S. 195.

Bei einer näheren Betrachtung stellt sich heraus, daß es sich bei den Kollisionsfällen *nicht um eine generelle Antinomie von Partizipation und Leistungsprinzip* handelt, sondern daß im Gegenteil die Teilnahmeformen staatlichen Handelns durchaus leistungsmotivierend und leistungssteigernd eingesetzt werden können. Dieses Ergebnis, das sich aus der Definition des verfassungsrechtlichen Leistungsprinzpis als funktionsspezifische Aufgabenerfüllung ableiten läßt und damit die Partizipation als einen Faktor zur wirksamen Erledigung der Aufgaben anerkennt, wird durch die Aufzählung der möglichen Kollisionsfälle bestätigt: Teilhabe und Leistungsprinzip geraten dort nicht in Konflikt miteinander, wo beide Grundsätze an ein und demselben Verfassungsgut ausgerichtet oder motiviert sind. So zum Beispiel dient die demokratische Partizipation mit dem Zweck der Erreichung von Selbstbestimmung durch Mitbestimmung gerade der Erfüllung einer demokratischen Aufgabe. Ein rechtsstaatliches Leistungsprinzip im Sinne von gerechter, sachrichtiger Aufgabenbewältigung kann durch rechtsstaatlich motivierte Partizipation in Form der Anhörung oder Erörterung etwa als antezipiertem Rechtsschutz sichergestellt werden. Sowohl Leistungsprinzip als auch Partizipation erfahren hier dieselbe Grundausrichtung auf derselben Ebene des einen Verfassungsgutes[1].

Kollisionen ergeben sich daher nur dort, wo verschiedene Rechtsgüter einerseits die Beteiligung motivieren und andererseits das Leistungsprinzip bestimmen. Nur in einem Fall der Nichtidentität der wesentlichsten hinter Partizipation und Leistungsprinzip stehenden Verfassungsgrundentscheidungen können sich Konfliktlagen ergeben. So stehen sich im Rahmen der quantitativen Mängel die *demokratische Partizipation* als Möglichkeit zur Selbstbestimmung sowie zur Konfliktregelung und das *sozial(leistungs-)staatliche Element des Leistungsprinzips* als Bemühen um Sachrichtigkeit und Leistungsfähigkeit staatlichen Handelns gegenüber. Bei den nachteiligen Auswirkungen im Verantwortungsbereich hoheitlicher Entscheidungen kollidieren sowohl die *sozialstaatliche Partizipation,* durch die der Sachverstand erhöht werden soll, als auch die *demokratische Komponente der Teilhabe* mit einem auf Rechtsklarheit und Rechtssicherheit ausgerichteten *rechtsstaatlichen Leistungsprinzip.* Bei den Kollisionen im Bereich der Koordination treffen in erster Linie die *sozialstaatlich motivierte Beteiligung* zur Einbeziehung aller Informationsquellen und allen Sachwissens mit der *demokratischen Aufgabenerfüllung* — hier Transparenz

[1] Dabei wird nicht verkannt, daß durchaus gegenläufige Tendenzen, beziehungsweise Dualismen in den einzelnen Verfassungsprinzipien angelegt sein können (z. B. Rechtsklarheit und -sicherheit contra Gerechtigkeit im Rahmen des Rechtsstaatsprinzips). Doch kann dieses hier außer Betracht bleiben, da dieser Konflikt in dem Ergebnis, das sich als spezifische (z. B. rechtsstaatliche) Leistung präsentiert, nicht mehr zum Ausdruck kommt, sondern bereits entschieden und gelöst ist.

und Übersichtlichkeit des Entscheidungsprozesses — zusammen. Bei den nachteiligen Auswirkungen der Teilhabe auf die Entscheidungsqualität ist es die *demokratische Partizipation*, insbesondere zur Konsenssuche, die mit dem *sozial(leistungs-)staatlichen Leistungsprinzip* zur funktionsgemäßen und sachrichtigen Aufgabenerledigung nicht in Einklang steht. Die funktionellen Mängel schließlich weisen eine ähnliche Kollisionslage auf: Die *spezifische leistungsstaatliche Aufgabenerfüllung* kann durch *demokratisch begründete Partizipation* in Frage gestellt werden.

Die aufgezeigten Konflikte von Teilhabe und Leistungsprinzip stellen sich also als Kollisionen von Verfassungsgrundentscheidungen dar. Eine Zuordnung von Partizipation und dem Grundsatz optimaler spezifischer Aufgabenerfüllung erfolgt daher als Zuordnung von Verfassungssätzen zur Herstellung „praktischer Konkordanz“ (*Hesse*). Allerdings ist nicht zu verkennen, daß nur selten sowohl eine Aufgabe als auch die Beteiligung sich als *rein* demokratisch, rechtsstaatlich oder sozialstaatlich klassifizieren läßt. Sehr unterschiedliche Motivationen und Faktoren können den Charakter der Aufgabe sowie der Partizipation nebeneinander bestimmen und beeinflussen. Doch lassen sich zumindest die Hauptrichtung und der Schwerpunkt des Leistungsprinzips und der Partizipation herauskristallisieren, an Hand derer dann die konkrete Zuordnung erfolgen kann. Das obige Ergebnis erweist sich in diesem Zusammenhang als Rahmen, der die Indizien liefert, um den Einzelfall zu entscheiden. Bei der konkreten Zuordnung ist daher die zweckspezifische Leistungserfüllung sowie die Motivation der Partizipation zu analysieren, um dann zu prüfen, ob die Verfassungsgüterabwägung das Zurücktreten der Beteiligung gebietet und somit zu einem Partizipationsverbot führt.

3.3.2 Behebung verfahrensmäßiger Mängel

3.3.2.1 Reduktive Beteiligung bei vielen Verfahrensbeteiligten

Die verfahrensmäßigen Auswirkungen auf das Leistungsprinzip ergeben sich direkt oder indirekt durch die große Zahl der Teilnehmenden. Die demokratische Teilhabe steht hier der sozialstaatlichen Aufgabenerfüllung entgegen. Bei einer Zuordnung von Partizipation und dem aufgabenbezogenen Leistungsprinzip sowie von Demokratie und Sozialstaat ergibt sich, daß zwar die Teilhabe am Entscheidungsprozeß benötigt wird, vor allem um die verschiedenen Interessen aufzunehmen, zu beachten und so für eine leistungsstaatliche Aufgabenerfüllung zu sorgen. Jedoch erweist es sich als notwendig, die allzu große Zahl Teilnahmewilliger oder -berechtigter auf eine arbeitsfähige Größenordnung zu reduzieren, da ansonsten die Aufgabenerfüllung im Hinblick auf die leistungsstaatliche Bewältigung in Frage gestellt wäre[2]. Sowohl demokratische Partizipation als auch die Einhaltung des sozialstaatlichen Leistungsprinzips erscheinen hier zur Aufgabenerfüllung notwendig, so daß beide Komponenten zur Geltung gebracht werden müssen. Sollte also im konkreten Fall eine große Menge Berechtigter auf die Entscheidung Einfluß zu nehmen suchen, so ist eine *reduktive Beteiligung* in dem Sinne notwendig, daß sowohl demokratische Partizipation generell erhalten bleibt, andererseits aber auch die sozialstaatliche Aufgabenerfüllung durch die Teilnahme nicht gefährdet wird. Hier bieten sich insbesondere Repräsentativstrukturen an, wobei die Zahl der Teilnehmenden auf ein Entscheidungsgremium von maximal 20 bis 25 Personen reduziert werden müßte[3]. Dieses stellt als Erfahrungswert die Grenze noch tragbarer Arbeitsfähigkeit dar. Die reduktive Partizipation setzt voraus, daß es sich um zusammenfaßbare Interessen handelt, was jedoch in der Regel bei Planungen der Fall ist[4]. Um auch Minderheiten zu schützen und nicht nur die aktiven Bürger zu Wort kommen zu lassen, ist ferner ein zusätzliches Verfahren der *partizipativen Generalerhebungen* möglich, bei dem alle Betroffenen in Fragebögen zu Stellungnahmen aufgefordert werden[5]. Der dadurch verursachte Arbeitsaufwand wird durch die vielfältigen Informationen, die die Basis der Entscheidung verbreitern, wieder ausgeglichen, so daß letztendlich noch eine höhere Leistungsfähigkeit im Sinne einer sachrichtigeren Entscheidung gegeben sein kann.

---

[2] Vgl. etwa *Dienel*, Bürgerinitiative und Selbstverwaltung, S. 29 f.; *Kube*, BadWürttVBl. 1973, 22 f.; ähnl. auch *Schmidt-Aßmann*, DÖV 1974, 545.

[3] Vgl. auch *Kisker*, DÖV 1972, 520, der davon ausgeht, daß die sinnvolle Mitbestimmung nur in Kreisen möglich ist, die nicht mehr als 30 Teilnehmer zählen. In ähnl. Sinn: *W. Schmidt*, VVDStRL 33 (1975), 202. Vgl. aber die generellen Bedenken *Oppermanns*, VVDStRL 33 (1975), 43 ff., gegen das Repräsentationsmodell. Auch der Bundestag bildet zur effektiven Bewältigung der anfallenden Aufgaben Ausschüsse, in denen die Entscheidungen weitestgehend vorbereitet werden. Bei der Beteiligung aller Mitglieder des Bundestages an den Entscheidungsbeschlüssen stellt sich nicht mehr die Frage der technischen Leistungsfähigkeit, sondern hier handelt es sich um das Grunderfordernis demokratischer Legitimation zur Erfüllung der spezifisch demokratischen Aufgabe.

[4] Die Gefahren der Gruppenpartizipation werden allerdings nicht verkannt; vgl. dazu oben 2.2.4.1. Weiterhin darf der Einbau von Repräsentativstrukturen nicht dazu führen, daß der Individualrechtsschutz in unzulässiger Weise verkürzt wird. Gegen diese Tendenzen in der Gesetzgebung: *Blümel*, Masseneinwendungen im Verwaltungsverfahren, S. 548 f.

[5] Beispiel in diesem Sinne ist etwa die Anhörung zur Gemeindereform in Baden-Württemberg am 20. 1. 1974, bei der in einem wahlähnlichen Verfahren 1,6 Millionen Bürger „angehört" wurden. Allerdings hatte dieses Votum nur geringen Stellenwert im Entscheidungsprozeß, da das Gesamtkonzept bereits vorlag. Vgl. dazu SZ Nr. 14 vom 17. 1. 1974, S. 5 und SZ Nr. 18 vom 22. 1. 1974, S. 6. Auch eine Anhörung gem. § 18 Abs. 3 FStrG soll gemäß *BVerwG* E 26, 302, 303, lediglich der Erforschung der allgemeinen Anschauungen und somit der Entscheidungsvorbereitung dienen und bei Nichtbeachtung *keinen* Verfahrensverstoß darstellen, der eine Aufhebung der Entscheidung bewirkt.

Repräsentativformen sind auch im Bereich der Hochschulselbstverwaltung erforderlich[6]. Dabei ist davon auszugehen, daß leistungsfähige Entscheidungen gerade im Selbstverwaltungsbereich auch gewisse Reibungsverluste an technischer Effizienz in Kauf nehmen müssen, um der Idee der Selbstverwaltung gerecht werden zu können[7]. Ein Entscheidungsgremium wird aber schwerfällig bis an die Grenze zur Arbeitsunfähigkeit und kann somit seine spezifische Aufgabe nicht erfüllen, wenn es mehr als 25 Mitglieder umfaßt. Derartige Überlegungen bestimmten auch die Novellierung des hessischen Hochschulgesetzes[8]. Die Neuregelung geht dahin, daß an Stelle der personell aufgeblähten Fachbereichsversammlungen Fachbereichsräte mit maximal 27 Mitgliedern treten, die die dem Fachbereich zugewiesenen Aufgaben übernehmen[9]. Auch hier soll durch reduktive Partizipation den verschiedenen Gruppen unter Beibehaltung der Leistungsfähigkeit ihr Mitwirkungsrecht erhalten bleiben.

Der durch die erhöhte Beteiligung bedingte zusätzliche Arbeitsaufwand muß von der Verwaltung durch Mobilisierung von Reserven und Bereitstellung neuer Arbeitsmethoden und Instrumentarien aufgefangen werden[10]. Zudem könnten durch Ausweisung im Haushaltsplan noch zusätzliche Planstellen zur sachgerechten Bewältigung der Partizipationserfordernisse bereitgestellt werden. Gerade das personale Leistungsprinzip im öffentlichen Dienst sowie das Gebot sachspezifischer optimaler Aufgabenerfüllung dienen auch dazu, die notwendigen Mittel finanzieller Art überhaupt erst einmal zu beschaffen[11].

Insoweit erfordern die quantitativen Auswirkungen von Partizipation auf das verfassungsrechtliche Leistungsprinzip kein Verbot der Teilhabe am staatlichen Entscheidungsprozeß. Demokratische Partizipation und leistungsstaatlicher Auftrag müssen miteinander verbunden werden. Das staatliche Handeln bedarf der Partizipation. Zur Aufrechterhaltung der Arbeitsfähigkeit ergibt die Zuordnung beider Prinzipien dort eine Reduktion der Beteiligung, wo auch mit einer Fortentwicklung bestehender Regelungen allgemeine Massenverfahren nicht zu bewältigen sind[12].

---

[6] *BVerfG* E 35, 79, 124 ff.

[7] Andererseits soll gerade die Selbstverwaltungsidee ein Garant der Sachrichtigkeit und somit Leistungsfähigkeit der Aufgabenerfüllung sein. Vgl. etwa *H. H. Klein*, Demokratie und Selbstverwaltung, S. 175.

[8] Neufassung des Gesetzes über die Universitäten des Landes Hessen vom 6. 12. 1974, HessGVBl. I 1974, 603 ff.

[9] Vgl. § 24 HessUniG; zu den Aufgaben des Fachbereichs, vgl. §§ 21 ff. HessUniG.

[10] Vgl. oben 2.3.2.

[11] Dazu insbesondere: *P. Häberle*, VVDStRL 30 (1972), 60.

[12] Vgl. die Ansätze bei *Blümel*, Masseneinwendungen im Verwaltungsverfahren, S. 563; *ders.*, VVDStRL 33 (1975), 311, Diskussionsbeitrag.

3.3.2.2 Festlegung der Verantwortlichkeit an Stelle eines Partizipationsverbotes

Auch mangelnde Verantwortlichkeit braucht noch nicht zu dem verhältnismäßig tief einschneidenden Mittel des Verbotes demokratischer oder sozialstaatlicher Teilhabe aus Gründen des verfassungsrechtlichen Leistungsprinzips zur Erfüllung des rechtsstaatlichen Auftrags führen. Notwendig ist hier die verbindliche und unmißverständliche Festlegung der Verantwortlichkeit. In diesem Rahmen ist auch zu erwägen, daß der Bürger, der als Mitentscheidender in den staatlichen Willensbildungsprozeß einbezogen wird, auch im Falle schuldhaft sachwidriger Entscheidungen in Regreß genommen wird, um so dem Betroffenen die Tragweite seiner Beteiligung vor Augen zu führen. Ein Partizipationsverbot wegen der negativen Auswirkung mangelnder Verantwortlichkeit auf die Leistungsfähigkeit staatlichen Handelns erweist sich als nicht erforderlich.

3.3.2.3 Organisationsrechtliche Maßnahmen zur Beseitigung fehlender Koordination

Ebenso läßt sich der Mangel der durch Partizipation hervorgerufenen fehlenden Koordination unter Aufrechterhaltung sowohl des aufgabenbezogenen Leistungsprinzips als auch des Partizipationsgrundsatzes beheben. Sozialstaatlich motivierte Beteiligung und demokratisch gebotene Aufgabenerfüllung können nebeneinander optimal verwirklicht werden. Strukturelle Maßnahmen und kooperative Arbeitsmethoden, die eine Verbindung der nebeneinander laufenden Partizipationsstränge — gegebenenfalls durch ein Koordinierungsbüro — herstellen, tragen dazu bei, diese verfahrensmäßig bedingten Mängel zu beheben. Auch hier ergibt sich kein Partizipationsverbot aus Gründen des verfassungsrechtlichen Leistungsprinzips.

3.3.3 Beseitigung qualitativer Mängel durch relative Partizipationsverbote

Auch bei den direkten Auswirkungen von Partizipation auf die Qualität der Verwaltungsentscheidung ist zu beachten, daß beide Prinzipien gleichermaßen auf den Gesamtzusammenhang der Verfassung ausgerichtet sind. Das sozialstaatliche Leistungsprinzip, das je nach Aufgabenstellung die effiziente leistungsstaatlich optimale Erfüllung gewährleisten soll, entspricht genauso der Einheit der Verfassung wie die in diesem Rahmen demokratisch motivierte Partizipation, die gerade nicht nur die Individualität in den staatlichen Entscheidungsprozeß einbringen, sondern auch integrative Wirkung durch Transparenz und Konsenssuche im Hinblick auf das Verfassungsganze entfalten soll.

Fraglich ist jedoch, ob in diesen Kollisionsfällen eine Zuordnung von sozial(leistungs-)staatlichem Leistungsprinzip und demokratischer Partizipation in dem Sinne möglich ist, daß die Qualität der Entscheidung trotz Beteiligung nicht vermindert, sondern gesteigert wird. Denn dieses ist gerade die Intention und optimale Erfüllung leistungsstaatlicher Aufgaben[13]. Ein derartiges Zusammenwirken erscheint aber nur unter der Voraussetzung möglich, daß die speziellen Aufgaben auch von mit dem nötigen Sachverstand ausgestatteten Beteiligten wahrgenommen werden. Dabei muß davon ausgegangen werden, daß gerade zur funktionsgerechten Bewältigung leistungsstaatlicher Aufgaben in hohem Maße Sachverstand und Erfahrung unverzichtbare Bedingungen sind[14]. Erweist sich daher Sachverstand als Wesensnotwendigkeit zur konkreten Aufgabenerfüllung, so ist auch nur die Partizipation solcher Personen zulässig, die diese Voraussetzung mit sich bringen[15], wobei die Teilhabeberechtigung in einem objektiven Maßstabsverfahren zu bestimmen ist. Negativ ausgedrückt bedeutet dieses ein Partizipationsverbot von Sachunkundigen, weil ansonsten eine sachfremde oder falsche Entscheidung getroffen wird. Da aber Beteiligung nicht generell verboten ist, sondern von der Fachkenntnis des einzelnen abhängig gemacht wird, soll hier von einem *relativen Partizipationsverbot* gesprochen werden. Die qualitativen Auswirkungen von mangelndem Sachverstand zeigen sich primär bei der Beteiligungsform der Mitentscheidung. Aber auch bei der Erörterung kann fehlende Sachkenntnis und Befähigung die Aufgabenerfüllung negativ beeinflussen. Gemäß dem Übermaßverbot ist nur das Mittel zu wählen, das im konkreten Fall die geringst einschneidende Wirkung in der Rechts- und Interessensphäre des Bürgers hat. Soll also eine Mitentscheidung Sachunkundiger aus sozialleistungsbezogenen Gesichtspunkten verboten werden, so ist noch zu prüfen, ob nicht wenigstens durch mindere Partizipationsformen sonstige Interessen in den Entscheidungsprozeß eingebracht werden können[16]. Ist jedoch Sachverstand nicht alleiniges Kriterium und Schwerpunkt der Aufgabenerfüllung, sondern fordern insbesondere demokra-

---

[13] Vgl. oben 2.2.3.2. Ähnl. *Knöpfle*, DÖV 1974, 714, der den Bereich objektivierbarer Momente unter dem Primat des Sachverstandes geklärt sehen will, und *Bartlsperger*, VVDStRL 33 (1975), 250 f., der auf die Sachgerechtigkeit der Beteiligung abstellt.

[14] Vgl. oben 1.3.4.3; ferner *Kisker*, DÖV 1972, 528; *König*, Verwaltungsreform und Demokratiediskussion, S. 279; *Geiger*, S. 242. Auch *Ryffel*, Der demokratische Gedanke, S. 199 f., weist darauf hin, daß sich die Ausgestaltung der Partizipationsformen im Rahmen der Sachanforderungen bewegen muß.

[15] Beispiele hierfür liefern auch einige Bestimmungen der Hochschulgesetze, in denen Sachverstand und Erfahrung Voraussetzung und Bedingung von Partizipation ist. Vgl. etwa § 21 Abs. 3 Satz 2 und 5 HessUniG; §§ 23 Abs. 3 Ziff. 4; 24 Abs. 3 Ziff. 4; 39 Abs. 4 SaarlUniG; ähnl. Art. 70 Abs. 5 BayHochschulG.

[16] *v. Beyme*, S. 195.

tische oder rechtsstaatliche Elemente, etwa unter dem Gesichtspunkt der Selbstbestimmung oder des antezipierten Rechtsschutzes, die Beteiligung des einzelnen, so muß jedem betroffenen Bürger die Möglichkeit zur Partizipation auch auf Kosten ökonomischer Leistungsfähigkeit gegeben werden; denn nur so kann in diesen Fällen von einer optimalen Aufgabenerfüllung gesprochen werden. Die Leistung bemißt sich dann nicht nach rascher Aufgabenerledigung, sondern orientiert sich an den Bezugspunkten demokratischer, beziehungsweise rechtsstaatlicher oder sozialstaatlicher Leistung. Sachverstand könnte dann zum Beispiel durch die Heranziehung von Experten in den Entscheidungsprozeß Eingang finden. Diese allgemeinen Grundsätze sind jetzt auf die konkreten Kollisionsfälle zu übertragen.

Der im Rahmen von Bauplanungen notwendige Sachverstand ist nicht einziges Kriterium für die Beteiligung und nicht allein ausschlaggebend für sachgerechte Aufgabenerfüllung. Hier vermischen sich verschiedene Elemente bestmöglicher Bewältigung der bauplanerischen Aufgabe. Demokratische Aspekte der Transparenz und der Konsenssuche sowie die rechtsstaatliche Komponente eines antezipierten Rechtsschutzes und Berücksichtigung individueller Interessen[17] sind Gesichtspunkte einer spezifischen Leistung, die auch durch entsprechende Beteiligungsformen erreicht werden kann. Insofern erscheint die Notwendigkeit des Sachverstandes kein primäres Anliegen der Bauleitplanung, vielmehr eine zusätzliche, wenn auch erforderliche Voraussetzung. Fehlender Sachverstand kann hier also nicht die Grundlage eines Verbots der Beteiligung sein, da die Partizipation aus anderen Verfassungsgeboten heraus stärker motiviert ist. Ein Verzicht auf Sachverstand ist aber ausgeschlossen. Soweit ihn die Verwaltung nicht selbst besitzt, ist er durch Heranziehung externer Fachleute zu ersetzen.

Alleinige herausragende Bedeutung gewinnt der Sachverstand dagegen bei staatlichen Entscheidungen wie Prüfungen. Die Zuordnung von demokratischer Partizipation und aufgabenbezogenem, sozialstaatlichen Leistungsprinzip ergibt, daß nur solche Personen am Entscheidungsprozeß zu beteiligen sind, die auch die erforderliche Befähigung nachweisen können[18]. Ansonsten ist die Aufgabenerfüllung, die in der sachgerechten Entscheidung über den Nachweis einer konkreten Qualifikation besteht, nicht gewährleistet. Die an der Prüfungsentscheidung beteiligten Personen müssen daher mindestens die Qualifikation haben, über die entschieden werden soll[19]. Demokratische und rechtsstaatliche

---

[17] *Kube*, DÖV 1972, 118 ff.; *Mayntz*, Funktionen der Beteiligung, S. 341 ff.; ausgewogen auch *Stich*, S. 355 ff.

[18] *BVerfG* E 35, 79, 126 ff.; *Dürig* in MDH, Art. 3 GG, Rdn. 155 a; generell zur Entscheidung des BVerfG: *Kimminich*, WissR 1973, 193 ff.; *Oppermann*, JZ 1973, 433 ff.

Gesichtspunkte könnten nur eine eventuelle Öffentlichkeit der Prüfung oder ein rechtliches Gehör des Kandidaten gebieten, nicht jedoch zu einer Beteiligung Sachunkundiger führen. Insoweit ist gerade bei derartigen Prüfungen im Schul- oder Hochschulbereich der Sachverstand der Prüfer nicht durch demokratische Partizipation ersetzbar. Eine Unvereinbarkeit von diesem spezifischen Leistungsprinzip und der Beteiligung Nichtbefähigter ist also zunächst dort gegeben, wo durch Prüfungen über das Vorliegen einer Qualifikation entschieden wird.

Genauso wie bei staatlichen Prüfungen hat das relative Partizipationsverbot der Sachunkundigen auch dort zu gelten, wo es allein auf die Verwirklichung von Sachaufgaben ankommt und individuelle demokratische, rechtsstaatliche oder sozialstaatliche Elemente bei der Entscheidungsfindung nicht die maßgebliche Bedeutung besitzen, vielmehr gerade eine sachgerechte und sachverständige Leistung zur Verwirklichung der Ziele des modernen Leistungsstaates und somit auch von freiheitlicher Demokratie, Rechtsstaat und Sozialstaat geboten erscheint. Das Erfordernis, das sich die Ausgestaltung der Partizipationsstruktur im Rahmen der Sachanforderungen bewegen, also von der Aufgabe her definiert werden muß[20], wird bei einer auf Leistungsfähigkeit und Sachrichtigkeit orientierten Aufgabe nur durch Beteiligung der dazu Befähigten und Sachkundigen erfüllt. Dabei sollen nicht die demokratischen oder rechtsstaatlichen Elemente der Teilhabe im Rahmen der Aufgabenerfüllung überspielt werden, doch führt es zu einer Pervertierung der Partizipation an staatlichen Entscheidungen, wenn die Grundlagen des modernen Leistungsstaates durch partizipative Aufgabenerfüllung nicht gefestigt oder erweitert, sondern wegen unzureichender oder unsachgemäßer Bewältigung komplexer Probleme schrittweise abgebaut werden. Daher ist davon auszugehen, daß dort, wo Partizipation geboten erscheint, diese aber keine demokratischen Elemente der Selbstbestimmung, keine rechtsstaatlichen Aspekte des Individualrechtsschutzes und auch keine sozialstaatliche Komponente der persönlichen Daseinsvorsorgegestaltung hat, auch die Beteiligung denjenigen verschlossen ist, die nicht die zur Bewältigung der Aufgabe benötigte Befähigung aufweisen[21]. Dabei wird es sich neben dem Verbot der Mitentscheidung in der Regel auch um ein Verbot der Erörterung handeln, da auch eine gewinnbringende, erfolgversprechende Diskussion gewisse Sachkenntnisse voraussetzt. Dem demokratischen Ge-

---

[19] *BVerfG* E 35, 79, 133; dazu *Oppermann*, JZ 1973, 438 ff.; vgl. auch § 49 SaarlUniG, § 2 Abs. 5 Vorschaltgesetz für die Niedersächs. Gesamthochschule; verfassungswidrig dagegen: § 16 Abs. 4 BerlUniG.

[20] *Dienel*, Bürgerinitiative und Selbstverwaltung, S. 29 ff.; *Ryffel*, Der demokratische Gedanke, S. 199 f.; *Bartlsperger*, VVDStRL 33 (1975), 250 f.

[21] *Ryffel*, Der demokratische Gedanke, S. 200; vgl. auch *N. Johnson*, S. 155; *Püttner*, S. 79 f.

bot der Kontrolle und Transparenz ist, unabhängig vom Partizipationsverbot der Mitentscheidung Unkundiger, durch Öffentlichkeit Rechnung zu tragen.

3.3.4 Absolute Partizipationsverbote bei funktionellen Mängeln

Fraglich ist, ob die Gefährdung der Erfüllung einer spezifischen Aufgabe durch Partizipation zu einem Verbot der Teilhabe führen kann. Auch hier erscheint die Zuordnung und Aufrechterhaltung beider Rechtsgüter nicht möglich, da demokratisch motivierte Partizipation der besonderen Eigenart der Aufgabe und ihrer leistungsstaatlichen Erfüllung entgegensteht und gerade die spezifische Leistung unmöglich macht. Damit diese Leistung aber erreicht werden kann, ist ein Verbot der Teilnahme unumgänglich. Die demokratische Beteiligung würde nicht nur die Erfüllung der Aufgaben behindern oder hemmen, vielmehr würde eine sachgerechte Erledigung überhaupt unmöglich werden. Da die Aufgabenstellung verfassungsmäßig verankert sowie die Organe zu ihrer Durchführung bereits demokratisch legitimiert sind, es sich also nur um weitere demokratische Aspekte handeln würde, kann auch nicht von einem Demokratiedefizit gesprochen werden. Insofern stellt das Partizipationsverbot das verhältnismäßige Mittel zur Aufrechterhaltung und Gewährleistung der Erfüllung dieser Aufgabe dar[22]. Das Verbot der Beteiligung wirkt sich hierbei nicht nur zulasten einzelner aus, sondern zugunsten der Funktionserhaltung soll ganz allgemein die Teilnahme des Bürgers an einem staatlichen Entscheidungsprozeß ausgeschlossen werden. Deswegen ist von einem *absoluten Partizipationsverbot* zu sprechen. Da aber eine allgemeine Untersagung der Teilhabe das einschneidendste Mittel in der Zuordnung von aufgabenbezogenem Leistungsprinzip und Partizipation, beziehungsweise der dahinterstehenden Verfassungsentscheidungen ist, kann es nur dann eingreifen, wenn es auch unbedingt notwendig ist. So verbietet sich dort eine Partizipation, wo die Kurzfristigkeit Wesensmerkmal staatlichen Handelns ist. Bedingung muß allerdings sein, daß die betreffende Aufgabe nur durch sofortiges Eingreifen ohne Beteiligung der Bürger leistungsgerecht erfüllt werden kann[23]. Dieses ist beispielsweise bei Polizeimaßnahmen, wenn die öffentliche Sicherheit gefährdet, beziehungsweise sonstige Gefahr in Verzug ist, oder bei anderen Krisensituationen der Fall. Eine Teilnahme etwa der betroffenen Personen und eine Offenlegung der beabsichtigten Maßnahmen verzögern nur die staatliche Entscheidung und gefährden den Erfolg des Handelns.

---

[22] *v. Beyme*, S. 195.

[23] *P. Häberle*, Öffentliches Interesse, S. 129 ff.; *Kube*, BadWürttVBl. 1973, 22 f.; vgl. hierzu § 24 Abs. 2 Ziff. 1 und 2 EVerwVerfG (1973). In diesem Sinn auch *Hanisch*, S. 155 ff. m. w.N.

Ebenso können staatspolitische Notwendigkeiten eine Geheimhaltung erforderlich machen, die eine generelle Partizipation von der Eigenart der Aufgabe her verbietet. Hiervon ist insbesondere der Bereich der Verteidigungsaufgaben betroffen[24]. Eine Beteiligung der Bürger würde dem Zweck der Verteidigung, der Bevölkerung im Verteidigungsfall effektiven Schutz zu bieten, in Frage stellen. Da zudem eine hinreichende Legitimation und Kontrolle durch das Parlament gewährleistet ist, ergeben sich auch bezüglich der demokratischen Elemente keine Bedenken. Daher ist auch hier von einem absoluten Partizipationsverbot auszugehen, weil andernfalls die spezifische Aufgabenerfüllung nicht möglich erscheint. Dieses betrifft im Rahmen des Befehls- und Gehorsamsverhältnisses ebenfalls diejenigen Aufgaben, die zur Vorbereitung und Verwirklichung der Verteidigungsplanung gehören[25]. Dagegen ist der Bereich der Bundeswehrverwaltung, der sich mit den Sozialangelegenheiten und der Durchführung von Ausbildungsaufgaben der Soldaten beschäftigt, durchaus offen für Partizipationsstrukturen[26].

3.4 Voraussetzungen und Grenzen des Partizipationsverbots auf Grund des verfassungsrechtlichen Leistungsprinzips

Die Gegenüberstellung und Zuordnung von Partizipation und verfassungsrechtlichem aufgabenbezogenen Leistungsprinzip hat ergeben, daß wegen der tendenziellen Gleichrangigkeit eine abstrakte Abwägung keine vertretbaren Ergebnisse aufzeigen kann. Vielmehr erweisen sich die Konfliktlagen als Kollisionen der hinter Beteiligung und speziellem Leistungsprinzip stehenden Verfassungsgüter, die zum Zwecke der Herstellung praktischer Konkordanz so zugeordnet werden müssen, daß beide Rechtsgüter zu ihrer optimalen Verwirklichung gebracht werden.

Bei den Mängeln bezüglich des Verfahrens, die durch die demokratisch motivierte Teilhabe zu vieler Personen entstehen und sich besonders auf die sozialstaatlich gebotene Leistungsfähigkeit hemmend auswirken, läßt sich ein Ausgleich in dem Sinne herbeiführen, daß kein Verfassungsgut zurücktreten muß. Organisatorische Maßnahmen im Sinne einer *reduktiven Beteiligung* und strukturelle Verbesserungen tragen dazu bei, sowohl wirksame Partizipation als auch ein leistungs-

[24] *Kube*, BadWürttVBl. 1973, 20, 22; *Georg Leber* in FAZ Nr. 186 v. 14. 8. 1972, S. 6.

[25] Zu undifferenziert: *Georg Leber*, ebd.

[26] Einen vorsichtigen Schritt in dieser Richtung im Ausbildungssektor stellt das Consilium — ein Mitwirkungsorgan der Führungsakademie in Hamburg — dar. Vgl. dazu SZ Nr. 215 v. 18. 9. 1974, S. 9.

fähiges Verfahren zu garantieren und somit beiden Verfassungsentscheidungen zur Wirklichkeit zu verhelfen.

Eine Aufrechterhaltung und Verwirklichung sowohl der Partizipation als auch des Leistungsprinzips, beziehungsweise der sie motivierenden und bestimmenden Verfassungsgüter, ist dagegen dort nicht möglich, wo die Teilnahme nicht dieselbe Grundausrichtung wie das anzustrebende Leistungsprinzip hat und eine sachgerechte und funktionsspezifische Aufgabenerfüllung verhindert. Die Forderung nach optimaler leistungsbezogener Bewältigung aller Aufgaben ergibt sich in erster Linie aus der Lebensgarantie, die der soziale Leistungsstaat für den einzelnen übernommen hat. Die leistungsstaatlichen Aufgaben lassen sich nur mit erhöhtem Sachverstand und größerer Leistung des einzelnen auch im Sinne von Bereitschaft und Mitarbeit verwirklichen. Dabei soll jeder sein Wissen und seine Erfahrung in die gemeinsame Leistung einbringen. Dort aber, wo zur Verfolgung bestimmter verfassungsrechtlich normierter Ziele die Teilhabe diese Erfüllung hemmt und keine sonstigen Verfassungsentscheidungen die Beteiligung des einzelnen auch Sachunkundigen zwingend gebieten, können zur wirksamen Aufgabenerfüllung Verbote der Partizipation notwendig werden. Insofern ist von einer *Inkompatibilität des aufgabenbezogenen Leistungsprinzips mit Partizipation* zu sprechen.

Das Gebot der sachverständigen Beteiligung, das als Korrelat ein Partizipationsverbot Unkundiger fordert, findet zunächst im Bereich der staatlichen Prüfungsentscheidungen Anwendung. Ohne Einschränkungen gilt der Satz, daß die mitentscheidende Teilhabe mindestens die Qualifikation erfordert, die in der betreffenden Prüfung festgestellt werden soll. Dieses läßt sich aber nur durch ein Verbot der Beteiligung jener Personen verwirklichen, die diesen besonderen Sachverstand oder diese erforderliche Qualifikation nicht besitzen.

Darüber hinaus gewinnt der Sachverstand bei der leistungsbezogenen Erfüllung von Aufgaben des modernen Leistungsstaates eine so herausragende Bedeutung, daß die Beteiligung an staatlichen Entscheidungsprozessen nur von denjenigen wahrgenommen werden kann, die über ein gewisses Maß an Informiertheit, Erfahrung, Sachverstand oder Befähigung verfügen. Geht es dabei um eine Partizipation zur Erhöhung der Sachrichtigkeit und Qualität der Entscheidung, so ist davon auszugehen, daß mit der Einräumung der Möglichkeit zur Beteiligung gleichzeitig eine bestimmte Qualifikation vorgeschrieben und vorausgesetzt wird. Somit ergibt sich auch hier ein (relatives) Partizipationsverbot der Sachunkundigen. Bedingung eines derartigen Partizipationsverbots bleibt aber, daß bei der betreffenden Aufgabenerfüllung zu ihrer optimalen Verwirklichung die verfassungsrechtlichen Komponenten der Individualgestaltung, etwa der Selbstbestimmung, des Rechtsschutzes des einzelnen oder der sozialstaatlichen persönlichen Leistungserbringung nicht im Vordergrund stehen. Eine derartige Möglichkeit partizipativer Einflußnahme auf die staatliche Entscheidung muß jedem Bürger — unabhängig von Vorbildung, Qualifikation oder Erfahrung — gewährt werden. Deswegen muß in jedem konkreten Fall zunächst untersucht werden, ob nicht Elemente der freiheitlichen Demokratie, des Rechtsstaates oder des Sozialstaates eine individuelle Beteiligung aus diesen Motiven gebieten. Trifft dieses nicht zu, so spricht eine Vermutung für eine leistungsfähige, sachgerechte Entscheidung, die zur effektiven Erfüllung das Verbot der Mitentscheidung von Unkundigen notwendig macht. Liegt aber ein derartiges Verbot vor, so kann durch generelle Öffentlichkeit oder Offenlegung die Durchsichtigkeit und Kontrolle des Entscheidungsprozesses herbeigeführt oder durch Anhörung der Nichtsachverständigen die Informationsbasis der Entscheidung verbreitet werden.

Ein Partizipationsverbot wird auch dann notwendig, wenn unabhängig von den persönlichen Eigenschaften der eventuellen Teilnehmer die spezifische Eigenart der Aufgabe keine Partizipation zuläßt. Diese keinesfalls auf einem verkürzten Leistungsbegriff beruhenden absoluten Partizipationsverbote dienen gerade der erhöhten Innovation und Konfliktregelung in besonderen Fällen bei kurzfristigen Krisenentscheidungen oder bei Aufgaben, die eine spezielle Geheimhaltung erforderlich machen, und ermöglichen so die Mobilität und notwendig rasche Situationsbewältigung durch die Verwaltung.

In jedem Fall darf ein Partizipationsverbot nur dort eingreifen, wo es zur Erfüllung der in Angriff genommenen Aufgabe nicht nur das angemessene, sondern auch das Mittel ist, das die geringst einschneidenden Folgen hervorruft. Dies wird in der Regel in dem Fall zutreffen, in dem die spezifische sachgerechte Erfüllung der staatlichen Aufgabe durch Teilhabe in Frage gestellt ist.

4. Zusammenfassende Leitsätze

1. Auf Grund des „dogmatischen Leistungsdefizits" wird eine Neubestimmung des Leistungsbegriffes notwendig; sedes materiae kann dabei nur die konkrete Verfassung sein.

2. Das Grundgesetz kennt — zumindest implizit — eine Reihe von Vorschriften, die für eine Leistungsfreundlichkeit unserer Verfassung sprechen.

3. Ausgangspunkt der Grundlegung ist das Gewaltenteilungsprinzip, das eine neue Deutung als Funktionengliederung erfährt, in deren Rahmen sich das Leistungsprinzip als Organisationsschema einer raschen, effektiven Aufgabenerfüllung darstellt.

4. Obwohl das verfassungsrechtliche Leistungsprinzip kein eigenständiger Grundsatz ist, vielmehr von der speziellen Aufgabe bestimmt und begrenzt wird, enthält es doch durch das Erfordernis der Wahrnehmung einer verfassungsrechtlichen Aufgabe einen allgemeingültigen Grundsockel der Leistungserbringung, auf dem die sach- und personenbezogenen Komponenten als Modalitäten der jeweiligen Aufgabenerfüllung aufbauen.

5. Die Definition des verfassungsrechtlichen Leistungsprinzips als Grundsatz sachgemäßer, optimaler Erfüllung verfassungsmäßiger Aufgaben findet seine Bestätigung und Konkretisierung insbesondere durch die Grundrechtsdogmatik im sozialen Leistungsstaat sowie durch die Verfassungsentscheidungen für die Demokratie, den Rechtsstaat und den Bundesstaat. Das verfassungsrechtliche Leistungsprinzip, einerseits ausgerichtet auf humane Leistung, Individualität und Grundrechtseffektivierung, erfordert andererseits aber auch gesellschaftliche Leistungsfähigkeit und Leistungsbereitschaft des einzelnen Bürgers, der die staatliche Leistung begehrt.

6. Bürgerschaftliche Partizipation in den Formen der Mitentscheidung, der Erörterung und der Anhörung gewinnt erst im Rahmen der Verfassungsentscheidungen für die Demokratie, den Rechtsstaat und den Sozialstaat materialen Gehalt und Bedeutung.

7. Verfassungsverwirklichende Teilhabe stellt sich letztendlich als verwaltungsorganisatorisches Problem eines geordneten Verfahrens dar.

8. Partizipation weist einen Bezug zur Leistung als optimale Aufgabenerfüllung auf und kann durchaus leistungsfördernd eingesetzt werden.

9. Partizipation hat jedoch nachteilige Auswirkungen auf ein aufgabenbezogenes Leistungsprinzip, wenn die verfassungsrechtliche Begründung der Teilhabe nicht identisch mit dem Verfassungsgut ist, an dem sich das spezifische Leistungsprinzip ausrichten muß.

10. Eine Zuordnung von Partizipation und dem Grundsatz optimaler, spezifischer Aufgabenerfüllung hat als Zuordnung von Verfassungssätzen zur Herstellung praktischer Konkordanz zu erfolgen.

11. Das verfassungsrechtliche Leistungsprinzip gebietet ein (relatives) Partizipationsverbot dort, wo das Erfordernis des Sachverstandes unverzichtbare Voraussetzung staatlicher Aufgabenerfüllung ist, die Betroffenen diese Voraussetzungen aber nicht mit sich bringen. Demokratischen und rechtsstaatlichen Aspekten ist durch Öffentlichkeit und Kontrolle Rechnung zu tragen.

12. Ein absolutes Partizipationsverbot, das unabhängig von den betroffenen Personen gilt, kann nur dann auf Grund des verfassungsrechtlichen Leistungsprinzips gefordert werden, wenn die spezifische Aufgabe durch die Beteiligung überhaupt in Frage gestellt wird.

13. In jedem Fall gilt bei den Beschränkungsmöglichkeiten der Partizipation das Übermaßverbot in dem Sinn, daß geprüft werden muß, ob ein Verbot der Teilhabe das angemessene Mittel ist, um das verfassungsrechtliche Leistungsprinzip zu verwirklichen. Erscheint ein spezielles Partizipationsverbot als unausweichlich, so ist zu untersuchen, ob nicht eine mindere Form der Beteiligung aufrechterhalten werden kann.

Literaturverzeichnis

Achterberg, Norbert: Probleme der Funktionenlehre, München 1970.

Almond, Gabriel A. und Sidney *Verba*: Bürgerliche Kultur und demokratische Stabilität, in: Der beschäftigte Mensch. Beiträge zur sozialen und politischen Partizipation. Hrsg. Zimpel, München 1970, S. 227 ff.

Apel, Günter: Mitbestimmung. Grundlagen, Wege, Ziele, München 1969.

Arndt, Adolf: Der Rechtsstaat und sein polizeilicher Verfassungsschutz, NJW 1961, 897 ff.

Arnstein, Sherry R.: Stufen der Bürgerbeteiligung, in: Mehr Demokratie im Städtebau. Hrsg. Lauritz Lauritzen, Hannover 1972, S. 192 ff.

Arras, Gerth: Tendenzbetrieb und Mitbestimmung, BB 1953, 62 f.

Ashby, W. R.: An Introduction to Cybernetics, London 1957.

Bachof, Otto: Begriff und Wesen des sozialen Rechtsstaates, VVDStRL 12 (1954), 37 ff.

— Beurteilungsspielraum, Ermessen und unbestimmter Rechtsbegriff, JZ 1955, 97 ff.

— Ermessen und Sprachgebrauch, JZ 1956, 590 f.

— Die Dogmatik des Verwaltungsrechts vor den Gegenwartsaufgaben der Verwaltung, VVDStRL 30 (1972), 193 ff.

Badenhopp, Reinhard K. J.: Dienstpostenbewertung — Grundlage des Leistungsprinzips, ZBR 1964, 193 ff.

Badura, Peter: Verwaltungsrecht im liberalen und im sozialen Rechtsstaat, Tübingen 1966.

— Bonner Kommentar, Art. 38 GG, 17. Lfg., Zweitbearbeitung Okt. 1966.

— Daseinsvorsorge als Verwaltungszweck der Leistungsverwaltung, DÖV 1966, 624 ff.

— Auftrag und Grenzen der Verwaltung im sozialen Rechtsstaat, DÖV 1968, 446 ff.

— Eigentum im Verfassungsrecht der Gegenwart, Verhandlungen des 49. DJT, Band II, Teilband 2, München 1972, T 5 ff.

Bahr, Hans-Eckehard: Öffentlichkeit und Partizipation, in: Partizipation. Aspekte politischer Kultur. Hrsg. v. Pufendorf, Opladen 1970, S. 93 ff.

Barley, Delbert: Strukturen der Leistungsgesellschaft, in: Arbeitswelt — Leistungswelt. Protokoll Nr. 331 der Evangelischen Akademie Nordrhein-Westfalen, Mülheim 1972, S. 2 ff.

Barnard, Chester J.: The Functions of the Executive, 19. Aufl., Cambridge Mass., 1970.

Bartlsperger, Richard: Organisierte Einwirkungen auf die Verwaltung. Zur Lage der zweiten Gewalt, VVDStRL 33 (1975), 221 ff.

Bastid, Paul: Le Gouvernement d'Assemblée, Paris 1956.

Baum, Karl-Berthold, Karsten *Hinrichs* und Wolfgang *Potratz*: Die restaurative Dienstrechtsreform, Gewerkschaftliche Monatshefte 1974, 273 ff.

Becker, Erich: Wandlungen der öffentlichen Verwaltung im Hinblick auf Gesetzgebung und Rechtsprechung, in: Wandlungen der rechtsstaatlichen Verwaltung, Berlin 1962.

— Die Kommunalgesetze im Sozialstaat, Der Gemeindetag 1963, 348 ff.

— Funktionsgerechte Verwaltung im Wandel der Industriegesellschaft (Schlußwort), in: Funktionsgerechte Verwaltung im Wandel der Industriegesellschaft, Berlin 1969.

Behrendt, Rudolf: Das rechtliche Gehör im deutschen und französischen Verwaltungsverfahren, Diss. Saarbrücken 1970.

Bethge, Herbert: Der verfassungsrechtliche Standort der staatlich gebundenen Berufe, Diss. Köln 1968.

Bettermann, Karl August: Die freiwillige Gerichtsbarkeit im Spannungsfeld zwischen Verwaltung und Rechtsprechung, in: Festschrift für Friedrich Lent, München 1967, S. 17 ff.

— Vorbeugender Rechtsschutz der Verwaltungsgerichtsbarkeit, in: Zehn Jahre Verwaltungsgerichtsordnung, Berlin 1970, S. 185 ff.

Berg, Wilfried: Politik, Beamtentum und politische Beamte, MDR 1973, 185 ff.

Bericht der Kommission: Hrsg. Studienkommission für die Reform des öffentlichen Dienstrechts, Baden-Baden 1973.

Beyme, Klaus von: Interessengruppen in der Demokratie, München 1969.

Birk, Rolf: „Tendenzbetrieb“ und Wirtschaftsausschuß, JZ 1973, 753 ff.

Blümel, Willi: Raumplanung, vollendete Tatsachen und Rechtsschutz, in: Festgabe für Forsthoff, München 1967, S. 133 ff.

— „Demokratisierung der Planung“ oder rechtsstaatliche Planung?, in: Festschrift für Ernst Forsthoff zum 70. Geburtstag, München 1972, S. 9 ff.

— Masseneinwendungen im Verwaltungsverfahren, in: Festschrift für W. Weber zum 70. Geburtstag, Berlin 1974, S. 539 ff.

Bochalli, Alfred: Grundriß des Deutschen Beamtenrechts, Köln u. a. 1965.

Böckenförde, Christoph: Die sogenannte Nichtigkeit verfassungswidriger Gesetze, Berlin 1966.

Böckenförde, Ernst-Wolfgang: Entstehung und Wandel des Rechtsstaatsbegriffs, in: Festschrift für Adolf Arndt zum 65. Geb., Frankfurt a. M. 1969, S. 53 ff.

Böckstiegel, Karl-Heinz: Neue Aspekte der Gewaltenteilung seit Inkrafttreten des Grundgesetzes, NJW 1970, 1712 ff.

Boehm, Ullrich: Lehrlingsausbildung und Demokratie, in: Partizipation. Aspekte politischer Kultur. Hrsg. v. Pufendorf, Opladen 1970, S. 129 ff.

Böhret, Carl: Entscheidungshilfen für die Regierung. Modelle, Instrumente, Probleme. Opladen 1970.

— Effizienz der Exekutive als Argument gegen Demokratisierung? PVS 1970 (Sonderheft 2), S. 243 ff.

Börsch, Ekkehard: Thesen zum Leistungsprinzip, in: Arbeitswelt — Leistungswelt. Protokoll Nr. 331 der Evangelischen Akademie Nordrhein-Westfalen, Mülheim 1972, S. 14 ff.

Bovermann, Günter: Bundesländer oder Provinzen — Neugliederung als Angelpunkt, DÖV 1974, 6 ff.

Brandt, Willy: Die Alternative, in: Die neue Gesellschaft (Sonderheft 1969), S. 3 ff.

— Regierungserklärung des zweiten Kabinetts Brandt/Scheel vom 18. 1. 1973, Sonderdruck des Presse- und Informationsamtes der Bundesregierung, Bonn 1973.

Breuckmann, Elmar: Handelnde Verwaltung, in: Verwaltung. Eine einführende Darstellung. Hrsg. Morstein Marx, Berlin 1965, S. 215 ff.

Brocher, Tobias: Gruppendynamik und Erwachsenenbildung, Braunschweig 1967.

Brohm, Winfried: Strukturen der Wirtschaftsverwaltung, Stuttgart u. a. 1969.

— Die Dogmatik des Verwaltungsrechts vor den Gegenwartsaufgaben der Verwaltung, VVDStRL 30 (1972), 245 ff.

Brünneck, Alexander von: Kritik eines Partizipationsmodells, in: Partizipation. Aspekte politischer Kultur. Hrsg. v. Pufendorf, Opladen 1970, S. 157 ff.

Bülck, Hartwig: Abhängigkeit und Selbständigkeit der Verwaltung, in: Verwaltung. Eine einführende Darstellung. Hrsg. Morstein Marx, Berlin 1965, S. 52 ff.

Bull, Hans-Joachim: Rechtsstaat und Verfahrensverschleppung, NJW 1957, 1100 ff.

Bulla, Eckart: Die Lehre von der streitbaren Demokratie, AöR 98 (1973), S. 340 ff.

Cartellieri, Wolfgang: Bildungs- und Forschungspolitik für 1980, in: Planung I. Hrsg. J. Kaiser, Baden-Baden 1965, S. 391 ff.

Cordier, Franz: Inhalt und Tragweite des Begriffs „rechtsprechende Gewalt", NJW 1967, 2141 f.

Crisolli, Julius und Martin *Schwarz*: Hessisches Beamtengesetz, Kommentar, Neuwied u. a. Stand März 1973.

Dagtoglou, Prodromus: Der Private in der Verwaltung als Fachmann und Interessenvertreter, Heidelberg 1964.

— Partizipation Privater an Verwaltungsentscheidungen, DVBl. 1972, 712 ff.

— Die Beteiligung Privater an Verwaltungsaufgaben, DÖV 1970, 532 ff.

Dahl, Robert Alan: Pluralist Democracy in the United States, Chicago 1967.

Dahlgrün, Hans Georg: Parlamentarische Kontrolle und autonome Verwaltungsbereiche, in: Demokratie und Verwaltung, Berlin 1972, S. 317 ff.

Damkowski, Wulf: Zum Verhältnis von Regierung, Verwaltung und Parlament im demokratischen Staat, Die Verwaltung 1970, 317 ff.

— Die Planung unserer Städte. Überlegungen zu den Formen, Zielen und Grundproblemen der Stadtplanung in der Bundesrepublik, DÖV 1972, 82 ff.

Davidoff, Paul: Anwaltsplanung und Pluralismus in der Planung, in: Mehr Demokratie im Städtebau. Hrsg. Lauritz Lauritzen, Hannover 1972, S. 149 ff.

Denninger, Erhard: Stichwort: Sozialstaat, in: Handlexikon zur Rechtswissenschaft, Hrsg. A. Görlitz, München 1972, S. 424 ff.

Derlien, Hans-Ulrich: Theoretische und methodische Probleme der Beurteilung organisatorischer Effizienz der öffentlichen Verwaltung. Die Verwaltung 1974, 1 ff.

Dichgans, Hans: Vom Grundgesetz zur Verfassung, Düsseldorf 1970.

Dienel, Peter: Techniken bürgerschaftlicher Beteiligung an Planungsprozessen, in: Partizipation. Aspekte politischer Kultur. Hrsg. von Pufendorf, Opladen 1970, S. 155 ff.

— Partizipation an Planungsprozessen als Aufgabe der Verwaltung. Die Verwaltung 1971, 151 ff.

— Bürgerinitiative und Selbstverwaltung. Zur Partizipation an Planungsprozessen, in: Der aktive Bürger. Utopie und Wirklichkeit. Ein Cappenberger Gespräch, Bd. 6. Köln u. a. 1971, S. 16 ff.

— Partizipation an Planungsprozessen. Mögliche bildungsplanerische Konsequenzen, in: Mehr Demokratie im Städtebau. Hrsg. Lauritz Lauritzen, Hannover 1972, S. 103 ff.

— Diskussionsbeitrag, in: „Demokratisierung" und Funktionsfähigkeit der Verwaltung. Hrsg. v. Oertzen. Stuttgart u. a. 1974, S. 135 f.

Dolde, Klaus-Peter: Verfahrensfehler bei Auslegung von Bebauungsplanentwürfen, NJW 1975, 21 ff.

Drath, Martin: Die Gewaltenteilung im heutigen deutschen Staatsrecht (1952), in: Zur heutigen Problematik der Gewaltentrennung. Hrsg. Rausch, Darmstadt 1969, S. 21 ff.

Dreitzel, Hans Peter: Soziologische Reflexionen über das Elend des Leistungsprinzips, in: Sinn und Unsinn des Leistungsprinzips. Hrsg. Max Müller, München 1974, S. 31 ff.

Drews, Bill, Gerhard *Wacke* und Klaus *Vogel*: Gefahrenabwehr. Allgemeines Polizeirecht des Bundes und der Länder, 1. Bd., 8. Aufl., Köln u. a. 1975.

Dürig, Günter: Der Staat und die vermögenswerten öffentlich-rechtlichen Berechtigungen seiner Bürger, in: Festschrift f. W. Apelt, München u. a. 1958, S. 13 ff.

Duguit, Leon: Traité de Droit Constitutionnel, Bd. III, Paris 1927.

Duppré, Fritz: Sachverstand und Verantwortung, in: Sachverstand und Verantwortung in der öffentlichen Verwaltung, Berlin 1966, S. 10.

— Eröffnungsvortrag, in: Funktionsgerechte Verwaltung im Wandel der Industriegesellschaft, Berlin 1969, S. 11 ff.

Duverger, Maurice: Institutions politiques et droit constitutionnel, 7. Aufl., Paris 1963.

Dyckmann, John W.: Sozialplanung, Sozialplaner und Gesellschaftsplanung, in: Mehr Demokratie im Städtebau. Hrsg. Lauritz Lauritzen, Hannover 1972, S. 125 ff.

Eckert, Roland: Politische Partizipation und Bürgerinitiative, in: Partizipation. Aspekte politischer Kultur. Hrsg. von Pufendorf, Opladen 1970, S. 30 ff.

Ehmke, Horst: Prinzipien der Verfassungsinterpretation, VVDStRL 20 (1963), S. 53 ff.

— Empfiehlt es sich, Funktion, Struktur und Verfahren der parlamentarischen Untersuchungsausschüsse grundlegend zu ändern? Referat zum 45. DJT, Teil II, E 7 ff., München 1965.

Eichenberger, Kurt: Demokratie und Leistungsstaat, Basel 1969.

Ellwein, Thomas: Einführung in die Regierungs- und Verwaltungslehre, Stuttgart u. a. 1966.

Ellwein, Thomas: Formierte Verwaltung — Autoritäre Herrschaft in einer parlamentarischen Demokratie, in: Parlamentarismus ohne Transparenz. Kritik Bd. 3, Hrsg. Steffani, Opladen 1970, S. 51 ff.

— Dienstleistungen für alle. Bürger — Staat — Verwaltung müssen für lebendige Demokratie sorgen, in: Damit wir morgen leben können. Hrsg. Kloss, Stuttgart 1972, S. 111 ff.

— Die großen Interessenverbände und ihr Einfluß. Aus Politik und Zeitgeschichte 1973, S. 22 ff.

Ellwein, Thomas, Axel *Görlitz* und Andreas *Schröder*: Parlament und Verwaltung. 1. Teil, Gesetzgebung und politische Kontrolle. Bd. 2, Stuttgart 1967.

Ellwein, Thomas und Ralf *Zoll*: Berufsbeamtentum — Anspruch und Wirklichkeit. Zur Entwicklung und Problematik des öffentlichen Dienstes, Düsseldorf 1973.

Engelhardt, Dieter: Das richterliche Prüfungsrecht im modernen Verfassungsstaat, JöR NF 8 (1959), S. 101 ff.

Ernst, Werner: Wozu Neugliederung?, DÖV 1974, 12 ff.

Eschenburg, Theodor: Ämterpatronage. Stuttgart 1961.

Esser, Josef: Grundsatz und Norm in der richterlichen Fortbildung des Privatrechts, Tübingen 1956.

— Vorverständnis und Methodenwahl in der Rechtsfindung, Frankfurt a. M. 1970.

Evers, Hans-Ulrich: Verbände — Verwaltung — Verfassung, Der Staat 1964, S. 41 ff.

Fees, Karl: Der Leistungsgrundsatz im Öffentlichen Dienst, ZBR 1967, 203 f.

Feger, Hubert: Die Anwendung gruppendynamischer Erkenntnisse in der Verwaltung, in: Systemanalyse in Regierung und Verwaltung. Hrsg. Krauch, Freiburg i. B. 1972, S. 251 ff.

Feuchte, Paul: Die Neugliederung im Rahmen der bundesstaatlichen Probleme, DÖV 1974, 9 ff.

Finger, Hans-Joachim: Gedanken zur Reform des öffentlichen Dienstrechts, ZBR 1971, 3 ff.

Fischbach, Oskar Georg: Bundesbeamtengesetz, 3. Aufl., 1. Halbband, Köln u. a. 1964.

Fischer-Menshausen, Herbert: Mittelfristige Finanzplanung im Bundesstaat, in: Planung III, Hrsg. J. Kaiser, Baden-Baden 1968, S. 73 ff.

Förster, Wolfgang: Rolle und Wertung des Leistungsprinzips in den kommunistischen Staaten, in: Sinn und Unsinn des Leistungsprinzips. Hrsg. Max Müller, München 1974, S. 196 ff.

Forsthoff, Ernst: Montesquieu. Vom Geist der Gesetze. Zur Einleitung. Tübingen 1951, S. V ff.

— Begriff und Wesen des sozialen Rechtsstaates, VVDStRL 12 (1954), 8 ff.

— Über Maßnahme-Gesetze, in: Gedächtnisschrift für W. Jellinek, München 1955, S. 211 ff.

— Die Daseinsvorsorge und die Kommunen, in: Rechtsstaat im Wandel. Verfassungsrechtliche Abhandlungen 1950 - 1964, Stuttgart 1964, S. 111 ff.

Forsthoff, Ernst: Stichwort: Gewaltenteilung, in: Evangelisches Staatslexikon, Berlin 1966. Sp. 655 ff.

— Über Mittel und Methoden moderner Planung, in: Planung III. Hrsg. J. Kaiser, Baden-Baden 1968, S. 21 ff.

— Rechtsstaatlichkeit und Sozialstaatlichkeit. Aufsätze und Essays (Hrsg.), Darmstadt 1968.

— Der Staat der Industriegesellschaft, München 1971.

— Lehrbuch des Verwaltungsrechts, Bd. 1, Allgemeiner Teil, 10. Aufl., München 1973.

Fraenkel, Ernst: Deutschland und die westlichen Demokratien, Stuttgart 1964.

— Pluralismus als Strukturelement, Verh. des 45. DJT, Bd. II, B 1, München 1965.

— Reformismus und Pluralismus. Materialien zu einer ungeschriebenen politischen Autobiographie, Hamburg 1973.

Friauf, Karl Heinrich: Staatshaushaltsplan im Spannungsfeld zwischen Regierung und Parlament, Bad Homburg 1968.

— Probleme der Durchführung europäischer Gemeinschaftsplanung in der Bundesrepublik Deutschland, in: Planung IV, Hrsg. J. Kaiser, Baden-Baden 1970, S. 41 ff.

Friedrich, Carl Joachim: Die Staatsräson im Verfassungsstaat, Freiburg u. a. 1961.

Friedrichs, Karl: Verwaltungsrechtspflege. Streit-, Beschluß-, Untersuchungs- und Zwangsverfahren. 1. Bd., Berlin 1920.

Friesenhahn, Ernst: Parlament und Regierung im modernen Staat, VVDStRL 16 (1958), 9 ff.

— Die Verfassungsgerichtsbarkeit in der Bundesrepublik Deutschland, Köln 1963.

Fröhler, Ludwig: Die paritätische Mitbestimmung in den Handwerkskammern als verfassungsrechtliches Problem, GewArch. 1974, 2 ff.

Frowein, Jochen Abr.: Gemeinschaftsaufgaben im Bundesstaat, VVDStRL 31 (1973), 13 ff.

Galabert, Jean-Michel: La participation à l'administration en France, in: „Demokratisierung“ und Funktionsfähigkeit der Verwaltung. Hrsg. v. Oertzen, Stuttgart u. a. 1974, S. 164 ff.

Gallwas, Hans-Ulrich: Die Erfüllung von Verwaltungsaufgaben durch Private, VVDStRL 29 (1971), 211 ff.

Geib, Ekkehard: Verwaltungseinheit. Prinzip und Gegentendenzen, in: Verwaltung. Eine einführende Darstellung. Hrsg. Morstein Marx, Berlin 1965, S. 148 ff.

Gehlen, Arnold: Moral und Hypermoral. Eine pluralistische Ethik. Frankfurt a. M. 1969.

— Demokratisierung, in: Demokratie und Verwaltung. Berlin 1972, S. 179 ff.

Geiger, Willy: Demokratieverständnis des Grundgesetzes, in: Demokratie und Verwaltung. Berlin 1972, S. 229 ff.

Genscher, Hans-Dietrich: Öffentlicher Dienst in der Diskussion, Der Landkreis 1973, S. 51 ff.

— Funktion und Bedeutung des Öffentlichen Dienstes in der modernen Industriegesellschaft, Bulletin Nr. 3/1973, S. 21 ff.

Gerber, Hans: Entwicklung und Reform des Beamtenrechts, VVDStRL 7 (1932), 2 ff.

Göb, Rüdiger: Probleme der Verwaltungsstruktur im modernen Staat, Staats- und Kommunalverwaltung 1973, 3 ff.

— Neugliederung des Bundesgebietes und Föderalismus, Staats- und Kommunalverwaltung 1973, 101 ff.

— Möglichkeiten und Grenzen der Stadtentwicklungsplanung, DÖV 1974, 86 ff.

Görlitz, Axel: Politische Funktionen der Lehre vom Verwaltungsakt, PVS 1971, 71 ff.

Grauhan, Rolf-Richard: Zur Struktur der planenden Verwaltung, in: Mehr Demokratie im Städtebau. Hrsg. Lauritz Lauritzen, Hannover 1972, S. 37 ff.

Grewe, Wilhelm: Das bundesstaatliche System des Grundgesetzes. Deutsche Rechtszeitschrift 1949, 349 ff.

— Planung in der Außenpolitik, in: Planung I. Hrsg. J. Kaiser, Baden-Baden 1965, S. 355 ff.

Gröbner, Gerhard: Effizienzanalysen im Staatssektor, Die Verwaltung 1970, 297 ff.

— Ist der Erfolg staatlicher Aktivität meßbar? DÖV 1971, 87 ff.

Grund, Walter: Die mehrjährige Finanzplanung des Bundes — Grundkonzeption, Methoden und ihre Problematik, in: Planung III, Hrsg. J. Kaiser, Baden-Baden 1968, S. 47 ff.

Gscheidle, Kurt: Vereinbarkeit des Leistungsgedankens im Beamtenrecht mit dem derzeitigen Dienstrecht, Krefeld 1969.

Guilleaume, Emil: Politische Entscheidungsfunktion und Verwaltungsstruktur, Die Verwaltung 1970, 1 ff.

— Demokratisierung der Personalpolitik in der öffentlichen Verwaltung, Die Verwaltung 1971, 177 ff.

Gygi, Fritz: Rechtsfragen der Wirtschaftsplanung, in: Planung II, Hrsg. J. Kaiser, Baden-Baden 1966, S. 113 ff.

Habermas, Jürgen: Technik und Wissenschaft als „Ideologie", Frankfurt 1968.

Habermas, Jürgen und Ludwig von *Friedeburg*: Student und Politik, Neuwied 1969.

Habermas, Jürgen und Niklas *Luhmann*: Theorie der Gesellschaft oder Sozialtechnologie — Was leistet die Systemforschung, 2. Aufl., Frankfurt/M. 1971.

Habscheid, Walter: Steuerstrafverfahren und Grundgesetz, MDR 1966, 1 ff.

Häberle, Peter: „Öffentliches Interesse" als juristisches Problem, Bad Homburg 1970.

— Die Wesensgehaltgarantie des Art. 19 Abs. 2 Grundgesetz, 2. Aufl., Karlsruhe 1972.

— Grundrechte im Leistungsstaat, VVDStRL 30 (1972), 43 ff.

— „Leistungsrecht" im sozialen Rechtsstaat, in: Festschrift für Günther Küchenhoff, Berlin 1972, S. 453 ff.

— Das Bundesverfassungsgericht im Leistungsstaat. Die Numerus-clausus-Entscheidung vom 18. 7. 1972, DÖV 1972, 729 ff.

Häberle, Peter: Berufs„ständische" Satzungsautonomie und staatliche Gesetzgebung. Zur Facharztentscheidung des BVerfG vom 9. 5. 1972, DVBl. 1972, 909 ff.

— Effizienz und Verfassung, AöR 98 (1973), 625 ff.

Hahn, Hugo J.: Über die Gewaltenteilung in der Wertwelt des Grundgesetzes (1965), in: Zur heutigen Problematik der Gewaltentrennung, Hrsg. Rausch, Darmstadt 1969, S. 438 ff.

— Planung in der OECD, in: Planung IV, Hrsg. J. Kaiser, Baden-Baden 1970, S. 203 ff.

Hamann, Andreas: Anmerkung zum Urteil des VGH Kassel vom 13. 5. 1956, NJW 1956, 1940 f.

Hamann, Andreas und Helmut *Lenz*: Das Grundgesetz für die Bundesrepublik Deutschland vom 23. Mai 1949. Kommentar, 3. Aufl., Neuwied 1970.

Hanisch, Werner: Bürgerschaftliche Partizipation und Rechtsstaatsprinzip im Bereich der Überwachungsverwaltung, Diss. Marburg 1974.

Harnischfeger, Horst: Planung in der sozialstaatlichen Demokratie, Neuwied u. a. 1969.

Hartwich, Hans-Hermann: Sozialstaatspostulat und gesellschaftlicher status quo, Köln u. a. 1970.

Haueisen, Fritz: Verwaltungsverfahren und verwaltungsgerichtliches Verfahren, DVBl. 1962, 881 ff.

Heckel, Hans: Deutsches Privatschulrecht, Berlin 1955.

Heckhausen, Heinz: Leistung — Wertgehalt und Wirksamkeit einer Handlungsmotivation und eines Zuteilungsprinzips, in: Sinn und Unsinn des Leistungsprinzips. Hrsg. Max Müller, München 1974, S. 169 ff.

Heinemann, Gustav: Empfiehlt es sich, Funktionen, Struktur und Verfahren der parlamentarischen Untersuchungsausschüsse grundlegend zu ändern? Referat zum 45. DJT, Teil II, München 1965, E 62 ff.

— Besinnung auf die Pflicht zur Leistung, DDB 1971, 219 f.

Heising, Klaus: Die Gewaltenteilung nach dem Bonner Grundgesetz und nach dem Vertrag zur Gründung der Europäischen Wirtschaftsgemeinschaft, Diss. Münster 1969.

Heitz, Christoph K.: Administrative Informationssysteme, in: Informationssysteme in Wirtschaft und Verwaltung. Hrsg. H. R. Walter/R. A. Fischer, Berlin 1971, S. 217 ff.

Heller, Hermann: Rechtsstaat oder Diktatur? Tübingen 1930.

— Staatslehre, 4. Aufl. 1934, Neudruck Leiden 1970.

Hempel, Wieland: Der demokratische Bundesstaat, Berlin 1969.

Henle, Wilhelm: Zuweisung der finanziellen Mittel, in: Verwaltung. Eine einführende Darstellung. Hrsg. Morstein Marx, Berlin 1965, S. 331 ff.

Hennis, Wilhelm: Demokratisierung. Zur Problematik eines Begriffes. Köln 1970.

— Aufgaben einer modernen Regierungslehre, PVS 1965, 422 ff.

Herlyn, Ulfert: Innenstadterneuerung und Beteiligung der Betroffenen, in: Mehr Demokratie im Städtebau, Hrsg. Lauritz Lauritzen, Hannover 1972, S. 235 ff.

Herzog, Roman: Wissenschaftliche Entwicklung und technischer Fortschritt im Hinblick auf die Öffentliche Verwaltung, in: Funktionsgerechte Verwaltung im Wandel der Industriegesellschaft, Berlin 1969.

— Möglichkeiten und Grenzen des Demokratieprinzips in der öffentlichen Verwaltung, in: Demokratie und Verwaltung, Berlin 1972, S. 485 ff.

— Allgemeine Staatslehre, Frankfurt a. M., 1971.

Hesse, Konrad: Der unitarische Bundesstaat, Karlsruhe 1962.

— Der Rechtsstaat im Verfassungssystem des Grundgesetzes, in: Festgabe für Rudolf Smend zum 80. Geburtstag, Tübingen 1962, S. 71 ff.

— Aspekte des kooperativen Föderalismus in der Bundesrepublik Deutschland, in: Festschrift für Gebhard Müller, Tübingen 1960.

— Grundzüge des Verfassungsrechts der Bundesrepublik Deutschland, 8. Aufl., Karlsruhe 1975.

— Bundesstaatsreform und Grenzen der Verfassungsänderung, AöR 98 (1973), 1 ff.

Heubl, Franz: Der Weg zur Entmachtung der Landtage, Der Landkreis 1971, 367 ff.

Heydte, Friedrich August von der: Stichwort: Gewaltenteilung, in: Staatslexikon. Hrsg. Görres-Gesellschaft. 6. Aufl., 3. Bd., Freiburg 1959, Sp. 896 ff.

Heyen, Rolf: Jugend in der DDR. Auf dem Weg zur sozialistischen Leistungsgesellschaft, Bad Honnef 1972.

Hippel, Ernst von: Gewaltenteilung im modernen Staate, Koblenz 1949.

Hirsch, Etienne: Nécessité et Difficultés de la Planification Internationale, in: Planung IV, Hrsg. J. Kaiser, Baden-Baden 1970, S. 11 ff.

Hirsch, Joachim: Die öffentliche Funktion der Gewerkschaften. Eine Untersuchung zur Autonomie sozialer Verbände in der modernen Verfassungsordnung. Stuttgart 1966.

— Haushaltsplanung und Haushaltskontrolle in der Bundesrepublik Deutschland, in: Politik, Regierung, Verwaltung. Hrsg. Ellwein, Bd. 2, 2. Teil, Stuttgart u. a. 1968.

Höhn, Reinhard: Die Verwaltung — heute, Bad Harzburg 1970.

Hoffmann, Reinhard: Beamtenstreik und Verfassungsverständnis vom Sozialstaat, KJ 1971, 45 ff.

Hofmann, Rupert: Totalisierung und Differenzierung. Die neuerliche Krise des demokratischen Prinzips, ZfP 1973, 327 ff.

Hofmann, Werner: Die Arbeitsverfassung der Sowjetunion, Berlin 1956.

Hollatz, Josef-Walther: Planung und Öffentlichkeit, Der Landkreis 1971, 183 f.

Hondrich, Karl-Otto: Demokratisierung und Leistungsgesellschaft, Stuttgart 1972.

Huber, Konrad: Maßnahmegesetz und Rechtsgesetz, Berlin 1963.

Hüttl, Adolf: Verwaltung gestern, heute — morgen. Koordinierungsprobleme der öffentlichen Verwaltung, DÖV 1965, 405 ff.

— Wirtschaftlichkeit, in: Verwaltung. Eine einführende Darstellung. Hrsg. Morstein Marx, Berlin 1965, S. 282 ff.

Imboden, Max: Montesquieu und die Lehre von der Gewaltentrennung, Berlin 1959.

Imboden, Max: Der Plan als verwaltungsrechtliches Institut, VVDStRL 18 (1960), 113 ff.

— Gewaltentrennung als Grundproblem unserer Zeit (1965), in: Zur heutigen Problematik der Gewaltentrennung. Hrsg. Rausch, Darmstadt 1969, S. 487 ff.

Ipsen, Hans Peter: Enteignung und Sozialisierung, VVDStRL 10 (1952), 74 ff.

— Gleichheit, in: Die Grundrechte. Handbuch der Theorie und Praxis der Grundrechte. Hrsg. Neumann/Nipperdey/Scheuner. Bd. II, Berlin 1954, S. 111 ff.

— Rechtsfragen der Wirtschaftsplanung, in: Planung II, Hrsg. J. Kaiser, Baden-Baden 1966, S. 63 ff.

— Fusionsverfassung Europäischer Gemeinschaften, Bad Homburg 1969.

— Mitbestimmung im Rundfunk, Frankfurt/M. 1972.

Isensee, Josef: Subsidiaritätsprinzip und Verfassungsrecht, Berlin 1968.

— Verwaltungsraison gegen Verwaltungsrecht. Antinomien der Massenverwaltung in der typisierenden Betrachtungsweise des Steuerrechts, Steuer und Wirtschaft 1973, S. 199 ff.

— Der Beamte zwischen Parteifreiheit und Verfassungstreue, JuS 1973, 265 ff.

Jahrreiß, Hermann: Die Wesensverschiedenheit der Akte des Herrschens und das Problem der Gewaltenteilung, in: Festschrift für Hans Nawiasky, München 1956, S. 119 ff.

Jellinek, Georg: Allgemeine Staatslehre, 3. Aufl., 6. Neudruck, Darmstadt 1959.

Jentsch, Andreas: Systemanalyse im Regierungsbereich und Reorganisation von Regierung und Verwaltung, in: Systemanalyse in Regierung und Verwaltung. Hrsg. Krauch, Freiburg 1972, S. 49 ff.

Jesch, Dietrich: Gesetz und Verwaltung. Tübingen 1968. 2. Aufl.

Johnson, Nevil: Partizipationsansätze nach der neuerlichen britischen Erfahrung, in: „Demokratisierung" und Funktionsfähigkeit der Verwaltung. Hrsg. v. Oertzen, Stuttgart u. a. 1974, S. 146 ff.

Jouvenel, Bertrand de: Über das Prinzipat (1964), in: Zur heutigen Problematik der Gewaltentrennung. Hrsg. Rausch, Darmstadt 1969, S. 353 ff.

Jünger, Friedrich Georg: Die Perfektion der Technik. 2. Aufl., Frankfurt/M. 1949.

Jungk, Robert: Beteiligung der Bürger heute und morgen, in: Partizipation. Aspekte politischer Kultur. Hrsg. von Pufendorf, Opladen 1970, S. 70 ff.

Kägi, Werner: Zur Entstehung, Wandlung und Problematik des Gewaltenteilungsprinzips, Diss. Zürich 1937.

— Von der klassischen Dreiteilung zur umfassenden Gewaltenteilung (1961), in: Zur heutigen Problematik der Gewaltentrennung. Hrsg. Rausch, Darmstadt 1969, S. 286 ff.

Kaiser, Joseph: Die Repräsentation organisierter Interessen, Berlin 1956.

— Exposé einer pragmatischen Theorie der Planung, in: Planung I. Hrsg. J. Kaiser, Baden-Baden 1965, S. 11 ff.

— Einige Aspekte deutschland- und weltpolitischer Planung, in: Planung IV. Hrsg. J. Kaiser, Baden-Baden 1970, S. 461 ff.

Kallabis, W.: Beförderungsschnitt und Grundgesetz, ZBR 1958, 117 ff.

Karehnke, Helmut: Zur Wahrnehmung breiter Aufgaben des Umweltschutzes durch den Bund. Ein zusätzlicher Schwerpunkt ohne größere Änderungen der Verwaltungsorganisation, DÖV 1973, 83 ff.

— Ein Vorschlag für Nutzen-Kosten-Untersuchungen in der Verwaltung, DÖV 1974, 737 ff.

Kellner, Wolfgang: Das Leistungsprinzip in der industriellen Arbeitswelt. Wirtschafts- und sozialpolitische Grundinformationen, Sachgruppe IV/46, Jg. 13 (1971), Nr. 5/6.

Kielsmannsegg, Peter Graf von: Demokratie und Leistungsprinzip, in: Civitas XI, Jahrbuch für Sozialwissenschaften, Hrsg. Görres-Gesellschaft u. a., 1972, S. 9 ff.

Kimminich, Otto: Das Staatsoberhaupt in der parlamentarischen Demokratie, VVDStRL 25 (1967), 2 ff.

— Grundgesetz und Gruppenuniversität, WissR 1973, 193 ff.

Kisker, Gunter: Kooperation im Bundesstaat, Tübingen 1971.

— Gruppenmitbestimmung in der öffentlichen Verwaltung, DÖV 1972, 520 ff.

Klafki, Wolfgang: Sinn und Unsinn des Leistungsprinzips in der Erziehung, in: Sinn und Unsinn des Leistungsprinzips. Hrsg. Max Müller, München 1974, S. 73 ff.

Klein, Hans H.: Bundesverfassungsgericht und Staatsraison, Frankfurt u. a. 1968.

— Demokratie und Selbstverwaltung, in: Festschrift für Ernst Forsthoff zum 70. Geb., München 1972, S. 165 ff.

Klementa, Joachim: Verbesserung der budgetären Entscheidungsfindung, Sonderdruck KGSt., April 1973.

Kloepfer, Michael: Zum Umweltschutz in der Bundesrepublik Deutschland, Percha am Starnberger See 1972.

Kluxen, Kurt: Die Herkunft der Lehre von der Gewaltentrennung (1957), in: Zur heutigen Problematik der Gewaltentrennung, Hrsg. Rausch, Darmstadt 1969, S. 131 ff.

Knöpfle, Franz: Organisierte Einwirkungen auf die Verwaltung, DVBl. 1974, 707 ff.

Kölble, Josef: Sachverstand und Verantwortung im Hinblick auf die Aufgabenkomplikation in der Ministerialverwaltung, in: Sachverstand und Verantwortung in der öffentlichen Verwaltung, Berlin 1966, S. 27 ff.

— Grundprobleme einer Reform des öffentlichen Dienstes, DÖV 1970, 447 ff.

König, Hans-Günther: Der Grundsatz des rechtlichen Gehörs im verwaltungsbehördlichen Verfahren, DVBl. 1959, 189 ff.

König, Klaus: Erkenntnisinteressen der Verwaltungswissenschaft, Berlin 1970.

— Verwaltungsreform und Demokratiediskussion, in: Demokratie und Verwaltung. Berlin 1972, S. 271 ff.

— Öffentliche Verwaltung und Demokratie, in: „Demokratisierung" und Funktionsfähigkeit der Verwaltung, Hrsg. v. Oertzen, Stuttgart 1974, S. 195 ff.

Köttgen, Arnold: Das deutsche Berufsbeamtentum und die parlamentarische Demokratie, Berlin u. a. 1928.

— Ämterpatronage, DÖV 1953, 321 ff.

Köttgen, Arnold: Struktur und politische Funktion öffentlicher Verwaltung, in: Festschrift für Leibholz, Bd. II, Tübingen 1966, S. 771 ff.

— Mandat, Methoden und Instrumente planender Verwaltung, in: Planung III. Hrsg. J. Kaiser, Baden-Baden 1968, S. 11 ff.

Koglin, Heinz: Das Harzburger Modell und die Kommunalverwaltung, Staats- und Kommunalwirtschaft 1973, 11 ff.

Kohl, Heribert: Pluralismuskritik in der Bundesrepublik, Aus Politik und Zeitgeschichte 1970, Heft 12, S. 3 ff.

Konow, Karl-Otto: Die Eigenwirtschaftlichkeit der Verwaltung. Vorbild oder Abart öffentlichen Verwaltungshandelns? DÖV 1973, 81 ff.

Kopp, Ferdinand: Der beliehene Unternehmer, DVBl. 1970, 724 ff.

— Verfassungsrecht und Verwaltungsverfahrensrecht, München 1971.

Koschnick, Hans: Klasseneinteilung im Beamtenrecht noch zeitgemäß? DDB 1966, 89 ff.

Krämer, Peter: Die bürgerschaftliche Selbstverwaltung unter den Notwendigkeiten des egalitären Sozialstaates, Diss. Köln 1970.

Krauch, Helmut: Wege und Aufgaben der Systemforschung, in: Systemanalyse in Regierung und Verwaltung, Hrsg. Krauch, Freiburg i. B. 1972, S. 27 ff.

Krauss, Günther: Die Gewaltengliederung bei Montesquieu, in: Festschrift für Carl Schmitt zum 70. Geb., Berlin 1959, S. 103 ff.

Krieger, Kai: Das Recht des Bürgers auf behördliche Auskunft, Berlin 1972.

Kriele, Martin: Theorie der Rechtsgewinnung, entwickelt am Problem der Verfassungsinterpretation, Berlin 1967.

— Das demokratische Prinzip im Grundgesetz, VVDStRL 29 (1971), 46 ff.

— Kommunisten als Beamte? ZRP 1971, 273 ff.

Krockow, Christian von: Revision des Staatsverständnisses, in: Partizipation. Aspekte politischer Kultur. Hrsg. von Pufendorf, Opladen 1970, S. 48 ff.

— Leistungsprinzip und Herrschaft, Aus Politik und Zeitgeschichte. Beilage zur Wochenzeitung „Das Parlament" vom 12. 8. 1972, B 33/72.

Kroppenstedt, Franz: Der Bericht der Studienkommission für die Reform des öffentlichen Dienstrechts, Der Landkreis 1973, 198 ff.

— Stand der Diskussion der Reform des öffentlichen Dienstrechts, DÖV 1974, 145 ff.

Krüger, Herbert: Das Leistungsprinzip als Verfassungsgrundsatz, Köln 1957.

— Allgemeine Staatslehre, 2. Aufl., Stuttgart u. a. 1966.

Krüger-Spitta, Wolfgang: Finanzplanung im Stadtstaat, in: Planung III, Hrsg. J. Kaiser, Baden-Baden 1968, S. 193 ff.

Kube, Edwin: Zur Notwendigkeit der Demokratisierung der Bebauungsplanung im ländlichen Raum, DVBl. 1972, 118 ff.

— Planung zusammen mit den Planungsbetroffenen, BadWürttVBl. 1973, 17 ff.

— Führungsmodelle, moderne Führungsgrundsätze und Managementtechniken in der Verwaltungspraxis, DVBl. 1973, 869 ff.

Kube, Edwin und Hartmut *Kübler*: Das Harzburger Modell — ein zeitgemäßer Führungsstil für die öffentliche Verwaltung? BadWürttVBl. 1972, 129 ff.

Kübler, Hartmut: Besserer Informationsfluß — ein Ansatzpunkt für Leistungssteigerung der öffentlichen Verwaltung, BadWürttVBl. 1972, 65 ff.

— Management in Behörden — Ein methodischer Ansatz zur Erarbeitung situationsgerechter Organisations- und Führungsprofile, BadWürttVBl. 1973, 113 ff.

Küchenhoff, Günther und Erich *Küchenhoff*: Allgemeine Staatslehre, 7. Aufl., Stuttgart u. a. 1971.

Küster, Otto: Das Gewaltenproblem im modernen Staat (1949), in: Zur heutigen Problematik der Gewaltentrennung, Hrsg. Rausch, Darmstadt 1969, S. 1 ff.

Kunze, Renate: Kooperativer Föderalismus in der Bundesrepublik, Stuttgart 1968.

Kunze, Richard: Sachgerechtigkeit, in: Verwaltung. Eine einführende Darstellung. Hrsg. Morstein Marx, Berlin 1965, S. 229 ff.

Laforet, Wilhelm: Die Scheidung der Gewalten nach dem Bonner Grundgesetz, in: Festschrift für Godehard Josef Ebers, Paderborn 1950, S. 53 ff.

Landfried, Klaus: „Emanzipation" durch „Partizipation"?, in: Civitas XI. Jahrbuch für Sozialwissenschaften, Hrsg. Görres-Gesellschaft u. a. 1972, S. 30 ff.

Lane, Robert E.: Über den therapeutischen Wert politischer Teilnahme, in: Der beschäftigte Mensch. Beiträge zur sozialen und politischen Partizipation, Hrsg. Zimpel, München 1970, S. 209 ff.

Langrod, Georges: Probleme des allgemeinen Verwaltungsverfahrens, DVBl. 1961, 305 ff.

Larenz, Karl: Methodenlehre und Rechtswissenschaft, 2. Aufl., Berlin u. a. 1969.

Lasswell, Harold D.: The Analysis of Political Behavior, 2. Aufl., London 1949.

Laubinger, Hans-Werner: Die Verwaltung als Helfer des Bürgers, in: Demokratie und Verwaltung, Berlin 1972, S. 439 ff.

Laurien, Hanna-Renate: Schule und Leistungsprinzip. Die Schule der industriellen Gesellschaft, in: Civitas XI. Jahrbuch für Sozialwissenschaften, Hrsg. Görres-Gesellschaft u. a. 1972, S. 43 ff.

Lauritzen, Lauritz: Mehr Demokratie im Städtebau, (Hrsg.), Hannover 1972.

Laux, Eberhard: Managementmodelle für die öffentliche Verwaltung? DVBl. 1972, 167 ff.

— Möglichkeiten und Grenzen einer Leistungssteigerung in der Organisation der öffentlichen Verwaltung, Der Landkreis 1975, 187 ff.

Laux, Helmut: Entscheidungskriterien bei Unsicherheit, WiSt. 1975, 159 ff.

Lecheler, Helmut: Verwaltung als „außerparlamentarische Gewalt", DÖV 1974, 441 ff.

Lefringhausen, Klaus: Informationsschranken im Gruppenleben, in: Partizipation. Aspekte politischer Kultur. Hrsg. v. Pufendorf, Opladen 1970, S. 103 ff.

Leibholz, Gerhard: Das Prinzip der Selbstverwaltung und der Art. 28 Abs. 2 Grundgesetz, DVBl. 1973, 715 ff.

Leisner, Walter: Öffentlichkeitsarbeit der Regierung im Rechtsstaat, Berlin 1966.

Leisner, Walter: Öffentliches Amt und Berufsfreiheit, AöR 93 (1968), 161 ff.

— Schwächung der Landesparlamente durch grundgesetzlichen Föderalismus, DÖV 1968, 389 ff.

— Die quantitative Gewaltenteilung, DÖV 1969, 405 ff.

— Mitbestimmung im öffentlichen Dienst, Bad Godesberg 1970.

— Effizienz als Rechtsprinzip, Tübingen 1971.

— Gewaltenteilung innerhalb der Gewalten, in: Festgabe für Theodor Maunz, München 1971, S. 267 ff.

Leminsky, Gerhard: Perspektiven der Mitbestimmung, Gewerkschaftliche Monatshefte 1973, 601 ff.

Lepper, Manfred: Teams in der öffentlichen Verwaltung, Die Verwaltung 1972, 141 ff.

Lerche, Peter: Übermaß und Verfassungsrecht, Köln u. a. 1961.

— Zum „Anspruch auf rechtliches Gehör", ZZP 78 (1965), 1 ff.

Lindgen, Erich: Lassen sich Mißstände in der Personalpolitik durch einen Beamtenbeauftragten beseitigen? DÖD 1967, 201 ff.

Locke, John: Second Treatise on Government, in: Social Contract. Essays by Locke, Hume and Rousseau. Introduction by Ernest Barker. London 1958.

Loewenstein, Karl: Das Gleichgewicht zwischen Legislative und Exekutive: Eine vergleichende verfassungsrechtliche Untersuchung (1938), in: Zur heutigen Problematik der Gewaltentrennung, Hrsg. Rausch, Darmstadt 1969, S. 210 ff.

— Die neue Dreiteilung der Staatsfunktionen (1959), in: Zur heutigen Problematik der Gewaltentrennung, Hrsg. Rausch, Darmstadt 1969, S. 272 ff.

Lohmar, Ulrich: Das demokratische Zieldreieck, in: Wissenschaftspolitik und Demokratisierung. Hrsg. Lohmar, Düsseldorf 1973, S. 9 ff.

Luhmann, Niklas: Kann die Verwaltung wirtschaftlich handeln? VerwArch. 51 (1960), 97 ff.

— Funktionen und Folgen formaler Organisationen, Berlin 1964.

— Grundrechte als Institution, Berlin 1965.

— Theorie der Verwaltungswissenschaft, Köln 1966.

— Legitimation durch Verfahren, Neuwied 1969.

— Politische Planung. Aufsätze zur Soziologie von Politik und Verwaltung, Opladen 1971.

— Rechtssoziologie, Bd. 2, Hamburg 1972.

— Politikbegriffe und die „Politisierung der Verwaltung", in: Demokratie und Verwaltung, Berlin 1972, S. 211 ff.

Lutz, Burkart, Klaus *Düll,* G. *Kammerer* und D. *Kreuz.*: Rationalisierung und Mechanisierung im öffentlichen Dienst. München 1970.

Lutz, Klaus: Automation und Verwaltungsentscheidung, DVBl. 1974, 832 ff.

Macher, Ludwig: Der Grundsatz des gemeindefreundlichen Verhaltens. Berlin 1971.

Mäding, Erhard: Administrative Zusammenarbeit kommunaler Gebietskörperschaften, AfK 1969, 1 ff.

— Verfahren der Stadtentwicklungsplanung, in: Planung V. Hrsg. J. Kaiser, Baden-Baden 1971, S. 319 ff.

Mäding, Erhard: Aufgaben der öffentlichen Verwaltung, Die Verwaltung 1973, 257 ff.

Maihofer, Werner: Demokratisierung der Universität? DUZ 1973, 674 ff.

Mangoldt, Hermann v. und Friedrich *Klein*: Das Bonner Grundgesetz, 2. Bd., 2. Aufl., Berlin u. a. 1964.

March, James G. und Herbert A. *Simon*: Organizations, New York 1958.

Marcuse, Herbert: Der eindimensionale Mensch. Studien zur Ideologie der fortgeschrittenen Industriegesellschaft. 5./6. Aufl., Neuwied u. a. 1968.

— Das Individuum in der „Great Society", in: Ideen zu einer kritischen Theorie der Gesellschaft, Hrsg. Marcuse, 4. Aufl. Frankfurt 1970, S. 176 ff.

Martens, Wolfgang: Grundrechte im Leistungsstaat, VVDStRL 30 (1972), S. 7 ff.

Marx, Karl: Zur Kritik der politischen Ökonomie (1859), Erstes Heft, Neudr. 7. Aufl. Berlin-Ost 1971.

Marx, Karl und Friedrich *Engels*: Manifest der kommunistischen Partei (1890), Neudr. 33. Aufl., Berlin-Ost 1970.

Maunz, Theodor: Deutsches Staatsrecht, 20. Aufl., München 1975.

Maunz, Theodor, Günter *Dürig* und Roman *Herzog*: Grundgesetz. Kommentar, 13. Lieferung, München Dez. 1973 (zit. Verf. in MDH).

Maurer, Hartmut: Die Mitgliedschaft von Beamten in verfassungsfeindlichen Parteien und Organisationen, NJW 1972, 601 ff.

Mayer, Franz: Geschäftsgang, in: Die Verwaltung. Eine einführende Darstellung, Hrsg. Morstein Marx, Berlin 1965, S. 298 ff.

— Rechtsfragen der Dienstpostenbewertung, DVBl. 1970, 651 ff.

— Selbstverwaltung und demokratischer Staat, in: Demokratie und Verwaltung. Berlin 1972, S. 327 ff.

Mayntz, Renate: Funktionen der Beteiligung bei öffentlicher Planung, in: Demokratie und Verwaltung. Berlin 1972, S. 341 ff.

— Die Funktionen der Beteiligung im öffentlichen Dienst, DÖV 1973, 149 ff.

— Das Demokratisierungspotential der Beteiligung Betroffener an öffentlicher Planung, in: „Demokratisierung" und Funktionsfähigkeit der Verwaltung, Hrsg. von Oertzen, Stuttgart 1974, S. 50 ff.

McClelland, David C.: Die Leistungsgesellschaft. Psychologische Analyse der Voraussetzungen wirtschaftlicher Entwicklung, Stuttgart u. a. 1966.

Meinecke, Friedrich: Die Idee der Staatsräson in der neueren Geschichte, 3. Aufl. 1929, Neudr. München 1957.

Meinhold, Helmut: Fachliche Ergänzungen des behördlichen Sachverstandes (insbesondere durch Beiräte, Fachausschüsse und Fachgutachten), in: Sachverstand und Verantwortung in der öffentlichen Verwaltung, Berlin 1966, S. 122 ff.

Meister, Norbert: Die Reformen der amerikanischen Bundesverwaltung unter dem Leitgedanken „Economy and Efficiency". Berlin 1970.

Menger, Christian-Friedrich: Der Begriff des sozialen Rechtsstaates im Bonner Grundgesetz (1953), in: Rechtsstaatlichkeit und Sozialstaatlichkeit, Hrsg. Forsthoff, Darmstadt 1968, S. 42 ff.

Menger, Christian-Friedrich und Hans-Uwe *Erichsen*: Höchstrichterliche Rechtsprechung zum Verwaltungsrecht, VerwArch. 59 (1968), 70 ff.

Menzel, Eberhard: Parteienstaat und Beamtentum, DÖV 1970, 433 ff.

— Die Sozialstaatlichkeit als Verfassungsprinzip der Bundesrepublik, DÖV 1972, 537 ff.

Merkatz, Hans-Joachim von: Der Beamte als Staatsbürger und die Staatsräson, in: Die politischen Pflichten und Rechte der deutschen Beamten. Öffentlicher Dienst zwischen Parteiung und Staatsräson, Hrsg. Scheuner/ v. Merkatz, Baden-Baden 1962, S. 57 ff.

Merkl, Adolf: Entwicklung und Reform des Beamtenrechts, VVDStRL 7 (1932), 55 ff.

Meyer, Hans: Das parlamentarische Regierungssystem des Grundgesetzes, Anlage — Erfahrungen — Zukunftseignung. VVDStRL 33 (1975), 69 ff.

Michalski, Wolfgang: Leistungsfähigkeit und Wirtschaftlichkeit in der öffentlichen Verwaltung, in: Leistungsfähigkeit und Wirtschaftlichkeit in der öffentlichen Verwaltung, Hrsg. Michalski, Hamburg 1970, S. 111 ff.

Milbrath, Lester W.: Politische Teilnahme und konstitutionelle Demokratie, in: Der beschäftigte Mensch. Beiträge zur sozialen und politischen Partizipation, Hrsg. Zimpel, München 1970, S. 93 ff.

Millack, Christian: Anmerkung zum Bericht der Bundesregierung zur Ämterbewertung, ZBR 1973, 41 ff.

Minssen, Friedrich: Die Arbeitsgemeinschaft für Bürgerinitiative, in: Partizipation. Aspekte politischer Kultur, Hrsg. von Pufendorf, Opladen 1970, S. 168 ff.

Mitscherlich, Alexander: Leistungsverfall — Leistungsverweigerung, DUZ 1972, 576 ff.

Möller, Rudolf: Leistungs- und Bedarfsprinzip, WiSt. 1975, 199 ff.

Möllinger, Otto: Gerichtsbarkeit bei Steuerdelikten, AöR 80 (1955/56), 276 ff.

Molitor, Bernhard: Die mittelfristige Wirtschaftspolitik in der EWG, in: Planung IV, Hrsg. J. Kaiser, Baden-Baden 1970, S. 129 ff.

Montesquieu, Charles de: De l'Esprit des Lois (1748), Amsterdam u. a. 1763.

Morris-Jones, W. A.: In Defense of Political Apathy, Political Studies 1954, S. 25 ff.

Morstein Marx, Fritz: Sachverstand und Leitung in der amerikanischen Verwaltung und Wirtschaft, AöR 87 (1962), 129 ff.

— Verwaltung. Eine einführende Darstellung. (Hrsg.), Berlin 1965.

— Stand der Verwaltungswissenschaften, in: Verwaltung. Eine einführende Darstellung. Hrsg. Morstein Marx, Berlin 1965, S. 34 ff.

— Bürokratisierung und Leistungsordnung, in: Verwaltung. Eine einführende Darstellung. Hrsg. Morstein Marx, Berlin 1965, S. 69 ff.

— Maßstäbe, in: Verwaltung. Eine einführende Darstellung. Hrsg. Morstein Marx, Berlin 1965, S. 227 ff.

Müller, Friedrich: Normstruktur und Normativität, Berlin 1966.

— Juristische Methodik, Berlin 1971.

Müller, Max: Sinn und Unsinn des Leistungsprinzips, Ein Symposium. (Hrsg.), München 1974.

Müller, Wolfgang: Der Pluralismus — die Staatstheorie des Reformismus, in: Festschrift für Ernst Fraenkel zum 75. Geb., Hamburg 1973, S. 395 ff.

Müller-Heidelberg, Klaus: Sachverstand und Verantwortung in personeller Hinsicht bei Behördenchefs und Verwaltungsjuristen, in: Sachverstand und Verantwortung in der öffentlichen Verwaltung, Berlin 1966, S. 96 ff.

Münch, Ingo von: Die Einflußnahme der politischen Parteien auf Beamtenernennungen und -beförderungen, ZBR 1960, 245 ff.

— Öffentlicher Dienst, in: Besonderes Verwaltungsrecht, Hrsg. von Münch, 3. Aufl., Bad Homburg u. a. 1972, S. 19 ff.

— Gemeinschaftsaufgaben im Bundesstaat, VVDStRL 31 (1973), 51 ff.

— Rechtsgutachten. Verfassungsrechtliche Grenzen einer Reform des öffentlichen Dienstrechts. Hrsg. Studienkommission für eine Reform des öffentlichen Dienstrechts, Bd. 5, Baden-Baden 1973, S. 78 ff.

Mündler, R.: Apathie und innergewerkschaftliche Demokratie, Gewerkschaftliche Monatshefte 1953, 21 ff.

Nagel, Albrecht: Das ständige Gespräch unter den Bürgern, in: Partizipation. Aspekte politischer Kultur. Hrsg. von Pufendorf, Opladen 1970, S. 174 ff.

— Leistungsfähige Entscheidungen in Politik und Verwaltung durch Systemanalyse, Berlin 1971.

Naschold, Frieder: Stichwort: Entscheidungstheorie, in: Staatslexikon, Hrsg. Görres-Gesellschaft, 9. Bd. (1. Ergänzungsbd.), Freiburg 1966, Sp. 700 ff.

— Organisation und Demokratie, 2. Aufl., Stuttgart u. a. 1971.

— Systemsteuerung. Einführung in die moderne politische Theorie, 2. Aufl., Stuttgart 1971.

Nawiasky, Hans: Die Stellung des Berufsbeamtentums im parlamentarischen Staat, München 1925.

— Allgemeine Staatslehre, Bd. II/2, Einsiedeln u. a. 1955.

Neeße, Gottfried: Der Leistungsgrundsatz im öffentlichen Recht, NDBZ 1966, 4 ff., 35 ff.

Negt, Oskar: Gesellschaftsbild und Geschichtsbewußtsein der wirtschaftlichen und militärischen Führungsschichten. Zur Ideologie der autoritären Leistungsgesellschaft, in: Der CDU-Staat, Analysen zur Verfassungswirklichkeit der Bundesrepublik, Hrsg. G. Schäfer/C. Nedelmann, Bd. 2, 2. Aufl. Frankfurt 1969, S. 359 ff.

Neumann, Werner: Die Gewaltenteilung im Staate, DÖD 1970, 149 f., 166 ff.

Nilges, Heinrich: Das Leistungsprinzip im Beamtenrecht als Verfassungsgrundsatz, BayBZ 1961, 145 ff.

Obermayer, Klaus: Der Plan als verwaltungsrechtliches Institut, VVDStRL 18 (1960), 144 ff.

Oberndorfer, Peter: Partizipation an Verwaltungsentscheidungen in Österreich, DÖV 1972, 529 ff.

O'Cofaigh, Thomas: Neue integrierte Systeme der Planung und Budgetierung — Generalbericht, in: Planung VI, Hrsg. J. Kaiser, Baden-Baden 1972, S. 357 ff.

Oertzen, Hans Joachim von: Transparenz im Planungsprozeß der Regierung, in: Planung VI, Hrsg. J. Kaiser, Baden-Baden 1972, S. 11 ff.

— „Demokratisierung" und Funktionsfähigkeit der Verwaltung. (Hrsg.), Stuttgart u. a. 1974.

Oettle, Karl: Betriebserfolge in der privaten und in der öffentlichen Wirtschaft. Sonderdruck KGSt., Okt. 1972, S. 1 ff.

Offe, Claus: Leistungsprinzip und industrielle Arbeit. Mechanismen der Statusverteilung in Arbeitsorganisationen der industriellen „Leistungsgesellschaft", Frankfurt a. M. 1970.

— Zukunftserwartungen und Strukturpolitik, in: Partizipation. Aspekte politischer Kultur, Hrsg. von Pufendorf, Opladen 1970, S. 79 ff.

— Das pluralistische System von organisierten Interessen, in: Interessenverbände in Deutschland. Hrsg. H. J. Varain, Köln 1973, S. 368 ff.

Oppermann, Thomas: Praktische Konsequenzen der Entscheidung des Bundesverfassungsgerichts zur Wissenschaftsfreiheit, JZ 1973, 433 ff.

— Das parlamentarische Regierungssystem des Grundgesetzes, Anlage — Erfahrungen — Zukunftseignung. VVDStRL 33 (1975), 8 ff.

Oppler, Kurt: Bedeutung, Aufgaben und Aufbau von Personalämtern, DÖV 1951, 482 ff.

Ossenbühl, Fritz: Ermessen, Verwaltungspolitik und unbestimmter Rechtsbegriff, DÖV 1970, 84 ff.

— Erfüllung von Verwaltungsaufgaben durch Private, VVDStRL 29 (1971), S. 137 ff.

— Vertrauensschutz im sozialen Rechtsstaat, DÖV 1972, 25 ff.

— Welche normativen Anforderungen stellt der Verfassungsgrundsatz des demokratischen Rechtsstaates an die planende staatliche Tätigkeit, dargestellt am Beispiel der Entwicklungsplanung? Gutachten B zum 50. DJT, München 1974.

Pankoke, Eckart: Kommunale Beteiligung als Problem der Verwaltungsorganisation, Die Verwaltung 1971, 395 ff.

— Politische Partizipation und liberale Demokratie, Liberal 1972, 354 ff.

Partsch, Karl Josef: Empfiehlt es sich, Funktion, Struktur und Verfahren der parlamentarischen Untersuchungsausschüsse grundlegend zu ändern? Gutachten zum 45. DJT, I, Teil 3, München 1964.

Partsch, Karl Josef und W. E. *Genzer:* Inkompatibilität der Mitgliedschaft im Bundestag und Bundesrat, AöR 76 (1950/51), 187 ff.

Peattie, Lisa R.: Überlegungen zur Anwaltsplanung, in: Mehr Demokratie im Städtebau, Hrsg. Lauritz Lauritzen, Hannover 1972, S. 174 ff.

Peters, Hans: Die Gewaltentrennung in moderner Sicht (1954), in: Zur heutigen Problematik der Gewaltentrennung, Hrsg. Rausch, Darmstadt 1969, S. 78 ff.

— Stichwort: Demokratie, in: Staatslexikon, Hrsg. Görres-Gesellschaft, 6. Aufl., 2. Bd., Freiburg 1958, Sp. 559 ff.

Pflaumer, Hans: Öffentlichkeit und Verwaltung in einem demokratischen Planungsprozeß, in: Mehr Demokratie im Städtebau, Hrsg. Lauritz Lauritzen, Hannover 1972, S. 58 ff.

— Öffentlichkeit und Verwaltung in München, in: Mehr Demokratie im Städtebau, Hrsg. Lauritz Lauritzen, Hannover 1972, S. 225 ff.

Pickuth, Harald: Leistung und Leistungsbeurteilung — einige Anmerkungen, DDB 1972, 152 ff., 174 ff.

Pipkorn, Jörn: Auskunftspflichten der daseinsvorsorgenden Verwaltungsbehörden, Diss. München 1968.

— Auskunftsansprüche gegenüber Verwaltungsbehörden, DÖV 1970, 171 ff.

Plog, Ernst und Alexander *Wiedow*: Kommentar zum Bundesbeamtengesetz, Bonn Jan. 1973.

Polin, Raymond: La politique morale de John Locke, Paris 1960.

Potthast, Ulrich und Helmut *Sembritzki*: Organisations- und Führungsprobleme bei der Durchführung von Aufgaben nach dem Städtebauförderungsgesetz, Der Städtetag 1973, 599 ff.; 1974, 18 ff.

Pranger, Robert J.: Bürgerschaft als Teilnahme, in: Der beschäftigte Mensch. Beiträge zur sozialen und politischen Partizipation. Hrsg. Zimpel, München 1970, S. 233 ff.

Prest, Allen: Aspekte und Methoden der englischen Wirtschaftsplanung — Die Rolle der Exekutive, in: Planung III, Hrsg. J. Kaiser, Baden-Baden 1968, S. 263 ff.

Püttner, Günter: Mitbestimmung und Mitwirkung des Personals in der Verwaltung, in: „Demokratisierung" und Funktionsfähigkeit der Verwaltung, Hrsg. von Oertzen, Stuttgart u. a. 1974, S. 73 ff.

Pufendorf, Ulrich von: Partizipation. Aspekte politischer Kultur. (Hrsg.), Opladen 1970.

— Einführung zum Thema: Partizipation, in: Partizipation. Aspekte politischer Kultur, Hrsg. von Pufendorf, Opladen 1970, S. 5 ff.

Quaritsch, Helmut: Empfiehlt es sich, das Beamtentum unter Berücksichtigung der Wandlungen von Staat und Gesellschaft neu zu ordnen? Referat zum 48. DJT, München 1970, O 34 ff.

Rammstedt, Otthein: Partizipation und Demokratie, ZfP 1970, 343 ff.

Rausch, Heinz: Zur heutigen Problematik der Gewaltentrennung, (Hrsg.), Darmstadt 1969.

Redeker, Konrad: Notwendigkeit und rechtliche Gestaltungsmöglichkeiten von Parlamentsbeauftragten in Deutschland, NJW 1967, 1299 ff.

— Zum neuen Entwurf eines Verwaltungsverfahrensgesetzes, DVBl. 1973, 747 ff.

Reigl, Otto: Techniken des Managements in der öffentlichen Verwaltung, BayVBl. 1972, 397 ff., 430 ff.

Reigrotzki, Erich: Der Ombudsman, in: Partizipation. Aspekte politischer Kultur. Hrsg. von Pufendorf, Opladen 1970, S. 212 ff.

Reinermann, Heinrich: Zur Eignung von PPBS für die längerfristige Aufgabenplanung und interministerielle Koordination, DVBl. 1972, 101 ff.

Reinhardt, Rainer: Modell der Analyse für hervorgehobene Dienstposten, DÖV 1973, 153 ff.

Reschke, Hans: Die Neugliederung des Bundesgebietes, DVBl. 1973, 728 ff.

— Mitbestimmung und Mitwirkung in öffentlichen Institutionen, in: „Demokratisierung" und Funktionsfähigkeit der Verwaltung. Hrsg. von Oertzen, Stuttgart u. a. 1974, S. 112 ff.

Reumann, Kurt: Die Industrie prüft die Geprüften, in: FAZ Nr. 255 v. 2. 11. 1972, S. 8.

Reuss, Wilhelm: Bedeutung des Sozialstaatsprinzips, in: Sozialstaatsprinzip und soziale Sicherheit, Hrsg. Reuss/Jantz, Stuttgart 1960, S. 7 ff.

Rietdorf, Fritz: Die Neuordnung des Bundesgebiets — eine Existenzfrage des föderativen Systems, DÖV 1974, 2 ff.

Ritter, Ernst-Hasso: Mitbestimmung im öffentlichen Dienst oder Privatisierung des Staatswesens? JZ 1972, 197 ff.

Ritter, Gerhard A.: „Direkte Demokratie" und Rätewesen in Geschichte und Theorie, in: Die Wiedertäufer der Wohlstandsgesellschaft, Hrsg. Erwin K. Scheuch, Köln 1968, S. 188 ff.

Ross, Murray G.: Teilhabe in der Gemeinde, in: Der beschäftigte Mensch. Beiträge zur sozialen und politischen Partizipation, Hrsg. Zimpel, München 1970, S. 85 ff.

Rostow, Walt W.: The Planning of Foreign Policy, in: Planung I, Hrsg. J. Kaiser, Baden-Baden 1965, S. 381 ff.

Rüthers, Bernd: Paritätische Mitbestimmung und Tendenzschutz, AfP 1974, 542 ff.

Rupp, Hans Heinrich: Grundfragen der heutigen Verwaltungsrechtslehre, Tübingen 1965.

— Die verfassungsrechtliche Seite des Umweltschutzes, JZ 1971, 401 ff.

— Freiheit und Partizipation, NJW 1972, 1537 ff.

— Demokratie und Wissenschaftverwaltung, in: Demokratie und Verwaltung. Berlin 1972, S. 611 ff.

Ryffel, Hans: Unparteilichkeit, in: Verwaltung. Eine einführende Darstellung, Hrsg. Morstein Marx, Berlin 1965, S. 264 ff.

— Der demokratische Gedanke im politischen und im sozialen Bereich, in: Demokratie und Verwaltung, Berlin 1972, S. 191 ff.

Sandtner, Walter: Das föderative System und seine Fortentwicklung, BayVBl. 1973, 421 ff.

Sauer, Hubert: Rechtsnatur der Entscheidung des amtlich anerkannten Sachverständigen oder Prüfers beim Technischen Überwachungsverein über das Bestehen oder Nichtbestehen der Fahrprüfung, DVBl. 1970, 486 ff.

Schäfer, Friedrich: Empfiehlt es sich, das Beamtentum unter Berücksichtigung der Wandlungen von Staat und Gesellschaft neu zu ordnen? Referat zum 48. DJT, München 1970, O 10 ff.

Schäfer, Hans: Moderne Verwaltung im sozialen Rechtsstaat, DVBl. 1972, 405 ff.

— Ein Plädoyer für die baldige und vernünftige Neugliederung des Bundesgebietes, DVBl. 1973, 732 ff.

Schäfer, Ludwig: Die politische Treuepflicht des öffentlichen Dienstes, BayVBl. 1973, 169 ff.

Schäfers, Bernhard: Partizipationschancen nach dem Städtebauförderungsgesetz, in: Mehr Demokratie im Städtebau, Hrsg. Lauritz Lauritzen, Hannover 1972, S. 257 ff.

Schambeck, Herbert: Vom Sinnwandel des Rechtsstaates, Berlin 1970.

Scharpf, Fritz: Demokratietheorie zwischen Utopie und Anpassung, Konstanz 1970.

— Die politischen Kosten des Rechtsstaates. Eine vergleichende Studie der deutschen und amerikanischen Verwaltungskontrolle, Tübingen 1970.

Scheerbarth, Walter: Gleichheitssatz und Leistungsprinzip, in: Festschrift für Hans Julius Wolff zum 75. Geb., München 1973, S. 345 ff.

Schellhoss, Hartmut: Apathie und Legitimität. Das Problem der neuen Gewerkschaft. München 1967.

Schelsky, Helmut: Systemüberwindung, Demokratisierung und Gewaltenteilung, München 1973.

Scheuner, Ulrich: Der Bereich der Regierung, in: Festschrift für Rudolf Smend, Göttingen 1952, S. 253 ff.

— Die staatliche Intervention im Bereich der Wirtschaft, VVDStRL 11 (1954), 1 ff.

— Grundlagen und Art der Entschädigungsenteignung, in: Verfassungsschutz des Eigentums, Hrsg. Reinhardt/Scheuner, Tübingen 1954, S. 63 ff.

— Das parlamentarische Regierungssystem in der Bundesrepublik, DÖV 1957, 633 ff.

— Die neuere Entwicklung des Rechtsstaats in Deutschland, in: Festschrift Deutscher Juristentag 1960, Bd. II, Karlsruhe 1960, S. 229 ff.

— Erfahrungen und Probleme des geltenden Beamtenrechts für die politische Stellung des Beamten, in: Die politischen Pflichten und Rechte des deutschen Beamten. Öffentlicher Dienst zwischen Parteiung und Staatsräson. Hrsg. Scheuner/v. Merkatz, Baden-Baden 1962, S. 15 ff.

— Verfassungsrechtliche Probleme einer zentralen staatlichen Planung, in: Planung I, Hrsg. J. Kaiser, Baden-Baden 1965, S. 65 ff.

— Wandlungen im Föderalismus der Bundesrepublik, DÖV 1966, 513 ff.

— Voraussetzungen und Form der Errichtung öffentlicher Körperschaften, in: Gedächtnisschrift für Hans Peters, Berlin u. a. 1967, S. 797 ff.

— Das Gesetz als Auftrag der Verwaltung, DÖV 1969, 585 ff.

— Verantwortung und Kontrolle in der demokratischen Verfassungsordnung, in: Festschrift für Gebhard Müller, Tübingen 1970, S. 379 ff.

— Probleme der staatlichen Entwicklung der Bundesrepublik, DÖV 1971, 1 ff.

— Die Funktion der Grundrechte im Sozialstaat. Die Grundrechte als Richtlinien und Rahmen der Staatstätigkeit, DÖV 1971, 505 ff.

— Kooperation und Konflikt, DÖV 1972, 585 ff.

— Struktur und Aufgaben des Bundesstaates in der Gegenwart, DÖV 1972, 641 ff.

— Eine zweckrationale Gestaltung der föderalen Ordnung, DÖV 1974, 16 ff.

Schick, Walter: Radikalenproblem und kein Ende. Zu den Gesetzesentwürfen von Bundesregierung und Bundesrat, ZBR 1975, 1 ff.

Schlaffke, Winfried: Die Industriegesellschaft und ihre Kritiker, ZfP 1973, 179 ff.

Schlieffen, Albrecht G. v.: Begriff und aktuelle Elemente militärischer Planung, in: Planung II, Hrsg. J. Kaiser, Baden-Baden 1969, S. 29 ff.

Schmid, Richard: Unser aller Grundgesetz? Praxis und Kritik, Frankfurt 1971.

Schmidt, Walter: Die Programmierung von Verwaltungsentscheidungen, AöR 96 (1971), 321 ff.

— Organisierte Einwirkungen auf die Verwaltung — Zur Lage der zweiten Gewalt, VVDStRL 33 (1975), 183 ff.

Schmidt-Aßmann, Eberhard: Planung unter dem Grundgesetz, DÖV 1974, 541 ff.

Schmidt-Bleibtreu, Bruno: Zur Entscheidung des Bundesverfassungsgerichtes zum Steuerstrafverfahren, BB 1967, 832 ff.

Schmidt-Salzer, Joachim: Der Beurteilungsspielraum der Verwaltungsbehörden, Berlin 1968.

— Urteilsanmerkung zu OVG Lüneburg, Urt. v. 25. 11. 1968, DVBl. 1970, 184 ff.

Schmitt, Carl: Über die drei Arten des rechtswissenschaftlichen Denkens, Hamburg 1934.

Schmitt Glaeser, Walter: Mißbrauch und Verwirkung von Grundrechten im politischen Meinungskampf, Bad Homburg 1968.

— Die Meinungsfreiheit in der Rechtsprechung des Bundesverfassungsgerichts, AöR 97 (1972), 60 ff., 276 ff.

— Partizipation an Verwaltungsentscheidungen, VVDStRL 31 (1973), 179 ff.

— Partizipation im öffentlichen Dienst, DÖV 1974, 152 ff.

— Mitbestimmung im Rundfunk, Der Staat 1974, 573 ff.

— Die Freiheit der Forschung, WissR 1974, 107 ff., 177 ff.

Schmölders, Günter: Das Selbstbild der Verbände, Berlin 1965.

— Leistungsprinzip und „Qualität des Lebens", in: Sinn und Unsinn des Leistungsprinzips. Hrsg. Max Müller, München 1974, S. 20 ff.

Schneider, Hans: Die Verbindlichkeit von Entscheidungen des Bundesverfassungsgerichts, DVBl. 1954, 184 ff.

— Über Einzelfallgesetze, in: Festschrift für Carl Schmitt zum 70. Geb., Berlin 1959, S. 159 ff.

Schneider, Peter: Zur Problematik der Gewaltenteilung im Rechtsstaat der Gegenwart, AöR 82 (1957), 1 ff.

— Prinzipien der Verfassungsinterpretation, VVDStRL 20 (1963), 1 ff.

Schnettler, Albert und Heinz *Ahrens*: Verwaltung im Bereich des Unternehmens, in: Verwaltung. Eine einführende Darstellung. Hrsg. Morstein Marx, Berlin 1965, S. 18 ff.

Schönfelder, Hermann: Hierarchie und Verantwortung im öffentlichen Dienst, ZBR 1970, 278 ff.

— Innovation und Integration im öffentlichen Dienst, ZBR 1971, 353 ff.

Schreiber, Werner: Das Sozialstaatsprinzip des Grundgesetzes in der Praxis der Rechtsprechung, Berlin 1972.

Schrötter, Gertrud von: Pluralistische Planungsvorstellungen — Ein Weg zur Demokratisierung der Planung? Die Verwaltung 1971, 127 ff.

Schütz, Erwin und Carl *Ulland*: Beamtenrecht des Bundes und der Länder, Ambrosius Kommentare, Bd. 16. I, Opladen Nov. 1971.

Schütz, Walter und Günther *Frohberg*: Kommentar zum Bundesbaugesetz, Neuwied u. a. 1960.

Schwarze, Jürgen: Der funktionale Zusammenhang von Verwaltungsverfahrensrecht und verwaltungsgerichtlichem Rechtsschutz, Berlin 1974.

Schwendter, Rolf: Modelle zur Radikaldemokratie, Wuppertal-Barmen 1970.

Seibert, Wolfgang: Die Benachteiligung und Bevorzugung von Beamten und Angestellten wegen ihrer politischen Anschauungen, DVBl. 1959, 869 ff.

Seidl-Hohenveldern, Ignaz: Planung im Rahmen internationaler Rohstoffabkommen, in: Planung IV, Hrsg. J. Kaiser, Baden-Baden 1970, S. 281 ff.

Sendler, Horst: Zum Wandel der Auffassung vom Eigentum, DÖV 1974, 73 ff.

Simon, Herbert A.: Das Verwaltungshandeln, Stuttgart 1955.

Simson, Werner von: Das demokratische Prinzip im Grundgesetz, VVDStRL 29 (1971), 4 ff.

Smend, Rudolf: Verfassung und Verfassungsrecht, München, Berlin 1928.

Soell, Hermann: Verfassungsrechtliche Maßstäbe für eine Reform des Besoldungsrechts, DÖV 1974, 147 ff.

Solesbury, William: Neue Pläne für Planer und Öffentlichkeit, in: Mehr Demokratie im Städtebau, Hrsg. Lauritz Lauritzen, Hannover 1972, S. 273 ff.

Sontheimer, Kurt: Staatsidee und staatliche Wirklichkeit heute, in: Zur Theorie der pluralistischen Gesellschaft. Hrsg. Fraenkel/Sontheimer, Bonn 1964, S. 25 ff.

— Zur neueren Kritik an der Theorie der pluralistischen Demokratie, in: Beiträge zur Theorie und Kritik der pluralistischen Demokratie. Hrsg. Fraenkel/Sontheimer/Crick, 3. Aufl., Bonn 1970.

— Wie demokratisch ist unsere politische Kultur?, in: Partizipation. Aspekte politischer Kultur, Hrsg. v. Pufendorf, Opladen 1970, S. 26 ff.

Spanner, Hans: Anmerkung zu OVG Münster, Urteil vom 19. 7. 1962, DÖV 1963, 29 ff.

Staff, Ilse: Neue Perspektiven der Bildungsplanung. Zwischenbericht der Enquêtekommission für Fragen der Verfassungsreform, DÖV 1973, 725 ff.

Steffani, Winfried: Gewaltenteilung im demokratisch-pluralistischen Rechtsstaat, PVS 1962, 256 ff.

— Parlamentarische Demokratie — Zur Problematik von Effizienz, Transparenz und Partizipation, in: Parlamentarismus ohne Transparenz. Kritik Bd. 3, Hrsg. Steffani, Opladen 1971, S. 17 ff.

— Parlamentarismus ohne Transparenz, Kritik Bd. 3, (Hrsg.) Opladen 1971.

— Monistische oder pluralistische Demokratie, in: Festschrift für Ernst Fraenkel zum 75. Geb., Hamburg 1973, S. 482 ff.

Stein, Ekkehart: Lehrbuch des Staatsrechts. 3. Aufl., Tübingen 1973.

Stein, Walter: Das Recht des Bürgers auf Akteneinsicht und die gerichtliche Durchsetzung seines Anspruchs, Der Gemeindetag 1973, 260 ff.

Steinbach, Hartmut: Das Leistungsprinzip in der öffentlichen Verwaltung. Einige kritische Bemerkungen, DÖD 1973, 217 ff.

Steinberg, Rudolf: Die Interessenverbände in der Verfassungsordnung, PVS 1973, 27 ff.

Steiner, Udo: Öffentliche Verwaltung durch Private, DÖV 1970, 526 ff.

Stern, Klaus: Verwaltungsreform — Bilanz und Erfolgsbedingungen, DÖV 1968, 853 ff.

— Zur Verfassungstreue der Beamten, München 1974.

Sternberger, Dolf: Gewaltenteilung und parlamentarische Regierung, PVS 1960, 22 ff.

Stich, Rudolf: Die Mitwirkung des Bürgers und der Öffentlichkeit an der Raumplanung, in: Demokratie und Verwaltung. Berlin 1972, S. 355 ff.

Stolleis, Michael: Öffentliches Interesse als juristisches Problem, VerwArch. 65 (1974), 1 ff.

Strebel, Heinz: Betriebswirtschaftslehre und öffentliche Verwaltung, BadWürttVBl. 1972, 145 ff.

Süsterhenn, Adolf: Das Subsidiaritätsprinzip als Grundlage der vertikalen Gewaltenteilung (1956), in: Zur heutigen Problematik der Gewaltentrennung, Hrsg. Rausch, Darmstadt 1969, S. 113 ff.

Thiele, Willi: Neue Anforderungen an die Angehörigen des öffentlichen Dienstes im Wandel der Industriegesellschaft, in: Funktionsgerechte Verwaltung im Wandel der Industriegesellschaft, Berlin 1969, S. 88 ff.

— Verwaltung heute: Autoritäre Führung oder modernes Management, DVBl. 1973, 876 ff.

Thieme, Werner: Der öffentliche Dienst in der Verfassungsordnung des Grundgesetzes, Göttingen 1961.

— Verwaltungslehre, Köln u. a. 1967.

— Mängel im Verhältnis Bürger und Staat, Köln u. a. 1970.

— Empfiehlt es sich, das Beamtenrecht unter Berücksichtigung der Wandlungen von Staat und Gesellschaft neu zu ordnen? Gutachten D zum 48. DJT, München 1960.

— Partizipation — Demokratie — Bürokratie, Recht und Politik 1972, S. 68 ff.

Thierfelder, Hans: Ein Ombudsman für Baden-Württemberg? BadWürttVBl. 1973, 133 ff.

Tietgen, Walter: Der Zugang zu den Ämtern des öffentlichen Dienstes. Eine Studie des Rechtsschutzes, in: Festschrift zum Hundertjährigen Bestehen des Deutschen Juristentages, Bd. II, Karlsruhe 1960, S. 325 ff.

Torbohm, Jost: Öffentlichkeitsarbeit für die Städte, Der Städtetag 1969, 269 ff.

Tsatsos, Themistokles: Zur Geschichte und Kritik der Lehre von der Gewaltenteilung. Heidelberg 1968.

Ule, Carl Hermann: Zur Anwendung unbestimmter Rechtsbegriffe im Verwaltungsrecht, in: Festschrift für W. Jellinek, München 1955, S. 309 ff.

— Verwaltungsverfahren und Verwaltungsgerichtsbarkeit, DVBl. 1957, 597 ff.

— Öffentlicher Dienst, in: Die Grundrechte. Handbuch der Theorie und Praxis der Grundrechte. Hrsg. Bettermann/Nipperdey. Bd. IV/2, Berlin 1962, S. 537 ff.

— Beamtenrecht, Köln u. a. 1970.

— Entwicklungstendenzen im öffentlichen Dienst, DVBl. 1970, 637 ff.

— Rechtsgutachten. Verfassungsrechtliche Grenzen einer Reform des öffentlichen Dienstrechts. Hrsg. Studienkommission für die Reform des öffentlichen Dienstrechts, Bd. 5, Baden-Baden 1973, S. 441 ff.

Ule, Carl Hermann und Franz *Becker*: Verwaltungsverfahren im Rechtsstaat, Köln, Berlin 1964.

Ule, Carl Hermann, Franz *Becker* und Klaus *König*: Verwaltungsverfahrensgesetze des Auslandes (Hrsg.), Berlin 1967.

Unruh, Georg Christoph v.: Selbstverwaltung als staatsbürgerliches Recht, DÖV 1972, 16 ff.

— Planungsprobleme der freiheitlichen Gesellschaft im Rechtsstaat, Der Landkreis 1974, 43 f.

— Dezentralisation der Verwaltung des demokratischen Rechtsstaates nach dem Grundgesetz, DÖV 1974, 649 ff.

Varain, Heinz Josef: Verbändeeinfluß auf Gesetzgebung und Parlament, in: Interessenverbände in Deutschland. Hrsg. H. J. Varain, Köln 1973, S. 305 ff.

— Interessenverbände in Deutschland (Hrsg.), Köln 1973.

Veld, Joris in't: Hebung der Verwaltungsleistung, in: Verwaltung. Eine einführende Darstellung. Hrsg. Morstein Marx, Berlin 1965, S. 354 ff.

Verba, Sidney: Democratic Participation, in: The Annals of the American Academy of Political and Social Science, Vol. 373, Sept. 1967, S. 76 ff.

Viehweg, Theodor: Topik und Jurisprudenz, München 1953.

Vonessen, Franz: Die Leistung der Danaiden. Prinzipien und Probleme der sogenannten Leistungsgesellschaft, in: Sinn und Unsinn des Leistungsprinzips, Hrsg. Max Müller, München 1974, S. 54 ff.

Wacke, Gerhard: Die Versetzung politischer Beamte in den einstweiligen Ruhestand, AöR 91 (1966), 441 ff.

Wagener, Frido: Neubau der Verwaltung, Berlin 1969.

— Zur Praxis der Aufstellung von Entwicklungsplanungen, AfK 1970, 47 ff.

— Von der Raumplanung zur Entwicklungsplanung, DVBl. 1970, 93 ff.

— Erwiderung zu G. Wegener, DÖV 1975, 370 ff.

Wagner, Christoph Theodor: Lassen sich die gegenläufigen Forderungen nach Leistungssteigerung und Selbstverwiklichung erfüllen?, in: Sinn und Unsinn des Leistungsprinzips, Hrsg. Max Müller, München 1974, S. 138 ff.

Walter, Robert: Partizipation an Verwaltungsentscheidungen, VVDStRL 31 (1973), 147 ff.

Weber, Max: Parlament und Regierung im neugeordneten Deutschland, in: Gesammelte politische Schriften, 3. Aufl., Tübingen 1971, S. 207 ff.

Weber, Werner: Die Teilung der Gewalten als Gegenwartsproblem, in: Festschrift für Carl Schmitt, Berlin 1959, S. 253 ff.

— Die verfassungsrechtlichen Grenzen sozialstaatlicher Forderungen, Der Staat 1965, 409 ff.

— Spannungen und Kräfte im westdeutschen Verfassungssystem, 3. Aufl. Berlin 1970.

Weber, Wilhelm und Hans Georg *Ruppe*: Probleme einer Wirtschaftsplanung. Das Österreichische Beispiel, in: Planung III. Hrsg. J. Kaiser, Baden-Baden 1968, S. 215 ff.

Wegener, Gerhard: Von der Entwicklungsplanung zur Aufgabenplanung? DÖV 1975, 365 ff.

Weichmann, Herbert: Wandel der Staatsaufgaben im modernen Staat, in: Planung III. Hrsg. J. Kaiser, Baden-Baden 1968, S. 39 ff.

— Einleitung der Fachtagung: „Demokratisierung" und Funktionsfähigkeit der Verwaltung, in: „Demokratisierung" und Funktionsfähigkeit der Verwaltung, Hrsg. von Oertzen, Stuttgart u. a. 1974, S. 9 ff.

Weiß, Hans-Dietrich: Die Verfassungstreuepflicht des Beamten im Spiegel der Rechtsprechung, ZBR 1974, 81 ff.

Weizsäcker, Richard von: Gleichheit — das Ende der Freiheit und Solidarität. Plädoyer für eine humane Leistungsgesellschaft, in: Die Zeit Nr. 43 vom 27. 10. 1972, S. 3 ff.

— Debatte über die Regierungserklärung, in: SZ Nr. 20 vom 25. 1. 1973, S. 5.

Wentzel, Matthias: Autonomes Berufsbildungsrecht und Grundgesetz. Stuttgart 1970.

Wertz, Elmar: Realisierung der Beteiligung der Bevölkerung an Planungen in Großbritannien, in: Mehr Demokratie im Städtebau. Hrsg. Lauritz Lauritzen, Hannover 1972, S. 284 ff.

Wiegand, Dietrich: Sozialstaatsklausel und soziale Teilhaberechte, DVBl. 1974, 657 ff.

Wiese, Walter: Zur Neuordnung des öffentlichen Dienstes, DVBl. 1970, 644 ff.

— Der Staatsdienst in der Bundesrepublik Deutschland. Grundlagen, Probleme, Neuordnung. Neuwied u. a. 1972.

Wild, Jürgen und Peter *Schmid:* Managementsysteme für die Verwaltung, Die Verwaltung 1973, 145 ff.

Wilhelm, Bernhard: Funktion und Stellung eines Beamtenbeauftragten — Gedanken zum Reformvorschlag der Einrichtung eines Beamtenbeauftragten, ZBR 1967, 165 ff.

Wintrich, Josef: Zur Auslegung und Anwendung des Art. 2 Abs. 1 GG, in: Festschrift für W. Apelt, München, Berlin 1958, S. 1 ff.

Wittkämper, Gerhard W.: Über Systemforschung bei Regierungs- und Verwaltungssystemen, in: Systemanalyse in Regierung und Verwaltung. Hrsg. Krauch, Freiburg i. B. 1972, S. 73 ff.

Wittmann, Walter: Das Planning-Programming-Budgeting-System (PPBS), WiSt. 1975, 169 ff.

Wörner, Manfred: Humane Leistungsgesellschaft, Politische Meinung 1970, Heft 130, S. 89 ff.

Wolff, Hans Julius: Verwaltungsrecht II, 3. Aufl., München 1970.

— Verwaltungsrecht III, 3. Aufl., München 1973.

Wolff, Hans Julius und Otto *Bachof:* Verwaltungsrecht I, 9. Aufl., München 1974.

Wollny, Paul: Die Sozialstaatsklausel in der Rechtsprechung des Bundesfinanzhofes, Steuer und Wirtschaft 1971, 271 ff.

— Die Sozialstaatsklausel in der Rechtsprechung des Bundesverwaltungsgerichts, DVBl. 1972, 525 ff.

— Die Sozialstaatsklausel in der Rechtsprechung des Bundesgerichtshofes, JR 1973, 227 ff.

Zacher, Hans F.: Freiheit und Gleichheit in der Wohlfahrtspflege, Köln u. a. 1964.

— Das Sozialstaatsprinzip in der Rechtsprechung des Bundesverfassungsgerichts, BayVBl. 1969, 113 ff.

Zangemeister, Christof: Nutzwertanalyse in der Systemtechnik, München 1970.

Zeidler, Wolfgang: Maßnahmegesetz und „klassisches" Gesetz, Karlsruhe 1961.

— Einige Bemerkungen zum Verwaltungsrecht und zur Verwaltung in der Bundesrepublik seit dem Grundgesetz, Der Staat 1962, 321 ff.

— Gerechtigkeit in der Industriegesellschaft, DÖV 1972, 437 ff.

— Der Standort der Verwaltung in der Auseinandersetzung um das Demokratieprinzip, DVBl. 1973, 719 ff.

Zinn, Hermann: Mehr Öffentlichkeit in der Stadtplanung?, in: Mehr Demokratie im Städtebau, Hrsg. Lauritz Lauritzen, Hannover 1972, S. 82 ff.

Zimpel, Gisela: Der beschäftigte Mensch. Beiträge zur sozialen und politischen Partizipation. (Hrsg.), München 1970.

— Politische Teilnahme und Demokratietheorie, in: Der beschäftigte Mensch. Beiträge zur sozialen und politischen Partizipation. Hrsg. Zimpel, München 1970, S. 21 ff.

Zippelius, Reinhold: Geschichte der Staatsideen, München 1971.

— Einführung in die juristische Methodenlehre, München 1971.

Zundel, Reinhold: Mitbestimmung und Mitwirkung des Personals in der Verwaltung. Einleitung der Diskussion, in: „Demokratisierung" und Funktionsfähigkeit der Verwaltung, Hrsg. von Oertzen, Stuttgart u. a. 1974, S. 95 ff.

Zurhausen, Guido: Sachverstand und Verantwortung im Hinblick auf die Aufgabenkomplikation in den Behörden der Allgemeinen Verwaltung und der Sonderverwaltungen, in: Sachverstand und Verantwortung in der öffentlichen Verwaltung, Berlin 1966, S. 61 ff.

Kolibri 360 GmbH
Ferdinand-Jühlke-Straße 7
99095 Erfurt, Deutschland
produktsicherheit@kolibri360.de

Druck:
CPI Druckdienstleistungen GmbH
im Auftrag der
Kolibri 360 GmbH
Ferdinand-Jühlke-Str. 7
99095 Erfurt